기둥영어는 특별합니다.

하루에 한 스텝씩

꾸준히 공부하면

쉽게 영어를 정복할 수 있습니다.

최파비아 기둥영어 6

최파비아 기둥영어 6

1판 1쇄 인쇄 2020. 12. 15.
1판 1쇄 발행 2020. 12. 28.

지은이 최파비아
도 움 최경 (Steve Choi)
디자인 Frank Lohmoeller (www.zero-squared.net)

발행인 고세규
발행처 김영사
등록 1979년 5월 17일(제406-2003-036호)
주소 경기도 파주시 문발로 197(문발동) 우편번호 10881
전화 마케팅부 031)955-3100, 편집부 031)955-3200 | 팩스 031)955-3111

값은 뒤표지에 있습니다.
ISBN 978-89-349-9143-4 14740
978-89-349-9137-3 (세트)

홈페이지 www.gimmyoung.com 블로그 blog.naver.com/gybook
페이스북 facebook.com/gybooks 이메일 bestbook@gimmyoung.com

좋은 독자가 좋은 책을 만듭니다.
김영사는 독자 여러분의 의견에 항상 귀 기울이고 있습니다.

최파비아 기둥영어 6

12번 GONNA 기둥
13번 COULD 기둥

영어공부를 재발명합니다

최파비아 지음

김영사

기둥 구조로 영어를 바라보는 순간 영어는 상상 이상으로 쉬워집니다.

영어의 모든~ 말은 아무리 복잡해 보여도 다 이 19개의 기둥들로 이루어져 있습니다.
더 좋은 소식은, 19개 모두 한 가지 똑같은 틀로 움직인다는 거죠. 영어가 엄청 쉬워지는 겁니다.
지금까지 영어 정복은 끝이 없는 것처럼 보였을 텐데요. 19개의 기둥을 토대로 익히면 영어 공부에 끝이 보이기 시작할 겁니다.

한국인처럼 영어를 열심히 공부하는 사람은 없습니다.
왜 우리는 지금까지 "영어는 기둥이다"라는 말을 못 들어봤을까요?

기둥영어는 세 가지 특이한 배경의 조합에서 발견됐습니다.
첫 번째는 클래식 음악 작곡 전공입니다.
두 번째는 열다섯 살에 떠난 영국 유학입니다.
마지막으로 세 번째는 20대에 단기간으로 떠난 독일 유학입니다.

영국에서 영어만 쓸 때는 언어를 배우고 익히는 방법을 따로 고민하지 않았습니다. 영어의 장벽을 넘어선 후 같은 서양의 언어인 독일어를 배우며 비로소 영어를 새로운 시각으로 바라볼 수 있었습니다. 클래식 음악 지식을 배경으로 언어와 음악을 자연스레 비교하자 영어의 구조가 확실히 드러났으며, 그러던 중 단순하면서도 확실한 영어공부법을 발견하게 되었습니다.
'기둥영어'는 이 세 가지의 특이한 조합에서 탄생한 새롭고 특별한 공부법임에 틀림없습니다.

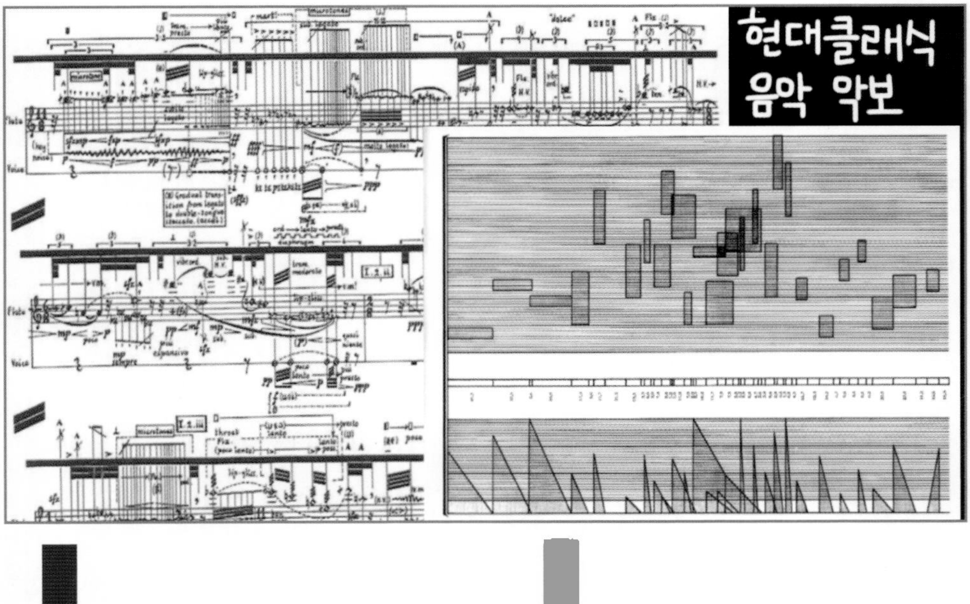

서양의 건축물을 보면 기둥이 있습니다. 서양인들은 건축뿐만 아니라 음악도 소리를 기둥처럼 쌓아서 만들었습니다. 건축이나 음악과 마찬가지로 영어도 기둥을 세우는 구조로 만들어져 있습니다. 영어의 기둥 구조는 건축과 음악처럼 단순합니다. 구조의 기본 법칙과 논리만 알면 초등학생도 복잡하고 어렵게 느끼는 영어를 아주 쉽게 자신의 것으로 만들 수 있습니다.
지금까지 우리가 알던 영어공부법은 처음에는 쉽지만 수준이 올라갈수록 어려워집니다. 이 기둥영어는 문법을 몰라도 끝까지 영어를 쉽게 배울 수 있습니다.

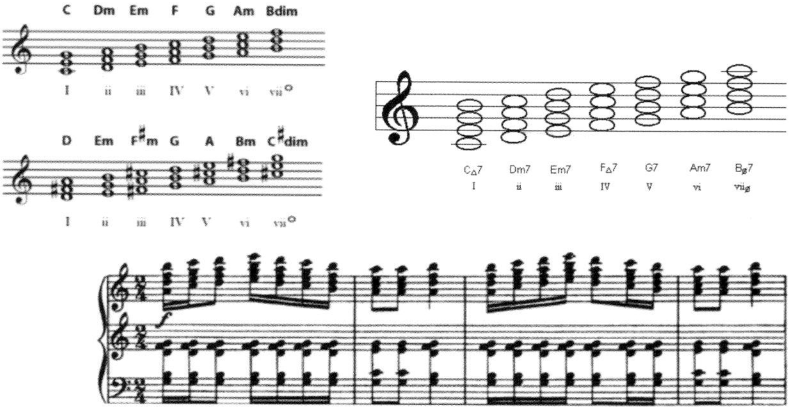

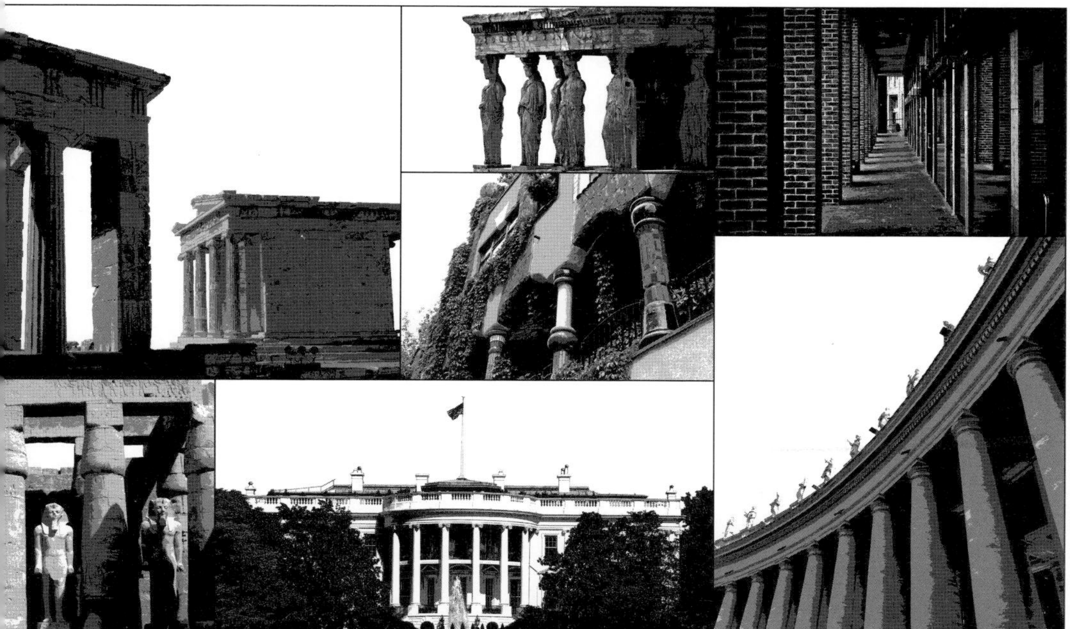

앱과 온라인 기반의 영어공부법이 우후죽순으로 나오고 너도나도 교재를 출간하는 등 영어 학습 시장은 포화 상태입니다. '기둥영어'는 왜 과열된 학습 시장에 뛰어들었을까요?

시장에 나와 있는 모든 영어공부법을 철저히 분석해봤습니다.

결론은 한국인은 영어공부를 너무 오랫동안 한다는 사실입니다.
죽어라 공부해야 결국 일상회화나 할 정도가 됩니다.
고급 영어는 아예 쳐다도 못 봅니다.
다시 말해 외국어 교육법으로는 형편없습니다.

유학생이 영어를 익힌 후 생활 속에서 자연스레 영어를 쓰듯, 국내에서 공부해도 유학생처럼 되는 영어공부법을 재발명할 필요가 있습니다. 그래서 영어공부법을 재발명했으며, 이것이 바로 기둥영어입니다. 더구나 이 방법은 사람들의 기대를 완전히 뛰어넘는 영어공부의 혁명입니다.

한국인은 전 세계에서 5위 안에 들 정도로 똑똑합니다.
이렇게 똑똑한 사람들은 시스템이나 구조보다 위에 있어야지, 그것들에 종속되어서는 안 됩니다. 우리는 중학교-고등학교-대학교까지 잘못된 영어 시스템에 종속되어 왔습니다. 심지어 유치원-초등학교까지 이 시스템에 종속되려고 합니다. 학교 영어교육 시스템에서 벗어나 사회로 나오면 또 돈을 들여 영어공부를 다시 시작합니다. 10년 아니 20년이 넘는 시간과 자신의 재능을 낭비하는 것입니다.

10대부터 60대까지 모든 연령대의 학생들을 가르치며 확신한 것이 하나 있습니다.
"우리는 이렇게까지 영어를 오랫동안 힘들게 할 필요가 없다."
이 바쁜 시대에 영어공부법은 쉽고 정확하고 빨라야 합니다. 빨리 영어를 도구로 삼아 더 큰 목표에 집중해야 합니다.
기둥영어는 영어라는 언어를 처음으로 우리에게 이해시켜줍니다.
쉬워서 모든 사람이 배울 수 있고, 정확한 분석으로 영어공부에 쉽게 적용할 수 있으며, 회화만이 아닌 모든 영역에 빠르게 생활화할 수 있습니다.
기둥영어가 여러분의 영어공부에 새로운 빛이 되어줄 것이라 확신합니다. 책을 통해 이 교육법을 모두와 공유합니다.

원어민 선생님과 바로 스피킹하는 기존 방식은 '맨땅에 헤딩'하기와 같습니다.

원어민은 태어나 한 번도 영어 스피킹을 배운 적이 없습니다. 우리가 한국어를 자연스럽게 터득한 것처럼 그들도 마찬가지입니다.

원어민 선생님은 그저 우리와 대화하면서 틀린 것을 고쳐주거나, 필요한 문장을 반복해서 외우라고 말합니다.

세상에 말이 얼마나 많은데 일일이 어떻게 다 외웁니까?
그렇게 외우다가는 끝이 없습니다. 고급 영어는 꿈도 못 꿉니다. 결국 포기하게 될지도 모릅니다.

즉석에서 문장을 만들어내며 나의 메시지를 전달할 줄 알아야 외국어 공부로부터 자유로워집니다.

유학을 갔다 오든, 한국에 있든, 영어를 잘하려면 영어의 큰 구조를 알아야 합니다. 그래야 영어 실력도 올리고 고급 영어까지 구사할 수 있게 됩니다.

지금도 초등학교에서는
영어 문장 고작 몇 개를
반복해서 말하며 익히는 것에
한 학기를 소비합니다.

↓

그러다 중학교부터 시험에 들어가면 실제
영어랑 너무 달라서 결국 둘 중에 하나는
포기하기에 이릅니다.

↓

공부해야 하는 기간에
영어를 놓쳐버린 우리는
성인이 되어 자비를 들여
실전 영어를 하려 하지만,
체계적인 방법은 없고 다 그때뿐입니다.
시간이 지나면 까먹어서 다시 기본 문장만
영어로 말하고 있습니다.

↓

요즈음은 안 들리는 영어를 머리 아파도
참아가며 한 문장을 수십 번씩 듣고
따라 하는데 그게 얼마나 집요해야 할까요!
학생이든 성인이든
영어를 좀 알아야 하죠!
문장이고 문법이고 이해가 안 가는데…
"귀에서 피나겠어!"

기존 시스템은 우리를 너무 헷갈리게 합니다. 그래서 기둥영어는 영어의 전 과정을 세밀하게 담아내면서 남녀노소 그 어느 레벨이든 탄탄하게 영어가 쌓이도록 만들었습니다.

기둥영어를 담아낸 체계적인 시스템이 Map입니다. 그럼 Map을 구경해보죠.

〈교재사용법〉 Map은 영어의 전 과정을 보여줍니다.

Map의 구성은 기존의 모든 영어책과 다릅니다. 가르쳐주지 않은 구조는 절대 예문으로 섞여 나오지 않기 때문에 (다른 모든 영어 교재들은 섞여 나옴) 자신감이 향상되면서 스피킹이 됩니다.

또한 개념을 꾸준하게 설명하면서 모든 것을 암기가 아닌 응용으로 익히기 때문에 스텝이 진행되면서 여러분이 말할 수 있는 영어 문장들은 기하급수적으로 많아집니다.

	1	2	3	4	5	6	7	8	9
01	명령	주어 I you	will	do	does is	be + 잉	was were	did	there / YN Q
02	my your	can	me you him her	always ~ sometimes	too	right now	동명사 ing	for 2탄 (시간)	front back
03	not	not	be vs come	not	actually	not	mine ~ ours	YN Q	not / no
04	and	there over there (here)	in at on	home vs house	of	only	more + er than	불규칙	its
05	her his	he she we they	month + day	YN Q (do)	not	wear vs put on	practically	not	working mom
06	a	YN Q 1	come on	listen vs hear	fun vs funny	YN Q	not / was 잉	when	also
07	the	again + an the	not	am are	you look funny	through	before	yet	apparently
08	prefix : er	plural	later	from	still	boring	never	find vs look for	during
09	up down	YN Q 2	see vs watch vs look	am not + 명사	YN Q does is	first + all the time	into	obviously	after
10	number + money	in out	YN Q + us them	인간작동 : love	no idea	you guys	out of	become	WH Q
11	please	take	but	have - 있다	thing(s) nothing	to 다리 1탄	one of them	WH Q	one none
12	동사 문법	our their	~s 소유격	therefore	off	WH Q	every vs all	what kind / sorts	below
13		WH Q	WH Q	고급단어조심	WH does is	because	YN Q	by 1탄	above (all)
14		this that	those + get vs be	so	few little	future + go vs come	most + est	once three times	which
15		Obj-It + just + try	주어 it they	YN Q (am are)	for 1탄	a lot of	형용사	enough	both
16		WH 주어	WH 주어	with without	find this easy	buy me this	too vs neither	that	either a or b
17		then	WH 1	really	what + noun	about	over	think / believe so	next, next to
18		tag Q	to	speak vs tell talk say	o'clock	what on earth	WH Q	I said	if 1탄
19			give me (to) him	WH do	WH 1	WH 1	some + any + no	almost	tag Q
20			tag Q	WH am are	keep him happy	WH 주어	ago (뒤)	mean	manage to
21			back	play - sports	how + adj	so much	it's easy to judge	WH 주어	
22				I do well I am well	properly	more money than 1탄	good better worst	anyway, by the way	
23				or	under	tag Q	WH 주어	did you use to	
24				make me go	WH 주어	to 다리 2탄	hearing + shopping	tag Q	
25				you in general	adverb ~ly		pretty quite		
26				some many much 1탄	like 1		tag Q		
27				tag Q	ly 2탄 exactly actually		even		
28				very	tag Q				
29									

스텝에서는 우리말이 많아 보이지만 우리말 설명 앞에 계속해서 나오는 #이 붙은 모든 문장을 이제 여러분 스스로 영어로 말하게 될 것입니다. 설명은 많지 않습니다. 개념을 익히고 계속 영어로 만들면서 진행합니다. 그래서 영어라는 언어가 어떤 것인지 정확히 감을 잡게 됩니다. 이렇게 해야 영어 공부에서 자유로워집니다.

말하기로 진도가 나가면서 듣기, 쓰기, 독해를 함께 끝낼 수 있습니다.

언어는 이렇게 모든 것을 아우르며 공부하는 것이 맞습니다.

	10	11	12	13	14	15	16	17	18	19
01	may might	would	(was) gonna	could	be + pp	should	have to / not	must	have + pp	had + pp
02	else	if 2탄	want him to go	YN Q	already	once	has to / not	now that…	since	if 3탄
03	around	not / YN Q	(am) gonna	how / what about	not	fewer less	unless	background situation	should / must + have pp	throughout
04	~self	I'd rather	onto	what if	YN Q	not	I asked if (whether)	not	against	however
05	not	any more	not + most of them	probably maybe	planets 복습	at least	YN Q + twist	such	pillars + have pp	had better
06	be able to	[잉] not going	until	help + WH Q	adopted dog	saw her dancing	anyway 2탄	YN Q	not / YN Q	boat ride 예습
07	along	across	WH 열차	WH 열차 2탄	look worn out	YN Q / WH Q	something red	otherwise	is gone	planet ride 예습
08	each other	예의 would you	as soon as	while	opposite	as (if) though	for example	WH Q / WH 주어	전체 복습	what a life + since 2탄
09	(the) others	a piece of	YN Q / WH Q	between among	got shocked	in case of	WH Q / WH 주어	by 2탄 : by 11	WH Q	whatever
10	YN Q	WH Q	was about to	not / 과거	WH Q	rarely hardly	in order to	happen to be	tag Q	final step
11	easy for me / 복습	another	both vs each	WH 열차 3탄	be used to	부사	except	shall	by 3탄	
12	(to) ~ward	instead	WH 주어	beyond	[잉] being tired	saw it dropped	tag Q	there you are + tag Q	been + 잉	
13	expect vs look forward to	not to go	whose	even if	by 연장	whether A or B	ever + forever		lately	
14	WH Q	WH 주어 / tag Q	behind	WH 열차 4탄	WH 주어	WH 주어 / tag Q			I've gotta + WH 주어	
15	let	besides	tag Q	WH 주어 / tag Q	especially					
16	might as well	as	planets 복습		(al)though, even though					
17	away	과거 would	so… that…		tag Q					
18	at all + after all	anywhere			allow					
19	WH 주어 / tag Q				be (supposed) to					
20	according to									
21	what to do									
22	may it come true									

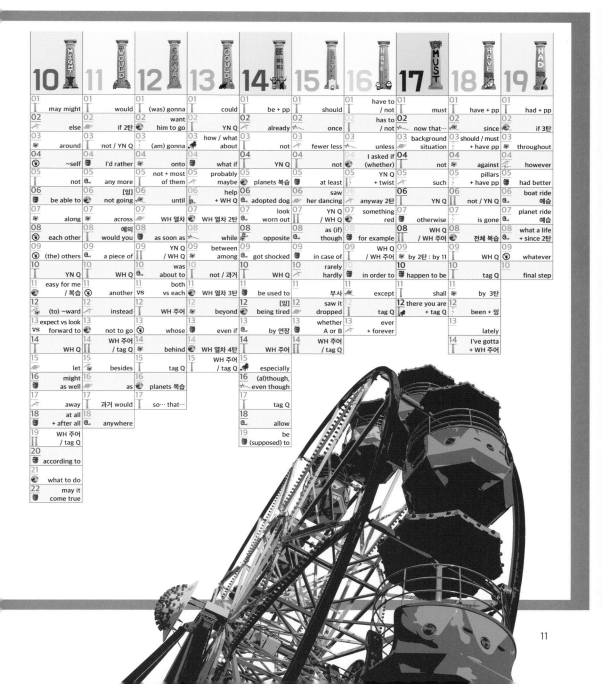

〈교재사용법〉 아이콘 설명

기둥을 중심으로 Map을 따라가다 보면 영어의 다양한 구조들을 빈틈없이 싹 훑게 될 것입니다. 영어는 기둥을 계속 나란히 세울 수 있게 만들어진 언어이고 그 기둥들에 붙는 다양한 도구들은 총 10개밖에 안 됩니다. 이것들로 인해 영어는 다시 한번 엄청 쉬워집니다.

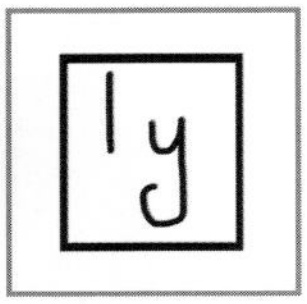

이 도구의 아이콘들과 특이한 명칭들은 여러분에게 재미있으라고 만든 것도 아니고 심심해서 만든 것도 아닙니다.

각 문법의 특징을 상기시켜주는 중요한 도움이 될 장치라는 것을 알게 될 겁니다. 모든 그림은 문법의 기능을 보여주기 위한 것이며 각각의 틀을 정확히 알아야 처음으로 접한 말도 스스로 응용해 영어로 만들 수 있습니다. 각 아이콘은 초등학생도 영어 구조의 기능을 완전히 파악할 정도로 정확히 보여줍니다.

그러면 등위 접속사, 부정사 명사 기능, 관계대명사, 부사구, 분사구문 조건절 등등 저 잡다하고 복잡한 모든 문법 용어가 다 사라집니다. 하지만 여러분은 정확하게 문법들을 사용할 수 있게 되죠.

그리고 고급 문법 구조들도 스스로 응용하여 새로운 말까지 만들어낼 수 있습니다.

반복되는 아이콘이 머릿속에 문법의 기능과 이미지로 팍팍 새겨지며 복잡한 문법들이 이렇게 귀여운 10개의 도구로 끝납니다.

나중에는 이미지만으로 설명 없이도 새로운 구조를 바로 이해하게 됩니다. 이렇게 적은 수의 아이콘으로 어려운 문장들까지 쉽게 읽고 말하는 신비한 경험을 하게 될 겁니다.

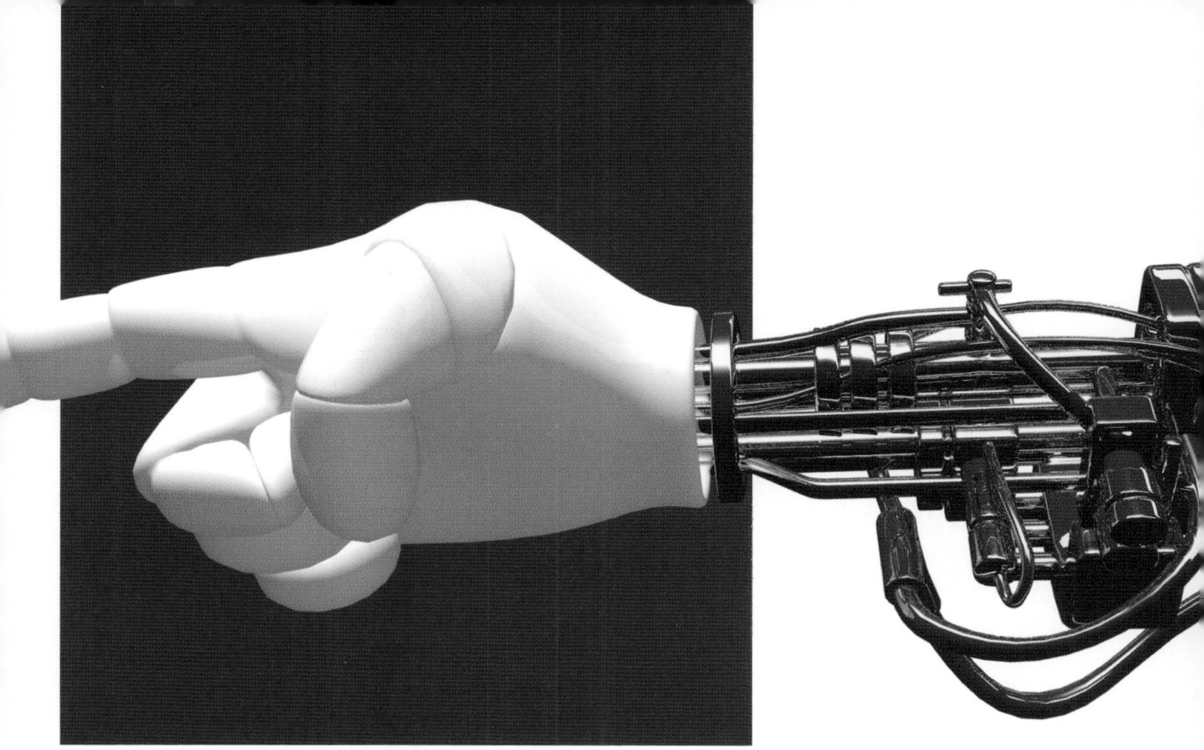

<문법 용어>

영어를 모를 때나 문법 용어를 찾게 되지 영어가 보이면 문법 용어는 쳐다보지도 않게 됩니다. 이 코스로 배운 모든 학생이 경험한 변화입니다. 여러분도 각 기능을 다 알고 나면 더 이상 이 아이콘을 굳이 쓰지 않아도 됩니다. 정작 영어를 하기 시작하면 용어 자체를 말하는 일 없이 자신의 말을 하기 때문입니다.

영어는 반복 훈련이 필요하다는 것을 다들 아실 것입니다.
하지만 언어는 다양하게 말할 수 있기 때문에 운동이나 악기연습같이 똑같은 것을 반복하는 훈련이 아닌 작곡 같은 훈련을 해야 합니다. 같은 패턴이나 문장의 암기가 아닌 자신의 말로 다양하게 만들어보는 반복 훈련을 하면 훨씬 더 큰 결과물을 빠르게 얻습니다. 그런 반복 훈련이 될 수 있도록 매 스텝을 준비했습니다.

각 스텝에 주어진 단어들이 너무 쉬워 보이나요? 쉬운 단어들을 드리는 이유는 구조를 정확히 볼 수 있게 하기 위해서입니다. 단어까지 어려우면 뒤에 숨겨진 구조를 보지 못합니다. 하지만 구조를 정확하게 이해하면 어려운 단어들로 이루어진 복잡한 문장도 쉽게 말할 수 있습니다.

이 모든 것을 쉽게 따라올 수 있도록 Map을 만들었습니다.

스텝 안에서 유념해야 할 부분

#이 붙은 문장은 설명을 보지 말고, 바로 영어로 만들라는 뜻입니다. 이렇게 계속 새로운 우리말을 영어로 직접 만들면서 익혀나갑니다. 설명만을 읽으면 지루하기도 하고, 또 문장만 만들면 암기를 하게 되는 식이라 응용법을 익힐 기회가 사라집니다. 설명을 보지 말고 함께 제공되는 가리개로 가리면서 직접 영어로 만드세요.

#이 붙은 문장들은 그 스텝에서 배우는 것만 나오지 않고, 그 전의 스텝에서 배운 것도 랜덤으로 섞이면서 접하지 않은 새로운 문장으로 나오기 때문에 퀴즈처럼 항상 머릿속으로 헤아리면서 진행해야 합니다. 재미있을 겁니다.

#이 붙은 문장을 보면 아래 설명 부분을 가리개로 가리고 공부하면 좋습니다. 정확히 구조를 모를 때는 공책에 먼저 써본 후 말하는 것을 추천합니다. 안다고 생각해도 정작 써보고 나서 가이드와 비교하면 틀리는 경우를 종종 봐왔기 때문입니다.

스텝 설명 예시

#A: 그녀는 나이가 듦에 따라, 자신감도 늘어났어.

> grow old / confidence [컨*피던스] / gain [게인] <

나이가 듦 = 자신감 늘어남. 그래서 as를 쓸 수 있죠.

→ As she grew older, she gained more confidence.

#B: 그래? 나는 나이가 듦에 따라, 몸무게가 늘었는데.

> weight / gain <

→ Yeah? As I grew older, I gained weight.

#A: 그것만이 아니지.

→ That's not all. / Not only that.이라고도 잘 쓴답니다.

#나이가 들면서 혈당량도 올라갔지.

> blood sugar level <

나이가 듦 = 혈당량도 올라감

→ As you grew older, your blood sugar level went up too.

가리개 설명

여러분은 스텝 안의 #이 붙은 모든 문장과 연습 문장을 직접 영어로 만들어나갑니다.
먼저 배운 것도 랜덤으로 섞여 나오므로 계속 이전의 것도 함께 기억하면서 새로운 것을 배웁니다.
여러분이 직접 골라서 사용할 줄 알아야 하기 때문에 잘 생각날 수 있게 가리개에 기록해두었습니다.

이제 5형식이나 시제, 조동사 등을 굳이 배울 필요가 전혀 없습니다.

가리개에는 영어의 모든 구조가 이미지로 그려져 있습니다.
기둥에는 기둥의 기능을 보여주는 이미지도 그려져 있습니다.
배우지 않은 것들은 나오지 않으니, 항상 배운 것 안에서만 골라내면 됩니다.

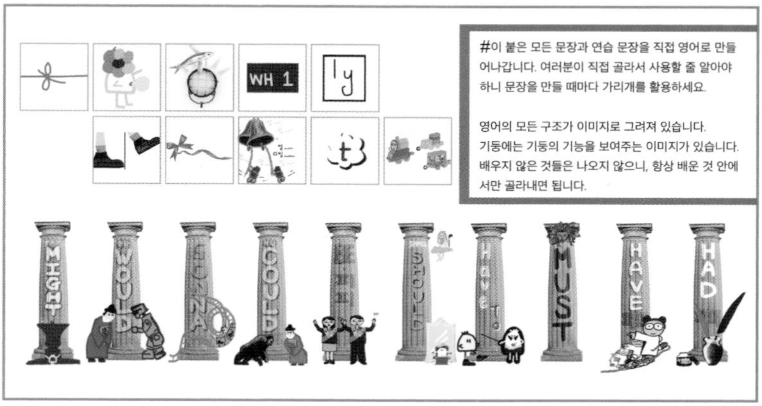

연습장 설명

연습

연습장에서 제공되는 기둥은 이미 배운 기둥뿐입니다. 위의 샘플을 보면 15번 기둥까지 배웠음을 알 수 있습니다.

문장을 만들 때는 기둥을 생각하면서 맞는 기둥을 골라 구조에 맞게 끼워 넣기만 하면 됩니다. 기둥으로 영어를 보면 우리말에 이미 힌트가 다 들어 있다는 것을 알게 됩니다. 생각할 필요 없이 단어만 끼워 맞추면 끝입니다. 영어의 모든 말은 기둥으로만 이루어져 있고, 모든 기둥은 한 가지 구조로만 움직이니 여러분은 레고처럼 그냥 단어만 끼우면 됩니다.

예문을 영어로 바꿀 때 필요한 영단어는 아래 예시처럼 회색으로 제공되며 우리말 순서대로 나열됩니다. 예를 들어, "안전벨트는 당신의 목숨을 구할 수도 있습니다." 아래에는 seatbelt / life / save로 단어가 나열됩니다.

우리말을 읽으면서 대체할 단어가 순서대로 제시되어 있습니다.
발음은 가이드라인일 뿐입니다. 접한 후 영어 발음으로 더 연습하세요.

스텝 설명 예시

#의사: 두 분 중 한 분은 가까이 계시는 편이 좋겠습니다, 동의가 필요할 것을 대비해서요.

close / stay / consent [컨센트]=동의서

One of you should stay close in case we need your consent.

#내가 산에 위스키 한 병을 가지고 오마, 우리가 뱀에 물리는 경우를 대비해서.

mountain / whiskey / bottle / snake / bite

I'll bring a bottle of whiskey to the mountain in case we get bitten by a snake.

연습장 설명

예문 오른쪽 하단의 가이드 역시 가리개로 가리고 영어 문장을 만들면 좋습니다. 연습장에서도 더 시간을 투자할 수 있으면, 공책에 적으면서 말하는 것을 추천합니다. 쓰면서 하는 공부는 다릅니다. 직접 써보면 안다고 생각했던 문장도 틀리기 쉽다는 것을 알게 될 것입니다. 적은 것을 확인한 후에 영어로 말하며 다시 만들어봅니다. 천천히 만들면서 우리말에 감정을 싣듯이 영어에도 감정을 실어 말합니다.

그 후 발음까지 좋게 하기를 원하면 **www.paviaenglish.com**으로 가서 리스닝 파일을 들으면서 셰도잉 기법을 활용하면 됩니다. 셰도잉 기법은 문장이 끝날 때까지 기다리지 않고 상대가 말하는 대로 바로바로 따라 말하는 방법입니다. 그러면 발음은 금방 자연스럽게 좋아집니다.

하루에 한 스텝씩! 매 스텝을 하루 10분 이내로 1개씩만 해도 1년이면 다 끝납니다. 이미 해본 학생들 말로는 한 스텝씩이기 때문에 벅차지 않다고 합니다.

1년 뒤면 실제로 영어가 여러분의 것이 될 수 있습니다. 원서로 책을 읽고, 할리우드 영화를 영어 자막으로 보다가 자막 없이도 보고, 궁금한 내용을 구글에서 영어로 검색하는 등 실제 유학생들처럼 영어가 공부가 아닌 생활이 되기 시작할 것입니다.

영어를 어느 정도 익힌 학생들이나 빠르게 끝내야 하는 학생들을 위해 Map 안에 지름길이 세팅되어 있습니다.

다음 페이지에서 세 종류의 지름길을 소개합니다.

지름길: 필요에 따라 적절한 코스대로 익혀나가도 좋습니다.
304-305쪽에서 아이콘 요약서를 접하면 좀 더 빠르게 진행할 수 있습니다.

문법 지름길 코스

학교에서 배우는 문법을 이해 못하겠다. 말하기는커녕 독해도 어렵다. 서둘러 늘고 싶다.

고급 지름길 코스

기본 영어는 잘하고 어휘와 문법은 꽤 알지만 복잡한 문장들은 혼자서 만들 수가 없다.

여행 지름길 코스

영어를 하나도 모르지만 내 여행 스타일에 맞는 영어를 준비해서 갈 수 있으면 좋겠다.

문법 지름길

		02^{13}	WH Q			05^{04}	of
01^{01}	명령	02^{15}	Obj-it + just + try	04^{01}	do	05^{05}	not
01^{02}	my your	02^{16}	WH 주어	04^{02}	always ~ sometimes	05^{07}	you look funny
01^{03}	not	02^{17}	then	04^{03}	not	05^{09}	YN Q does is
01^{04}	and	02^{18}	tag Q	04^{05}	YN Q (do)	05^{10}	no idea
01^{05}	her his			04^{07}	am are	05^{12}	off
01^{06}	a	03^{01}	will	04^{08}	from	05^{13}	WH does is
01^{07}	the	03^{02}	me you him her	04^{09}	am not + 명사	05^{14}	few little
01^{09}	up down	03^{04}	in at on	04^{14}	so	05^{15}	for 1탄
01^{12}	동사 문법	03^{07}	not	04^{15}	YN Q (am are)	05^{16}	find this easy
		03^{10}	YN Q + us them	04^{16}	with without	05^{17}	what + noun
02^{01}	주어 I You	03^{11}	but	04^{19}	WH do	05^{19}	WH 1
02^{02}	can	03^{12}	~s 소유격	04^{20}	WH am are	05^{20}	keep him happy
02^{03}	not	03^{13}	WH Q	04^{22}	I do well I am well	05^{21}	how + adj
02^{05}	he she we they	03^{15}	주어 it they	04^{23}	or	05^{23}	under
02^{06}	YN Q 1	03^{16}	WH 주어	04^{24}	make me go	05^{25}	adverb ~ly
02^{08}	plural	03^{17}	WH 1	04^{26}	some many much	05^{26}	like 1
02^{09}	YN Q 2	03^{18}	to				
02^{12}	our their	03^{19}	give me (to) him	05^{01}	does is	06^{01}	be + 잉

06^{03}	NOT	08^{13}	by 1탄	11^{16}	as		
06^{07}	through	08^{16}	that	11^{17}	과거 would	15^{01}	should
06^{08}	boring	08^{17}	think / believe so			15^{02}	once
06^{11}	to 다리 1탄	08^{18}	I said	12^{01}	(was) gonna	15^{06}	saw her dancing
06^{13}	because	08^{23}	did you use to	12^{02}	want him to go	15^{09}	in case of
06^{14}	future + go vs come			12^{03}	(am) gonna	15^{11}	부사
06^{16}	buy me this	09^{01}	there / YN Q	12^{06}	until	15^{12}	saw it dropped
06^{17}	about	09^{02}	front back	12^{07}	WH 열차		
06^{19}	WH 1	09^{03}	not / no	12^{08}	as soon as	16^{01}	have to / not
06^{22}	more money than	09^{04}	its	12^{09}	YN Q / WH Q	16^{02}	has to / not
06^{24}	to 다리 2탄	09^{05}	working mom	12^{13}	whose	16^{05}	YN Q + twist
		09^{08}	during	12^{14}	behind	16^{07}	something red
07^{01}	was were	09^{09}	after	12^{16}	planets 복습	16^{10}	in order to
07^{02}	동명사 ing	09^{14}	which	12^{17}	so…that…	16^{11}	except
07^{03}	mine ~ ours	09^{16}	either a or b				
07^{04}	more + er than	09^{17}	next, next to	13^{01}	could	17^{01}	must
07^{06}	not / was 잉	09^{18}	if 1탄	13^{02}	YN Q	17^{02}	now that…
07^{07}	before			13^{06}	help + WH Q	17^{03}	background
07^{08}	never	10^{01}	may + might	13^{07}	WH 열차 2탄	17^{09}	by 2탄: By 11
07^{14}	most + est	10^{04}	~self	13^{08}	while		
07^{15}	형용사	10^{06}	be able to	13^{10}	not / 과거	18^{01}	have + pp
07^{16}	too vs neither	10^{11}	easy for me + 복습	13^{11}	WH 열차 3탄	18^{02}	since
07^{17}	over	10^{14}	WH Q	13^{14}	WH 열차 4탄	18^{03}	should + have pp
07^{19}	some + any + no	10^{15}	let			18^{05}	pillars + have pp
07^{20}	ago (뒤)	10^{20}	according to	14^{01}	be + pp	18^{07}	is gone
07^{21}	it's easy to judge	10^{21}	what to do	14^{03}	NOT	18^{11}	by 3탄
07^{22}	good better worst			14^{04}	YN Q	18^{12}	been + 잉
		11^{01}	would	14^{06}	adopted dog	18^{13}	lately
08^{01}	did	11^{02}	If 2탄	14^{07}	look worn out		
08^{02}	for 2탄 (시간)	11^{03}	not + YN Q	14^{11}	be used to	19^{01}	had + pp
08^{03}	YN Q	11^{06}	[잉] not going	14^{12}	[잉] being tired	19^{02}	if 3탄
08^{04}	불규칙	11^{08}	예의 would you	14^{13}	by 연장	19^{04}	however
08^{06}	when	11^{09}	a piece of	14^{16}	(al)~, even though	19^{05}	had better
08^{12}	what kind / sorts	11^{13}	not to go	14^{18}	allow	19^{08}	what a life + since

01^{01}	명령
01^{03}	not
02^{01}	주어 I you
02^{02}	can
02^{03}	not
02^{06}	Y.N Q 1
02^{09}	Y.N Q 2
02^{13}	WH Q
02^{16}	WH 주어
03^{17}	WH 1
03^{19}	give me (to) him
04^{01}	do
04^{03}	not
04^{07}	am are
04^{12}	therefore
04^{13}	고급단어조심
04^{14}	so
04^{22}	I do well I am well
04^{24}	make me go
05^{01}	does is
05^{03}	actually
05^{04}	of
05^{22}	properly
06^{01}	be + 잉
06^{11}	to 다리 1탄
06^{13}	because
06^{19}	WH 1
06^{24}	to 다리 2탄
07^{01}	was were
07^{02}	동명사 ing
07^{05}	practically
07^{21}	It's easy to judge
08^{01}	did
08^{16}	that
09^{01}	there / YN Q
09^{03}	not / no
09^{07}	apparently
09^{14}	which
09^{18}	if 1탄
09^{20}	manage to
10^{01}	may might
10^{15}	let
10^{16}	might as well
10^{21}	what to do
11^{01}	would
11^{02}	if 2탄
11^{06}	[잉] not going
11^{13}	not to go
11^{16}	as
11^{17}	과거 would
12^{01}	(was) gonna
12^{02}	want him to go
12^{03}	(am) gonna
12^{07}	WH 열차
12^{10}	was about to
12^{13}	whose
12^{17}	so…that…
13^{01}	could
13^{04}	what if
13^{07}	WH 열차 2탄
13^{11}	WH 열차 3탄
13^{13}	even if
13^{14}	WH 열차 4탄
14^{01}	be + pp
14^{03}	not
14^{06}	adopted dog
14^{07}	look worn out
14^{11}	be used to
14^{12}	[잉] being tired
14^{16}	(al)~, even though
14^{19}	be (supposed) to
15^{01}	should
15^{02}	once
15^{06}	saw her dancing
15^{08}	as (if) though
15^{09}	in case of
15^{12}	saw it dropped
15^{13}	whether A or B
16^{01}	have to / not
16^{03}	unless
16^{04}	I asked if (whether)
16^{05}	YN Q + twist
16^{07}	something red
16^{10}	in order to
17^{01}	must
17^{02}	now that…
17^{03}	background
17^{07}	otherwise
17^{10}	happen to be
18^{01}	have + pp
18^{02}	since
18^{03}	should + have pp
18^{05}	pillars + have pp
18^{07}	is gone
18^{12}	been + 잉
19^{01}	had + pp
19^{02}	if 3탄
19^{08}	what a life + since

여행 지름길

		04^{11}	have - 있다	07^{21}	it's easy to judge	12^{02}	want him to go
01^{01}	명령	04^{14}	so			12^{03}	(am) gonna
01^{02}	my your	04^{16}	with without	08^{01}	did	12^{06}	until
01^{03}	not	04^{23}	or	08^{02}	for 2탄 (시간)	12^{07}	WH 열차
01^{04}	and			08^{03}	YN Q		
01^{09}	up down	05^{01}	does is	08^{04}	불규칙	13^{01}	could
01^{10}	number + money	05^{03}	actually	08^{05}	not	13^{02}	YN Q
01^{11}	please	05^{04}	of	08^{06}	when	13^{03}	how / what about
		05^{05}	not	08^{11}	WH Q	13^{07}	WH 열차 2탄
02^{01}	주어 I You	05^{10}	no idea	08^{12}	what kind / sorts		
02^{02}	can	05^{11}	thing(s) nothing	08^{13}	by 1탄	14^{01}	be + pp
02^{03}	not	05^{15}	for 1탄	08^{16}	that	14^{06}	adopted dog
02^{04}	over there (here)	05^{17}	what noun	08^{18}	I said		
02^{06}	YN Q 1	05^{19}	WH 1	08^{20}	mean	15^{01}	should
02^{07}	again + an the	05^{21}	how + adj			15^{07}	YN Q / WH Q
02^{13}	WH Q	05^{23}	under	09^{01}	there / YN Q		
02^{14}	this that	05^{25}	adverb ~ly	09^{03}	not / no	16^{01}	have to / not
02^{15}	Obj-it + just + try	05^{26}	like 1	09^{05}	working mom	16^{02}	has to / not
02^{17}	then			09^{08}	during	16^{05}	YN Q + twist
		06^{01}	be + 잉	09^{09}	after	16^{11}	except
03^{01}	will	06^{07}	through	09^{10}	WH Q		
03^{04}	in at on	06^{08}	boring	09^{14}	which	17^{01}	must
03^{10}	YN Q + us them	06^{11}	to 다리 1탄	09^{17}	next, next to	17^{03}	background
03^{11}	but	06^{12}	WH Q	09^{18}	if 1탄	17^{04}	not
03^{13}	WH Q	06^{13}	because				
03^{14}	those + get vs be	06^{14}	future + go vs come	10^{01}	may might	18^{01}	have + pp
03^{21}	back	06^{15}	a lot of	10^{15}	let	18^{02}	since
		06^{17}	about	10^{21}	what to do	18^{03}	should + have pp
04^{01}	do	06^{24}	to 다리 2탄			18^{07}	is gone
04^{03}	not			11^{01}	would		
04^{05}	YN Q (do)	07^{01}	was were	11^{08}	예의 would you		
04^{07}	am are	07^{02}	동명사 ing	11^{10}	WH Q		
04^{08}	from	07^{07}	before				
04^{09}	am not + 명사	07^{19}	some + any + no	12^{01}	(was) gonna		

12 GONNA 기둥

13 COULD 기둥

GONNA 기둥
12

12 01

be going to (과거)

12번 트랙!
롤러코스터!
재미있는 기둥
입니다.
시작하죠.

먼저 다음 문장을 영어로 말해보세요.

#너 뭐 하나?

→ What are you doing?

#이거 네가 했어?

→ Did you do this?

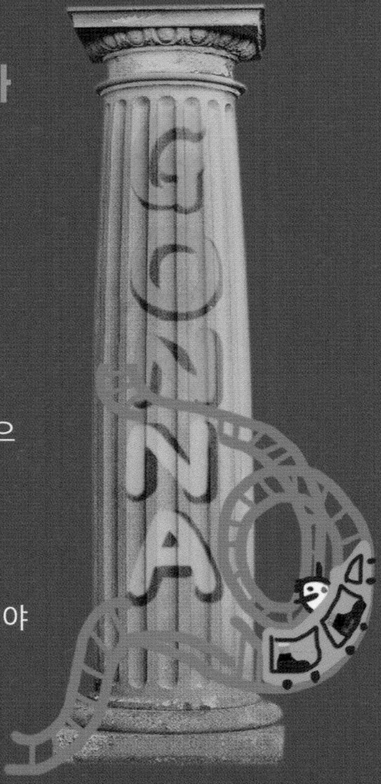

이거 내가 5분 전에 하려고 한 건데~

자! 이번에 배울 기둥입니다.
다시 상상하면서 읽어보세요.

아까 하려고 했었다~

이 말을 하고 싶을 때 쓰는 기둥.

과거에 그 행동을 했으면 'I did it'으로 가면 되지만,
'하려고 했었다'는 것은
'결국 안 했다'는 거잖아요.
그렇기 때문에 다른 기둥으로 써줘야 메시지 전달이 제대로 되겠죠.
소개합니다.

GONNA

[가나] 기둥입니다.

기둥의 모습이 살짝 특이한데요, 이미 배운 다른 기둥들과 엮인 모습일 뿐입니다. 만들어볼까요?

이거 내가 5분 전에 하려고 한 건데.

'내 전의 상태'를 뜻해서 I was 말한 후, gonna [가나]까지 붙이면 전체 기둥 모양입니다.

I was gonna~ 그런 후에 두비 들어갑니다, do this.

→ I was gonna do this.

이러면, '그런데 결국 못 했군'이란 메시지가 같이 전달되겠죠?

#이거 내가 하려고 한 건데.

→ I was gonna do this.

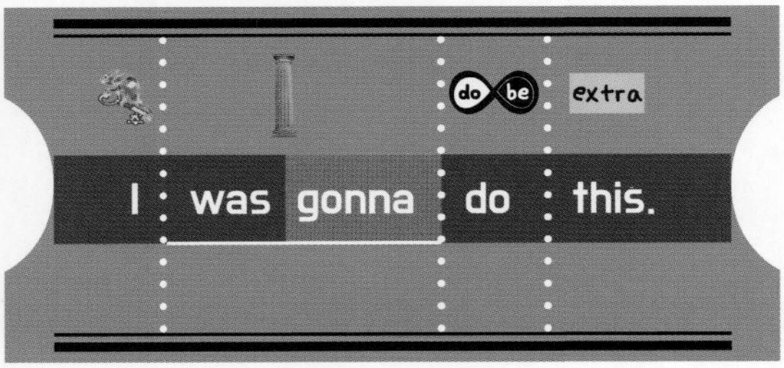

#5분 전에. 나머지 엑스트라는 같은 방식으로 붙여주면 됩니다.

→ 5 minutes ago.

다시 눈 감고 상황을 상상하면서 만들어보세요.

I **was gonna** do this 5 minutes ago.

어렵지 않죠? 기둥이 특이하게 생기긴 했지만 적응하면 금방입니다. 먼저 계속 해봅시다.

상황을 상상하고 꼭 입으로 직접 말하면서 만드세요.

상황) 노래방 가면 자주 있는 일이죠, 내가 부르려고
생각한 노래를 다른 사람이 먼저 부를 때.

#네가 그 노래 부르네!

→ You are singing that song!

#내가 부르려 했는데.

내 전 상태가 그러려고 했던 거죠.

I~
was gonna~
~ sing
extra ~ it.

→ I was gonna sing it.

상황) 서로 짝사랑하던 이들이 연애를 시작했습니다.
서로 짝짜꿍이 잘 맞아요. 감탄하며,

#A: 우리 정말 잘 맞는다!

> compatible [컴파터블] 부부애가 좋듯이, 서로의 의견과 생각이 척척 잘 맞을 때 씁니다. 기계에서 '호환이 되는'이라 할 때도 compatible 을 씁니다. <

→ We are so compatible!

상대방 왈,

#B: 내가 그 말 하려고 했는데.

과거에 내 상태가 그렇게 하려고 했는데, 상대가 먼저 말한 거죠. GONNA 기둥으로 말하면 되는 겁니다.

→ I was gonna say that.

기둥 모양만 길 뿐 별것 없어요.
이렇게 GONNA 기둥을 쓰면 과거에 확실히 그렇게 하려고 했던 겁니다. 말을 하려고 확실히 그 길로 가고 있었는데, 도착지 전에 그 길이 틀어진 거죠. 확신이 아주 강한 기둥입니다.

계속 만들어볼게요.

#저분(남) 아들이 원래 소방관이 될 거였는데 그러다 병에 걸렸잖아요.

소방관이 되려고 했는데 계획이 틀어진 거죠?

누가 소방관이 될 거였대요?

His son~

소방관이 되었어요? 아니, 될 거였는데. 계획이 다 그리로 가고 있었는데, 안 된 거죠, was gonna.

뭐 하려고 했다고요?

'소방관이 되다'는 상태니까 두비에서 be로 말해야죠,

be a firefighter.

→ His son was gonna be a firefighter.

#그러다 병에 걸렸잖아요.

then 연결하고 무슨 기둥? DID 기둥.

병에 걸리는 것은 없다가 얻은 것이니 이럴 때 get 잘 쓰죠?

~ then he ( ) got sick.

→ His son was gonna be a firefighter,

then

he ( ) got sick.

원래 과거의 계획은 소방관이 되는 쪽으로 가는 것이었어요. 그런데 방향이 어쩔 수 없이 틀어진 거죠. 그럼 몇 개 더 해볼게요.

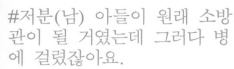

#왜 걸어왔어?

→ Why did you walk?

#우리가 데리러 가려 했는데.

> pick up <

우리 전의 상태는 we were겠죠.
이제 당연하게 왜 were인지 알죠?
I was, we were 이미 과거 BE 기둥에서 배웠습니다.
→ We were gonna pick you up.

왜 you가 가운데 들어간 건지 아시죠?
Hint. **쓰레기 주워!**
Pick up the trash!
주워! Pick it up!
간단하게 줄인 것은 꼭 중앙에.

정확하게 시간 느낌을 익혀야 하니 다른 기둥과 섞어서 조금 더 해보죠.
상황) 자려고 했는데, 친구가 들어와서 불을 켜더니 묻습니다.

#A: 너 왜 아직도 안 자?

현재 안 하느냐는 것이니 BE + 잉 기둥
→ Why aren't you still sleeping?

#B: 자려고 했는데, 네가 불 켰잖아!

자려고 한 거죠. 그리로 가고 있었죠?
→ I was gonna sleep, then you turned the lights on!
WAS GONNA 기둥 쓴 후 DID 기둥으로 끝났죠?

감이 잡히기 시작하나요? 내 전의 상태가 뭘 하려고 했었다. 그런데 안 했다. WAS GONNA.
그럼 연습장에서 만들어보세요. 언제 쓰는지를 기억하는 것이 중요해요.

#너한테 물어보려고 했는데.

.... I was gonna ask you.

#너 여기 있었네! 우리가 메시지 남기려고 했었는데.

leave

You were here! We were gonna
.... leave you a message.

#제 예약을 취소하려 했었는데. 완전 깜박했네요.

reservation [*레져*베이션]=예약 / cancel / forget

I was gonna cancel my reservation.
.... I totally forgot.

#뭔가 말할까 하다가, 그냥 안 하기로 했어. (안 하기로 결정했어.)

decide

I was gonna say something,
.... then I decided not to.

#우린 부자가 되려고 했는데! 그런데 네가 망쳤잖아!

rich / ruin

We were gonna be rich!
.... Then you ruined it!

#저희는 베네치아로 여행 가려고 했었는데, 그러다 무슨 일이 일어났어요.

travel

We were gonna travel to Venice,
.... but then something happened.

상황) 어려서 아역배우가 될 뻔했던 아들. 커서 말해줍니다.

#넌 TV에 나오는 거였는데 네가 하기 싫어했어.

You were gonna be (come out) on TV,
.... but you didn't want to do it.

#이 친구(여)는 배우가 되려 했고 난 (하늘을) 나는 것을 배우려고 했지.

actress / fly / learn

This friend was gonna be an actress
and I was gonna learn to fly. /
.... I was gonna learn how to fly.

GONNA 좀 익숙해지나요?
이 기둥은 실제 기자회견이나 다른 격식적인 상황에서도 정말 자주 듣게 되는 말이지만
정작 신문이나 논문처럼 격식적인 문어체에서는 잘 눈에 띄지 않을 겁니다. 왜냐고요?
이 기둥은 글로 쓸 때는 살짝 모양이 다르거든요.
말하기에 편리하도록 줄여진 기둥이랍니다.

GONNA는 원래
going to가 합쳐진 것입니다.
이러면 기둥 자체가 길어져서, 아예 시작부터 GONNA로 묶어서 말하는 겁니다.

그럼 왜 이렇게 생긴 걸까요? 다음 문장을 만들어보세요.

#내가 먹으려 했었어.

→ I was **gonna** eat it. 이 문장을 다 풀면

→ I was **going to** eat it. 이렇게 되는 겁니다.

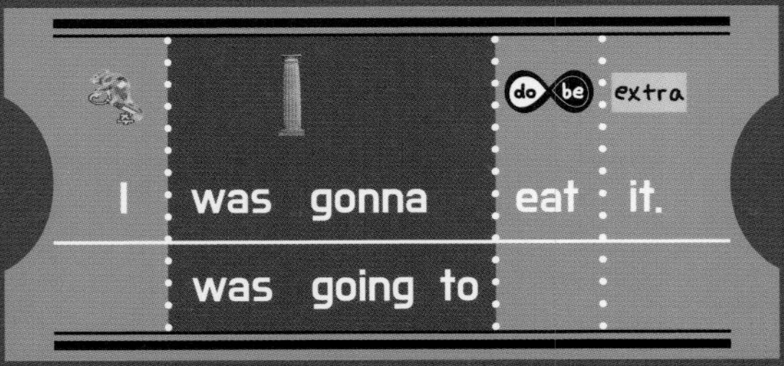

I was going?! 간다고? 무슨 뜻일까요?

이해하고 나면 기둥 모양이 왜 이렇게 생겼는지 명확하게 보입니다.

I was going이면 지금 말고, 전에 가고 있었던 중으로 보이죠.

계획이 있었다는 것은, 내 인생이 그리로 가고 있었다는 거죠. 봅시다.

#내가 먹으려 했는데.

롤러코스터처럼 '이미 먹는 쪽으로 트랙을 밟으며 가는 중이었다'는 겁니다.

I was going~ 어디로 가고 있었어요?

먹으러 가고 있었죠.

행동이잖아요. eat을 붙여야 하는데, 이미 going을 두비 자리에 넣었으니 다시 두비가 그렇게 툭 튀어나올 수 없죠? 그럼 뭐로 연결시켜야 하죠?

TO 다리를 붙여주는 거죠, to eat it.

→ I was going to eat it.

이미 먹으러 가고 있었던 중, 이미 그렇게 진행 중이었다는 겁니다.

실제 내가 걸어서 가고 있다는 것이 아니라, 내 마음, 내 계획이 그쪽으로 가고 있었다는 은유법인 거죠.

우리말로 좀 더 자연스러운 번역은,

내가 먹으려고 했는데.

I was going to eat it.

천천히 익혀보죠.

내가 하려고 했었는데.
내 과거의 상태가 I was.
가고 있던 중 going.
조심! 정말로 발로 간다는 것이 아니라, 은유라고 했죠? 타임라인에서 내 인생이 계획을 잡고 그리로 가고 있었다, I was going.
어디로? **그것을 하러,** to do it.
→ I was going to do it.

내가 하려고 했었는데.
I was going to do it. 이 말이
I was gonna do it. 이 말과 완전히 똑같다는 겁니다.

그럼 다음 문장 읽어보세요.

#I was going to go.
go가 2개나 보이죠?
이래도 되느냐고요? 당연히 됩니다. 영어는 기둥의 구조대로 움직이니 각자의 위치에만 단어가 들어가 있으면 전혀 상관이 없죠? 정작 영어를 하는 사람들은 저 말이 반복된다는 느낌이 들지 않는답니다.

우리말도 그래요. 한국어를 배우는 외국인이 지나가는 여성 두 분의 대화를 듣게 됩니다.
한 분이 "어땠어?"라고 묻자 상대방이 이렇게 대답합니다.
"그저 그래. 그냥 그렇더라고."
보세요. '그, 그, 그, 그, 고' 이렇게 비슷한 단어가 많이 들어가죠? 하지만 정작 우리는 그런 느낌이 들지 않잖아요.

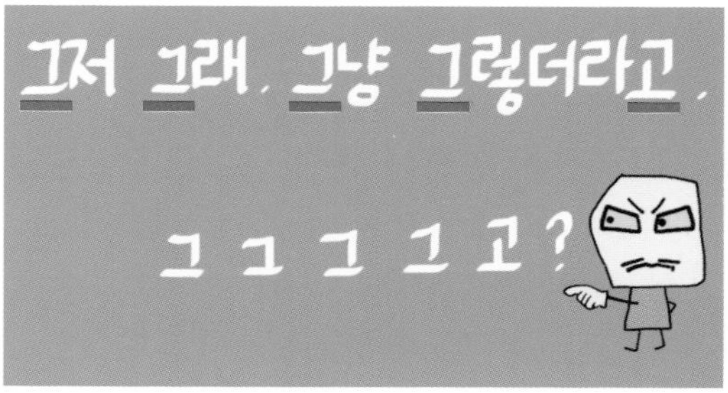

내가 가려고 했었는데. I was going to go.
이러면 BE + 잉 기둥과 모양새가 비슷해서 헷갈리지 않느냐고요?
우리 이미 말했죠? 필요한 기둥만 뽑아서 그 구조대로만 말하면 되는 것이지 다른 기둥과 비슷하다고 고민 안 해도 됩니다. 스파게티 면을 꺼내면서 짜장면의 면도 비슷한데 하고 고민하지 않잖아요.

정리:
"I was going to go"를 묶으면
"I was gonna go"인 겁니다.
GONNA 기둥으로 묶으면 확실히 더 쉽게 보이죠?

재미있게 한 번 더 구경해볼까요?

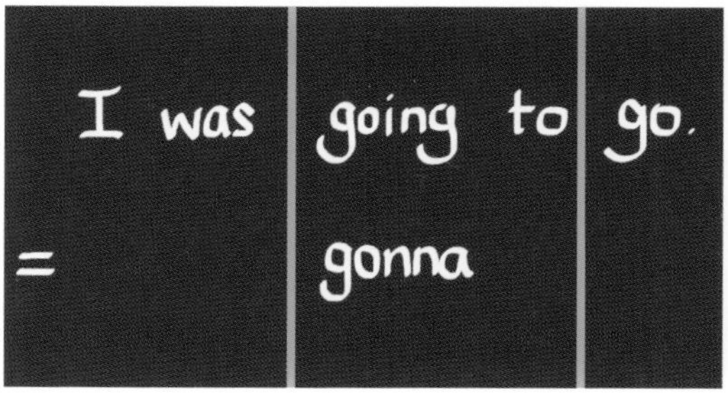

#너 어젯밤에 갔었다고?

→ You went last night?

우리도 걔네(남) 집에 가려고 했었는데!

이 말을 GONNA 풀어서 같이 만들어보죠.

1. 우리 가려고 했었는데.

우리 전 상태가, We were.
미래의 계획으로 향하는 중이었는데, going.
가려고 했던 거죠, to go.
→ We were going to go.

extra 엑스트라 더 붙여볼까요?

2. 우리 걔네(남) 집에 가려고 했었는데.

누구한테? 걔네 집에. 껌딱지 있어야죠?
방향 껌딱지 붙여서, to his house.
→ We were going to go to his house.

extra 엑스트라 또 있죠? 우리'도'.

3. 우리도 걔네(남) 집에 가려고 했었는데.

나도 간다 "Me too"처럼 뒤에 too 붙여서
→ We were going to go to his house too.

We were going to go to his house too.
고잉. 투. 고. 투. 투. 뭐가 이리 고, 투, 고, 투가 많나 싶죠?
정작 말하는 사람은 소리를 비교하면서 말하는 것이 아니라, 기둥 구조대로 말하는 것이니까 생각 없이 말하게 된다는 거죠. 그러니 기둥 구조만 기억하세요. 헷갈리는 분들은 걱정 말고 GONNA로만 먼저 탄탄히 만들어놓으세요. 실전에서는 격식적인 상황, 높은 지위 상관없이 다들 GONNA로 말하거든요.

#저거 내 거 되는 거였는데, 그러다 잃었어.

→ That was gonna be mine, then I lost it.

풀어서 말하면:

→ That was going to be mine, then I lost it.

이제 연습장에서 GONNA의 느낌을 기억하면서 연습한 후 실생활에서 연기하듯 만들어보세요.

#우리 바비큐 해 먹으려고 했었는데 비가 왔어.

barbecue / rain

.... We were gonna (going to) have a barbecue but it rained.

#너랑 결혼하려고 했는데.

marry

.... I was gonna (going to) marry you.

#널 도와주려고 했는데, 내가 시간이 없었어.

help

.... I was gonna (going to) help you but I didn't have the time.

#뭔가 검색하려고 했었는데 까먹었어.

search=검색하다 / forget

.... I was gonna (going to) search something but I forgot.

#저 꼬마들이 우리한테 물풍선 떨구려고 했어.

kids / water balloons / drop

.... Those kids were gonna (going to) drop water balloons on us.

#양치하려고 했는데.

brush teeth=양치하다

.... I was gonna (going to) brush my teeth.

#난 "행운을 빌어요"라고 말하려고 했는데.

good luck / say

.... I was gonna (going to) say "Good luck."

12 02

TO 부정사

WANT HIM TO GO

기둥 이외에 많이 쓰이는 큰 것은 뭘까요? 아마 TO 다리일 겁니다.
하나의 동일한 느낌인 TO 다리로 벌써 6개의 스텝을 밟았답니다.

그럼 마지막 TO 다리 스텝을 접해봅시다!
마지막은 쉽게 끝내죠. 다음 문장을 만들어보세요.

#난 너를 원해!

‘원하다, 필요하다’ 등은 생기기 전까지 계속 원할 것이니 DO 기둥으로 가준다고 했죠?

→ I want you!

다음을 만들어보세요.

#난 결단력이 있는 사람이 되고 싶어!

‘결단력이 있는’은 do예요, be예요? be 쪽이죠. 행동으로 표현이 안 되잖아요.

‘결정’은 decision [디씨젼]

‘결단력 있는’은 decisive [디싸이씨*브]

→ I want to be decisive!

그런데 내가 결단력이 있기를 바라는 게 아니라 **상대가** 결단력이 있길 바랄 때는!
상대가 그렇게 되길 내가 원하는 거죠.

난 네가 결단력 있는 사람이었으면 좋겠어. (그걸 바라.)

I want **you~** 라고 한 후
TO 다리 붙이면 됩니다.

→ I want you to be decisive.

내가 원하는 것은 네가 decisive 하길 원하는 거죠.

간단하죠? 이것으로 스텝 끝!
더 쉬운 단어로 만들어볼까요?

#난 가고 싶어!

→ I want to go.

내가 to go가 아닌 네가 to go 하기를 바란다면?

#난 네가 갔으면 좋겠어!

→ I want you to go!

간단하죠? 또 해볼게요.

#난 내 친구를 원해!

→ I want my friend!

#내 친구가 돌아왔으면 해!

> return [*리턴] <

→ I want my friend to return.

좀 약하게 말하고 싶다면?

I'd like my friend to return. 이렇게 해도 되죠? (스텝 11[08])

#난 더 친근해질 필요가 있어.

> friendly=친근한 <

→ I need to be friendlier.

오늘은 중요한 사람들 앞에서 **내 파트너가** 웃어줘야 합니다.

#오늘 네가 더 친근해져야 해.

→ I need you to be friendlier today.

내가 그것이 필요하니 I need로 가준 겁니다. 우리말로는 꼭 '필요하다'라고 안 하죠? 그러니 need도 느낌을 기억하면서 연습하면 도움이 된답니다.

다음을 만들어보세요.

#내가 너한테 말했잖아!

→ I told you!

#내가 너한테 이 프로그램 업데이트 하라고 했잖아!

I told you~

extra 뭐 하라고 말한 거예요?

to update this programme.

→ I told you to update this programme.

이미 스텝 06[24]에서 배운 거죠? 똑같은 TO 다리 구조입니다.

결국 이 스텝도 여러분이 이미 할 줄 아는 스텝인 겁니다.

대신 want나 need는 좀 덜 뻔해 보이니 이렇게 따로 연습하는 거죠.

그럼 더 해볼게요.

#당신 직원들은 당신이 좀 더 진지하기를 원합니까, 아니면 친근하기를 원합니까?
> employee [임플로이]=직원 / serious=진지한 / friendly=친근한 <

헷갈리면 항상 명령 기둥으로 먼저 해보세요.

#더 진지해져! → Be more serious!

#더 친근해져! → Be more friendly!

→ Do your employees want you to be more serious, or to be more friendly?

좀 더 잘 이해하기 위해 단어만 바꿔 쌓아보죠.

#당신의 상사는 당신이 참여하기를 바라나요?
> boss / join <

→ Does your boss want you to join?

#당신의 상사는 당신이 뭘 하기를 원합니까?

→ What does your boss want you to do?

#당신의 상사는 당신이 무엇이 되기를 원합니까?

→ What does your boss want you to be?

#당신 생각에는 그분이 당신이 대담해지길 바라는 것 같다고요.
> bold [볼드] <

→ You think your boss wants you to be bold.

THAT 붙여서 기둥 문장 연결한 거죠? (스텝 08[16])

#그분은 당신이 대담해지길 바라는 것 같나요?

→ Do you think your boss wants you to be bold?

#당신은 그분이 당신이 무엇이 되기를 원하는 것 같으세요?

→ What do you think he wants you to be?

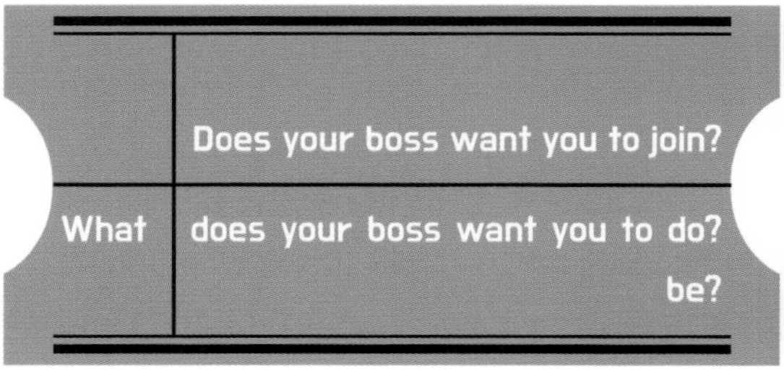

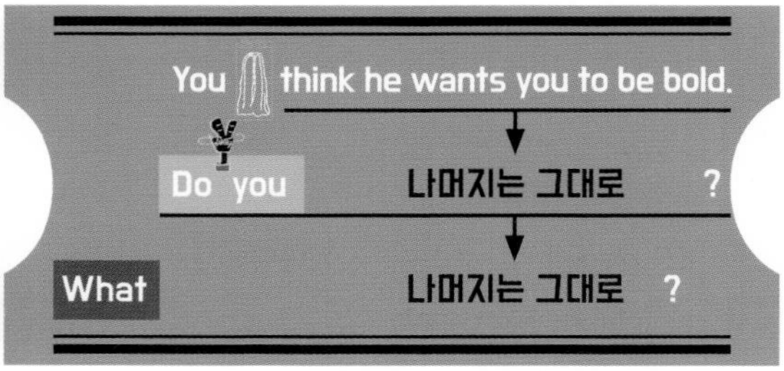

다 배운 구조입니다. 단어만 바뀌고 엑스트라에 TO 다리만 붙은 것뿐입니다. 이런 틀을 알면 영어를 정말 많이 아는 겁니다. 이후부터는 고급 단어를 배워서 단어만 바꿔치기하면 되거든요. 그러니 단순히 아는 것에서 끝내는 것이 아니라 쉬운 단어들도 쉽게 엮으면서 말할 수 있게 계속 연습해야겠죠? 계속 진행해볼게요.

상황) 파티에 함께 갈 파트너를 찾습니다. 동료가 묻습니다.

#A: 왜 접수원(여)한테 안 물어봤어?

> receptionist [리'셉셔니스트]=접수원 <

→ Why didn't you ask the receptionist?

#B: "Yes"라고 대답 안 할걸.

미래지만 확실히 모르니 WOULD 기둥

→ She wouldn't say 'Yes'.

#A: 아니야, 접수원은 네가 물어보기를 바랐던데.

지금은 모르지만 전에는 바랐던 거죠.

→ No, she wanted you to ask her.

#B: 그걸 왜 지금 얘기해줘?

> tell <

→ Why are you telling me that now?

#A: 네 연애사를 신나게 해주는 게 내 일은 아니거든요!

> love life / exciting <

→ It's not my job to make your love life exciting! / Making your love life exciting is not my job!

Make it fun! Make it exciting!

스텝 06[08]에서 배운 대로 interesting, boring 대신 exciting을 써준 겁니다.

다 배운 것들로 여러분도 이제 다 만들 수 있답니다. 하나만 더 하고 연습장 가죠.

상황) 고시원에서의 인터뷰.

#A: 힘드네요. 부모님을 하염없이 기다리게 하고 싶지는 않고.

> hard / indefinitely [인데*피니틀리] <

→ It's hard. I don't want my parents to wait indefinitely.

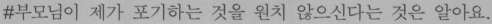

#B: 당신 부모님은 당신이 그만두기를 바라십니까?

> quit [크윗] <

→ Do your parents want you to quit?

#A: 제가 뭘 하기를 바라시는지는 잘 모르겠어요.

Hint. WH 1으로 응용하면 됩니다.

그분들은 제가 뭘 하기를 원하시죠?

→ What do they want me to do?

extra 이것을 WH 1으로 바꿔서 엑스트라에 넣으면 되겠죠?

→ I don't know~ what they want me to do.

I don't know

extra

what they want ... me ... to do.

#부모님이 제가 포기하는 것을 원치 않으신다는 것은 알아요.

I know~ 뭘 알아요? That they don't want me to quit.

→ I know that they don't want me to quit.

Planet들은 영어에서 중요한 것으로 반복할수록 익숙해질 거예요! 가이드와 비교했을 때 자신의 답이 달라도 이유가 보이면 잘 가고 있는 겁니다. 약한 스텝이 있다면 복습하세요! 외국어는 복습할수록 어린아이가 말이 트이듯 머리가 트인답니다.

그럼 연습장에서 이미지로 상상하면서 기본을 탄탄하게 만들어보세요.

#우리는 네가 결정했으면 하는데.
decide [디'싸이드]

We want you to decide. /
We'd like you to decide.

#내가 너한테 솔직하게 말해주길 바라?
honest [어니스트] / tell

Do you want me to tell you honestly?

#내가 운전할까? (그러길 바라?) 너 졸려 보이는데.
drive / sleepy

Do you want(Would you like) me to drive?
You look sleepy.

#제가 좌석 2개 예매해놓을까요? (제가 그렇게 해주길 바라세요?)
seats / reserve [*리절*브]

Would you like(Do you want) me
to reserve 2 seats?

#이 멍청한 기계가 나한테 내 6자리 코드를 입력하라고 하는데!
stupid / machine / digit code / enter / ask
Hint: 기계가 요청하는 것이죠?

This stupid machine is asking me
to enter my six-digit code!

#내가 정말 널 좋아했었다는 걸 네가 알았으면 했어.
Hint: THAT 딱지

I wanted you to know (that)
I really liked you.

#우리는 너한테 어떤 것도 하라고 강요하는 게 아니야!
force

We are not forcing you to do anything!

#자네가 부탁 하나만 들어줬으면 하네.
do a favor=호의를 베풀다

I need you to do me a favor. /
I need you to do a favor for me.

#아내분이 정원을 돌보라고 저를 고용하셨어요.
take care / hire

....Your wife hired me to take care of the garden.

상황) 점술가가 한 장의 카드를 주며 말합니다.
#당신이 이 카드를 보시고 저한테 뭐가 보이는지 말해주시길 바랍니다.
look / see / tell

I want you to look at the card
.... and tell me what you see.

최종으로 TO 다리를 정리해보죠.

To be is to do.
Socrates
René Descartes
Friedrich Nietzsche

#To be is to do.
존재한다는 것은 행동하기 위한 것이다.
가장 좋은 한국어 번역은 우리말 잘하는 여러분의 몫으로!

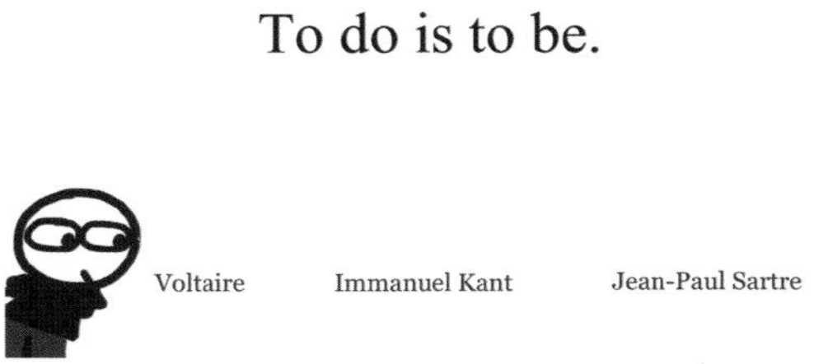
To do is to be.
Voltaire
Immanuel Kant
Jean-Paul Sartre

#To do is to be.
행동하는 것은 존재하기 위해서다.
간단하게 두비로 이루어진 이 문장이 존재론을 말하고 있죠. 마지막으로 가수 Sinatra가 노래합니다.

Do be do be do~

#Do be do be do.
말장난입니다. 온라인에서 존재론을 말하는 말들 끝에 두비두비 노래를 부르는 흔한 리스트랍니다.

TO 다리는 코스 진행하면서 계속 접할 것이니 서툴러도 계속 복습하러 돌아오면 더욱 탄탄해질 겁니다. 그럼 복습도 하고 여러분에게 쉬운 문장으로 응용하면서 만들어보세요.

12 (am) GONNA

be going to (미래)

전 세계에서 가장 영향력이 큰 일간지
《월스트리트저널》.
#기자는 영어로? journalist [져널리스트]
'일기장'도 그날 일을 '기록한다'는 느낌으로 쓰면
journal [져~널]이라고도 부른답니다.
앞의 단어 journey [져니]는 한 장소에서 다른 장소로 한번 이동하는 장거리 여행을 말합니다.

THE WALL STREET JOURNAL.

#장거리 여행이 될 겁니다.

→ It's gonna be a long journey.

이렇게 말할 수 있죠.
깊고 영적인 여행을 할 때도 journey를 씁니다.
인생도 하나의 시작 장소에서 종착지가 있으며 긴 여행이란 느낌이 있어요. 그래서 #삶은 여행이다라고 말할 때는? Life is a journey.
다음 문장을 만들어보세요.

#인생은 여행이지, 목적지가 아니다.

> destination [데스티'네이션] <

→ Life's a journey, not a destination.

그러면 이번 스텝의 journey를 시작해볼까요?

영어로 만들어보세요!

#왜 시작을 안 해?

→ Why are you not starting?

#하려고 했었거든요!

→ I was gonna (start)!

굳이 start를 반복 안 한 겁니다.
"I can do it!"을 "I can!"으로 줄여 대답하듯 말이죠.
대신 기둥이 GONNA까지니까 거기까지 말하는 겁니다. 자르면 "I was!" 해서 WAS 기둥이 되어버리잖아요. 끝까지~ I was gonna!

여기까지는 저번 스텝에서 배웠죠? 그럼 이번에는 뻔하니까 직접 만들어 설명해보세요.
"I was gonna start"를
"I am gonna start"로 바꾸면 뭐가 될까요?

내 상태가 I was에서 I am 지금의 상태로 바뀌었죠?
I am gonna start now. GONNA 기둥을 풀면
I am going to start now. 뜻은 마찬가지로 똑같습니다.

이미지로 보세요. 롤러코스터에 지금의 내 상태 I am이 가고 있는 중입니다, going.
시작하려고, to start.
스텝 12[01]에서는 WAS GONNA였어서 자동으로 과거의 상태가 되었지만, WAS를 AM으로 바꾸면서 현재 상태를 말하는 것이 돼버린 거죠. 그럼 뜻이 뭘 것 같아요?

AM GONNA 기둥은 이미 그렇게 되려고 출발했으니 무슨 큰일이 일어나지 않는 이상, 일어날 확률이 95%라고 말해주는 겁니다. 미래 기둥이에요. WILL 기둥보다 강도가 센 미래 기둥! 미래 기둥의 마지막입니다.

WILL 기둥은 그럴 의지가 보여 말하는 거지만, 의지는 바뀔 수 있는 확률이 있잖아요.
하지만 going to, GONNA 기둥은 지금 상태 I am에서 가는 것 going이 이미 진행되었기 때문에 일어날 확률이 훨씬 더 높아지는 겁니다.

#나 시작한다!
→ I am gonna start!
#나 시작할게!
→ I will start!
우리말의 번역으로만 외우는 건 비추천.

그럼 말할 때마다 비교해서 해야 하느냐고요?
절대 아닙니다. 여러분은 편한 것으로 하세요.
WILL 기둥을 쓴다면, 듣는 사람은 "웬만하면 일어나겠군" 하고 알아들을 것이고,
AM GONNA 기둥을 쓴다면, "이미 하려고 다 준비했군, 일어나겠군" 알아듣게 되는 것뿐이에요. 그래서 기둥을 보면 롤러코스터를 타고 있는 겁니다. 확실히 그 길로 가고 있는 거죠.

다음 문장을 만들어보세요.

먹구름까지는 아니지만, 비는 올 것 같아요.
#비 올 수도 있겠다.
→ It might rain.

하늘을 보는데 먹구름이 잔뜩 끼어 있습니다.
이미 비가 올 환경은 다 맞춰졌습니다.
#비 오겠다.
GONNA 기둥으로 쓴다면?
지금 날씨 상태이니, It is~ 비 오는 쪽으로 가는 거죠, gonna rain.
→ It is gonna rain.

우리말 강도는 문장 뒤에서 은근히 바뀝니다.
굳이 만들어보자면

저 갈 거예요. — I will go.
저 갈 거 같아요. — I would go.
저 갈지도 몰라요. — I may go.

WILL 90% 확신 [계획에 들어가 있는 것]
확률 내려서
WOULD 80% 확신 [계획은 없지만 상황이 바뀌면 아마 할 생각이 있는 것]
확률 더 내려서
MAY 50% 확신 [상황을 봐서 결정하는 것]

지금까지는 확률이 내려왔잖아요. 이번에는 push를 높여서 WILL 기둥의 위로 올라간 겁니다.

I am gonna go. 95% 확신

이 차이대로 우리말 번역을 기억하진 마세요.

I will go. 저 갈 거예요.
I am gonna go. 저 갈 거예요.

이렇게도 됩니다. 언어가 다르기 때문에 딱 맞아떨어지지 않습니다.
여러분이 어떤 강도의 확신을 가지고 말할지 직접 선택하시면 되는 겁니다.

BE 기둥의 과거가 WAS 기둥이듯이,
WAS GONNA 기둥 역시 결국
BE GONNA 기둥인 겁니다.
그럼 기둥 비교하면서 만들어볼까요?

상황) 다른 회사가 투자하겠다고 합니다.

#저 회사가 우리한테 투자할 거야.

> company / invest <

extra 어디에 투자할 건데요? 껌딱지 필요합니다. 여기도 있고, 저기도 있지만, 난 이 위에 투자하겠다. 느낌의 껌딱지는? 표면에 닿는 껌딱지, on us.

→ That company will invest on us.

상황) 회사가 투자를 결정했기 때문에 확실히 일어나는 일입니다.

#저 회사가 우리한테 투자할 거야.

이럴 때는 GONNA 기둥 쓰면 더 정확히 전달되겠죠?

→ That company is gonna invest on us.

롤러코스터를 타고 이미 가고 있는 GONNA를 상상해서 느낌으로 기억하세요.
이제 기둥 섞어서 만들어보죠.

#너희들 여기서 뭐 해? 나가! 빨리!

→ What are you guys doing here? Get out!
Come on!

#그분들 여기에 금방 오실 건데!

오고 있는 중.

They are gonna~

영어는 be로 잘 쓴다고 했죠, be here.

금방! 1초 안에 도착할 거야! in a second!

→ They are gonna be here in a second!

#이게 뭐야? 이것 좀 봐봐!

→ What is this? Look at this!

#왜 나쁜 일들이 나한테 일어나는 거지?

> bad things <

→ Why do bad things happen to me?

#나 울 거야!

→ I am gonna cry!

“I will cry!” 하면 울 마음이 있고, “I am gonna cry!” 하면 이미 찡그려지며 눈물 맺힐 준비를 하는 겁니다. 이미 시작이 된 거죠. 느낌만 살짝 다를 뿐 메시지 전달은 다 됩니다!

이제 연습장에서 만들어보세요.

연습

#걔(여) 너한테 거짓말할 거야.

lie

.... She is gonna lie to you.

#2222년은 매우 재미있는(흥미로운) 해가 될 거예요.

interesting / year

The year 2222 is gonna be a very interesting year.

#이 약은 졸린 느낌이 들게 할 거예요.

medicine / drowsy [드*라우지]=졸리는 / feel

This medicine is gonna make you feel drowsy.

#A: 우리 클럽 갈 건데. 갈래? (따라올래?)

We're gonna go to a club. Do you want to come?

#B: 지금은 못 가고. 나중에 합류할지도 몰라.

join

I can't now. I may join you later.

#Mike가 화낼 거야 — 내가 걔한테 소식을 말해주고 나면.

angry / news

Mike is gonna get angry after I tell him the news.

#우린 모두 죽을 거야!

We are all gonna die!

#숙제는 이 경기 보는 것을 다 끝내고 나서 할 거예요.

match=경기 / watch / finish

I'm gonna do my homework after I finish watching this match.

#A: Sally는 성공할 거야. (강한 확신)

successful

Sally is gonna be successful.

#B: 걔는 성공할 수도 있어. (아닐 수도 있고 — 50%)

She might be successful.

#C: 걔는 성공할 거야.
(잘은 모르겠지만 그럴 것 같음 — 70%)

She would be successful.

#D: 뭔 소리 하는 거야? Sally 성공했거든.

What are you talking about? Sally IS successful.

12 04

전치사

onto

이미 아는 것들이 합쳐지는 쉬운 껌딱지 스텝!
껌딱지가 참 많죠? 하지만 중요한 것은 이미 이전에 다 끝났습니다.
다음 것은 많이 쓰이지 않으니 짧게 계속 접해봅시다.

into 껌딱지 기억나죠?
이번 것은 **onto.**

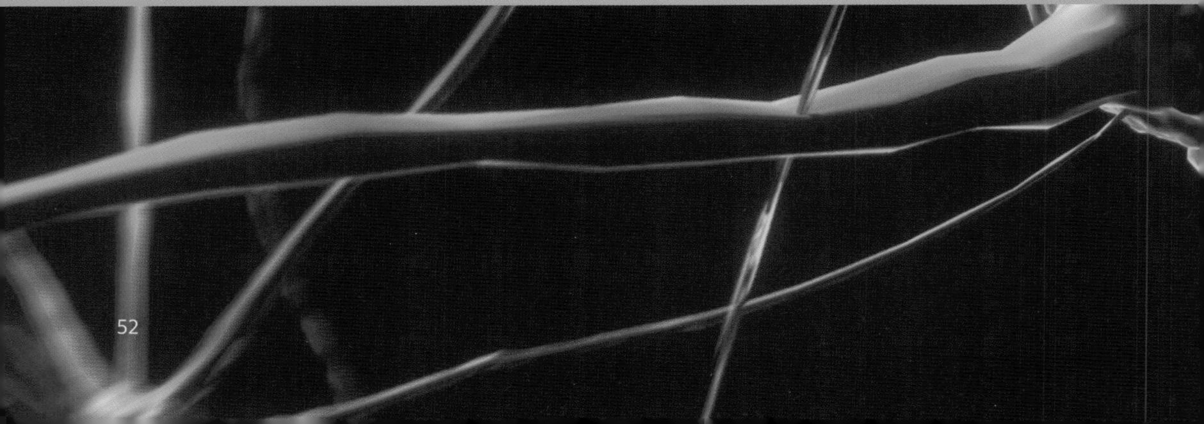

그럼 만들어보죠.

상황) 사람을 구하고 있어요. 뒤에 있는 친구에게 말합니다.

#나 잡아줘!

> hold <

→ Hold me!

이 말은 내가 떨어질 것 같으니 잡으라는 거죠.

#Hold onto me!

이미지 그려보세요.

Hold는 '잡아!'~ onto me 내 표면에 붙어서 날 붙잡기는 하는데, to가 같이 붙어 있죠? 다시 말해 내가 움직일 것이니, 내가 가는 방향으로 떼지 말고 잡고 있으라는 겁니다.

#나한테서 떨어지지 말고, 나 꽉 붙잡고 있어!

→ Hold onto me!

긴 말을 껌딱지로 간단하게 표현하죠?

껌딱지의 매력이죠.

#넌 과거를 붙잡고 있잖아. (과거에 매달리고 있잖아.)

> past <

→ You are holding onto your past.

과거는 과거대로 움직이려 하는데, 붙잡고 있는 거죠.

#저~기 있는 여자분이 감독님이셔.

> lady / director <

→ That lady over there is the director.

#곧 날 무대 위로 끌어올리실 거야.

> stage [스테이쥐] / drag [드*라그] <

do be She is gonna~ '끌어내다', drag

extra me.

extra 무대 위로. 방향까지 같이 있으면서 그 표면 위로 끌어올린다고 말할 때, onto the stage.

→ She is gonna drag me onto the stage.

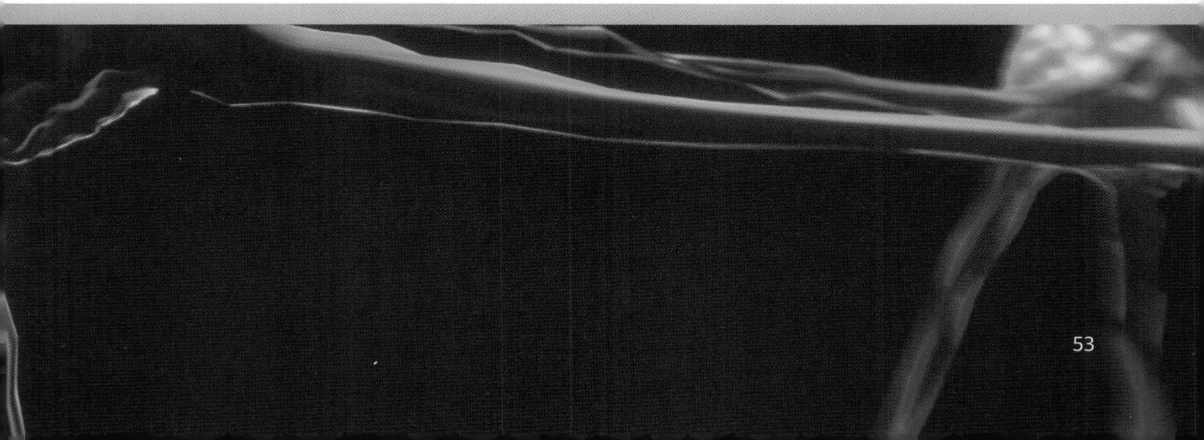

마음에 들지 않아 갈피를 못 잡다가 뭔가 실타래가 풀릴 때 쓰는 말이 있습니다. 바로

#Now we are onto something!

지금까지 계속 nothing이었던 거죠. 중요치 않은 것뿐이다가 뭔가 잡힌 겁니다.

그것을 '잡고' 계속 가면 될 것 같아서 "We are onto something!"

우리말로는 "이제 뭔가 나오네, 이제 뭔가 잡히네" 식입니다. 사용해볼까요?

#이것들은 여러분의 영어를 위한 읽을거리들인데요.

> reading material [마'테*리얼]=읽을거리 <

→ These are reading materials for your English.

#빌리고 싶으면 빌려 가셔도 돼요.

→ If you would like to borrow them, you can.

하나하나 보면서 말해보죠.

#이건 너무 어렵고,

→ This is too difficult,

#이건 재미없어 보이고,

→ This looks boring,

#왜 이렇게 길어?

→ Why is it so long?

#이 단어들 좀 봐!

→ Look at these words!

#하나도 모르겠어!

→ I don't know any one of them!

one of them 배웠죠? 스텝 07[11] 참조.

그러다가 이해가 가고 감당할 수 있는 자료가 눈에 들어옵니다.

#이제 뭔가 잡히는 것 같구먼! 하는 느낌의 말이

→ Now we are onto something!

느낌 알겠죠?

something을 별 볼 일 없는 단어로 생각하는 분들이 많으세요.

하지만 어떤 걸 보면서 '무시할 게 아니네'라고 하면 이건 뭔가 생각 이상으로 좋다는 거죠?

영어에서 something도 그런 느낌으로 잘 씁니다.

"That's something!"이라고 하면 '무시할 게 아니네, 괜찮네' 식의 느낌인 거죠. 아셨죠?

#I am onto you.

내 상태가 / 너의 위를 붙어서 너 쪽으로 방향까
지 따라간다
→ "내가 너를 계속 지켜보고 있어"라고 할 때
이렇게 말합니다.

협박적인 의미가 있어요. Onto you. 네가 가는
곳을 내가 붙어 따라다니는 겁니다. 카메라처럼 지켜보며 감시하겠다는 거죠.
네 행동 수상하다, 잘못하면 나한테 바로 걸릴 거야~ 라고 말할 때 씁니다.

상황) 몰래 뭔가 하는데 누군가 낌새를 알아차린 사람이 있으면

#저 사람(남)이 낌새를 알아차린 것 같아.

→ I think he is onto me.

이렇게 간단하게 잘 말한답니다. 영어가 껌딱지로 이미지화 하는 것 재미있죠?
실전에서 많이 쓰는 문장들만 접하는 겁니다!

저런 말을 몰랐을 때는?
I think he knows!
I think he knows what I am doing.

언어는 항상 자신이 아는 말로 하면 되는 겁니다.

그럼 접한 것들을 가지고 단어와 기둥을
바꾸면서 연습해보세요!

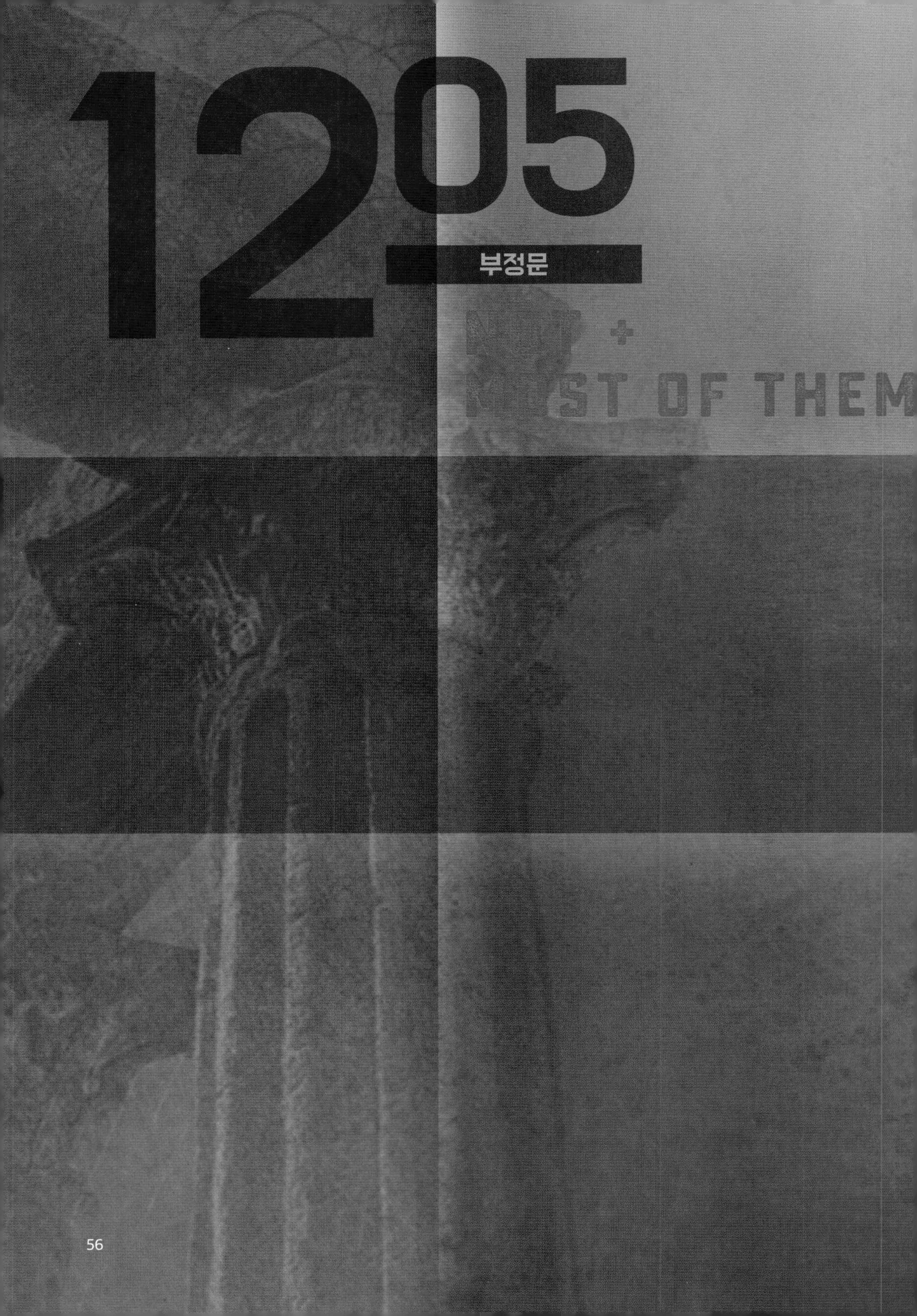

12 05

부정문

NOT + MOST OF THEM

GONNA 기둥 그림을 보면 색이 2개로 나뉘어 있죠?
going to가 합쳐진 기둥이기 때문입니다.
going은 BE + 잉 기둥에서 나타나니 녹색이고 to는 TO 다리여서 미래를 가리킨다는 느낌으로 WILL 기둥색인 주황색을 넣은 겁니다.

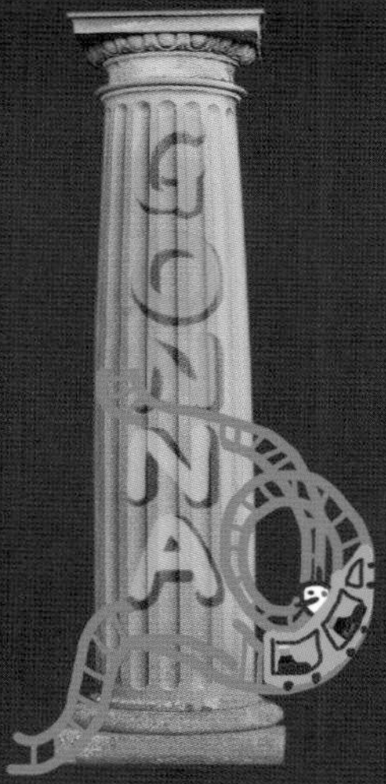

GONNA 앞인 BE 자리에 WAS를 넣으면 과거이고 AM을 넣으면 지금 향하고 있는 미래가 되겠죠?

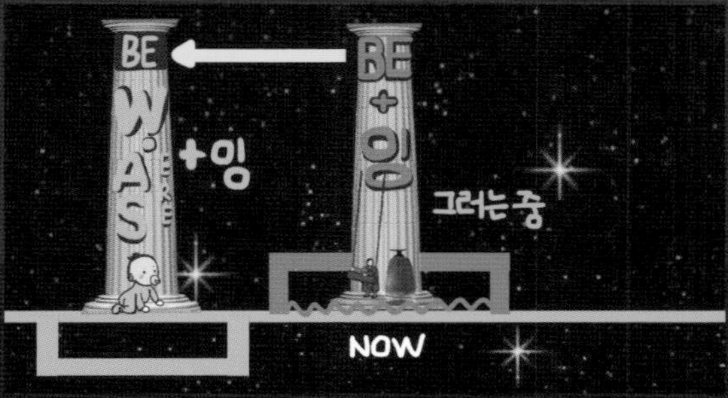

이제 GONNA 스텝에 NOT 들어갑니다.
세 번째에 넣으면 되는데 BE + GONNA 기둥으로 붙어 있어서 어쩔 수 없이 갈라져야겠죠. I am not 하고 나머지 gonna가 나와야 하는 거죠.

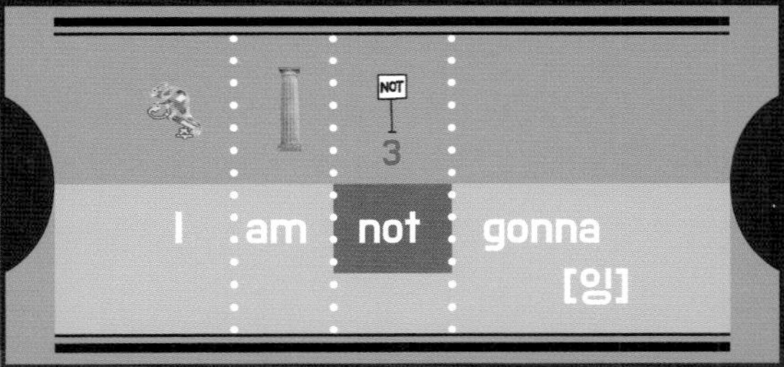

말로도 익숙해져야 하니 만들어보죠.

#넌 못 이길 거야!

→ You are not gonna win!

간단하죠? 기둥 모양이 BE + GONNA이니, NOT은 세 번째 자리여서 그 사이에 들어간 것뿐!
당연히 "You won't win!"도 됩니다!

#넌 또 못 이길 건데.

→ You are not gonna win again.

#그냥 포기하고 집에 가지 그러냐? (왜 안 가냐?)

> give up <

→ So why don't you just give up and go home?

어렵지 않으니 과거 타임라인과 같이 움직여볼게요. I am에서 과거면 I was로 바뀌고 나머지는 다 그대로인 겁니다. 룰이 아닌 상식적인 것이니 쉽게 바라보세요!
다음 대화도 룰로만 생각 말고, 상황을 머릿속에 인지하면서 만드세요.

#A: 너 레스토랑 예약 취소했어?
> reservation [*레져'베이션] / cancel <

→ Did you cancel the reservation on the restaurant?

#취소한다고 했잖아.
과거에 그러겠다고 말한 거죠.

→ You said that you were gonna cancel it.

→ You said that you would cancel it. 이렇게 말해도 됩니다.

#B: 당연히 취소 안 했지! 나 농담이었어.
> kid <

→ Of course I didn't cancel it! I was kidding.

#우리 기념일이잖아!
> anniversary [아니*'벌써*리] <

→ It's our anniversary!

#안 하려 그랬어! (하려던 게 아니었어!)

→ I was not gonna do it.

NOT은 어렵지 않지만 기둥은 만만치 않죠? 연습할수록 늡니다. 더 만들어보세요.

#넌 혼자이지 않을 거야.

→ You are not gonna be alone.

WILL 기둥으로 말하면 "넌 혼자 있게 되지 않을 거야", GONNA 기둥은 확실히 "그럴 거야" 느낌입니다.

이번엔 NOT보다 강한 NEVER를 사용해볼까요?

#넌 절대 혼자 있을 일 없을 거야.
NOT 대신 never로 바꾸기만 하면 돼요.

→ You are NEVER gonna be alone.

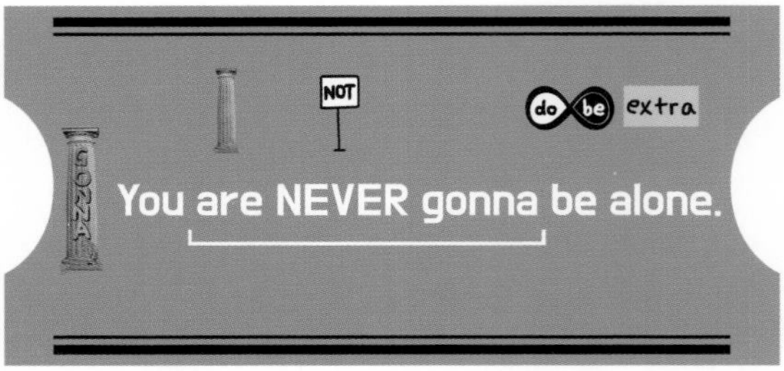

〈존 큐〉라는 영화에 이런 대사가 나옵니다.

#난 내 아들을 묻지 않을 겁니다! 내 아들이 나를 묻을 겁니다!

> bury [베*리] <

→ I am not gonna bury my son! My son is gonna bury me!

고민하는 누군가에게 아기 다루듯 말합니다.

#A: 괜찮아질 거야.

→ It will be okay.

그러자 상대가 화를 내며 말합니다.

#B: 내가 뭘 모르는 것처럼 애 다루듯 말하지 마!

> patronise [페이트*로나이즈]=윗사람 행세를 하며 가르치려 들다
영어는 이 행동을 하나의 단어로 만든 겁니다. <

→ Do not patronise me!

patronise: 미국 스펠링은 patronize, z로 끝납니다. 영국 스펠링은 z로 끝나는 단어가 거의 없어요. 어느 것으로 쓰든 알아볼 수 있습니다. 확신을 보이며 말합니다.

#안 괜찮을 거라고!

→ It's not gonna be okay!

좀 더 만들어보죠.

#그거 가지고 가지 마! 필요 없을 거야.

→ Don't take that. You are not gonna need it.

GONNA를 과거와 미래로 바꾸는 것 어떠세요?
연습장에서는 좀 더 쉬운 것들로 속도를 올리며 적응해보죠.

#이건 어렵지 않을 거야.
hard

.... This is not gonna be hard.

#걱정을 너무 많이 하네. 너희 아버지 그렇게 화 안 내실 거야.
worry / angry / get

You are worrying too much.
.... Your father is not gonna get that angry.

#그냥 네 기분이 어떤지 말씀드려.
Hint: How do you feel?

.... Just tell him how you feel.

#우린 여름휴가 여기서 보내지 않을 거야.
summer holiday / spend

We are not gonna spend
.... our summer holiday here.

#A: 걔(여)가 뭐라 했어?
say

.... What did she say?

#B: 답이 마음에 들지 않을 텐데. (확신)
answer / like

.... You are not gonna like the answer.

#전 아무 말 안 할 겁니다.
say

.... I'm not gonna say anything.

#저 교활한 남자가 다음 대통령이 될 거야!
sneaky [스니키]=교활한 / president [프*레지던트]

That sneaky man is gonna
.... be the next President!

#A: 넌 괜찮을 거야. 긴장 풀어.
fine / relax

.... You're gonna be fine. Relax.

#B: 넌 내 상대가 누구인지나 알고 있어? 난 괜찮지 않을 거야!

opponent [어포넌트]=상대

Do you even know who my opponent is?

.... I'm NOT gonna be fine!

#저 녀석이 날 바퀴벌레처럼 으스러뜨릴 거야!

cockroach[커크*로우치]=바퀴벌레 / crush [크*러쉬]

.... He is gonna crush me like a cockroach!

one of them 배웠죠? 4 of them.
사람이든 물건이든 여럿, they가 있는데
그중 넷이라는 거죠. (스텝 07[11]) 더 응용해볼까요?
실제 친구들을 떠올리며 그들의 미래를 예상하는 것
처럼 말해보죠. 다 배운 것들이니 응용 잘해보세요.
카멜레온 자리 주의하고요!

#이들이 제 친구들입니다.

→ These are my friends.

#이들 중 몇 명은 부모님 집에서 독립하지 않을 겁니다.

> parents / move out <

→ Some of them are not gonna move out from their parents' home.

#이들 중 2명은 아이를 갖지 않게 될 겁니다.

> couple of them or two of them / children <

'커플'이란 단어는 2개를 묶어 말할 때 잘 씁니다.
과자가 놓였을 때 **"거기서 2개만 먹어!"**라고 할 때도
"Take only a couple of them!"이라 합니다.
연인이 아닌 사람 2명을 묶을 때 a couple of people이라고 하면 된다는 거죠.

#친구 중 2명 → a couple of my friends

#이들 중 2명은 아이를 갖지 않게 될 겁니다.

→ A couple of them are not gonna have children.

#많은 친구들이 가정을 꾸리고 아이를 가지게 될 겁니다.

> family / kids <

GONNA만 연발했으니 WIILL도 좀 섞어볼까요?

→ Many of them will have family and kids.

#전 몇 명과는 연락이 끊기게 될 겁니다.

> "Keep in touch!"는 "연락하고 지내!", 반대로 연락이 끊기는 것은 'lose touch'라고 합니다. <

→ I am gonna lose touch with few of them.

#하지만 대부분 친구들은 제 인생에 있을 겁니다.

> 대부분 친구들! 영어로 most입니다. most of them <

→ But most of them will be in my life.

원래 most는 가장 아름다운 — most beautiful로 배웠죠? 재활용하는 겁니다.

피곤하게 재활용을 많이 하긴 하지만 잘 보세요.
all이나 none처럼 전체를 꽉 채우거나 완전히 비우는 것은 아니지만 비교하면 가장 높은, 원래 most가 그럴 때 쓰이잖아요. 그래서 가지고 오는 겁니다.
my friends 중 대부분이란 말에 most를 써서 most of my friends~ 적응해야 할 겁니다.
바로 연습장으로 가죠.

연습

#나 그 가수 정말 좋아해! 나 걔(남) 노래 거의 대부분 알아.

singer / song

.... I love that singer! I know most of his songs.

#그들 중 많은 이들은 21세 미만이었습니다.

.... Many of them were under 21.

#우리 대부분은 알고 있죠, 어떻게 극복할 수 있는지.

Hint. 실패 후 극복하다, bounce back은 긍정적인 느낌으로 씁니다.
공처럼 내려갔다 다시 튕겨 올라오는 거죠.

bounce [바운스] back

Most of us know how to bounce back.

.... Most of us know how we can bounce back.

#저는 제 쇼핑 대부분을 온라인에서 하는데요.
online

I do most of my shopping online.

#어느 친구들은 생각했었죠, 제가 미쳤다고.
think / crazy

Some of my friends thought I was crazy.

#여기 있는 사람 대다수가 저에게 동의할 거라 생각합니다.
here / agree

I think most of us here would agree with me.

상황) 군대에서 대장이 중대장한테 말합니다.

#A: 우린 방금 명령을 받았다. 오늘 밤에 들어간다. (99%)
order=명령 / receive=받다 / tonight

We just received orders.
We are going in tonight.

#B: 대장님(sir), 하지만 쟤네들 대다수는 아직 준비가 안 됐습니다.
ready

Sir, but most of them aren't ready yet.

#여러분께 질문 2개만 묻고 싶습니다.
questions

I want to ask you just a couple of questions.

"

NOT은 어렵지 않으니
most 생각하면서 같이 만들어보세요!

12 06

전치사 / 접속사

오랜만에 '리본' 들어갑니다.
껌딱지처럼 뒤에 명사만 달랑 붙어도 되고 리본처럼 기둥 문장 전체가 다 붙어도 되는 거죠. 구조는 이미 여러 번 해봤으니 만들다 보면 낯설지 않을 겁니다. 예문 볼게요.

#난 (가지 않고) 여기 있을 거야.

간단히 stay 사용하면 되죠.

→ I am gonna stay here.

5시까지.

~까지라는 느낌이 있는 단어, 바로 **until** [언틸] → until 5.

#난 5시까지 여기 있을 거야.

→ I am gonna stay here until 5.

until은 '언제까지'를 뜻하는 것으로 간단히 till [틸]이라고도 말합니다. 먼저 until로 익숙해지세요. 다음 문장을 만들어보세요.

#넌 5시까지 안 갈 거라고?

이미 답 알면서 다시 묻는 거니까 뒤집지 않아도 됩니다.

→ You are not gonna leave until 5?

go 말고 leave를 쓴 이유 알죠? 영어는 leave를 '떠나다' 이상으로 잘 쓴다고 했습니다. 다음!

상황) 학교에 갔는데 오늘 강의가 없다네요.

#메모 안 받으셨나요? 오늘은 수업이 없습니다.

> memo / class <

→ Didn't you get the memo? There is no class today.

#이번 주 목요일까지 수업 없어요.

There is no class~

extra 이번 주 목요일까지, until this Thursday.

→ There is no class until this Thursday.

리본은 명사에 붙으면 껌딱지로 사용할 수도 있고, 무겁게 기둥 문장에 붙으면 리본으로도 활용하니 참 유용합니다. 더 해보죠.

#너 시험 또 벼락치기하는구나!

> 벼락치기하다=cram [크*람] 좁은 공간에 뭘 구겨 넣는 행동을 cram이라고 합니다. <

do be You are cramming~

extra 저 행동을 하는 이유가 뭐죠? 시험을 위해서! 껌딱지!

~ for your exam again!

→ You are cramming for your exam again!

#Please, don't leave things until the last minute.

내버려두지 말라고 please까지 붙였죠.

내버려두지 좀 말아라 / things라고 말하니, 이것저것 내버려두지 말라는 거죠.

until the last minute, 마지막 분까지?

막판까지 일을 미루지 말라는 겁니다.

#왜 이렇게 막판까지 일을 미루는 거야?

기둥만 바꿔 질문으로 하면 되죠.

Why are you leaving things~

extra 막판까지 ~until the last minute.

extra 이렇게 ~like this.

→ Why are you leaving things until the last minute like this?

한 번이 아닌 반복한다는 느낌으로 묻고 싶으면 DO 기둥으로 질문하면 되겠죠?

→ Why do you leave things until the last minute like this?

do be extra | extra | extra

Why do you leave things : until the last minute : like this?

항상 한 번 정도는 다시 천천히 말해보셔야 해요.

속도 올리는 것은 나중에 해도 되지만, 천천히 다시 한 번 만들어내는 것은 그 자리에서 해보세요.

until에 명사만 붙이는 것은 껌딱지와 똑같은 방식이니 어렵지 않죠?

연습장에서 더 만들어보세요.

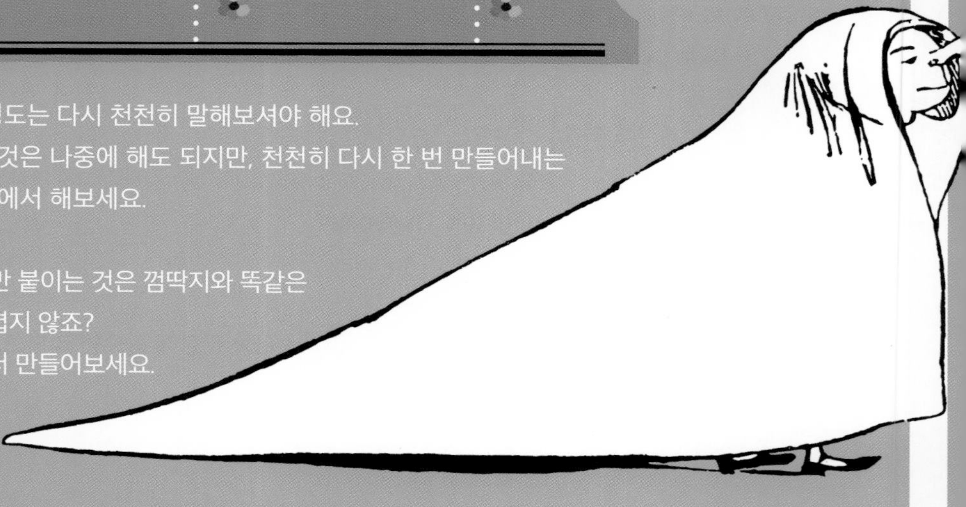

#Mia(여)한테 7시까지 고객들 만나고 있었다고 말했어.
client [클라이언트] / tell

.... I told Mia (that) I was seeing clients until seven.

#그래서 내가 늦으면, 의심할 수도 있어.
(아닐 수도 있지만)
조건: be가 아닌 get을 사용해보세요.
late / suspicious [써스'피쉬어스]

.... So if I'm late, she might get suspicious.

#이거 너무 많네요. 목요일까지는 다른 과제를 할 시간이 없겠네요.
assignment [어'싸인먼트]=과제 / time

.... This is too much. I'm not gonna have time for other assignments until Thursday.

상황) 물건을 전달해달라는 부탁을 받았습니다.
#이걸 나보고 걔한테 전달해달라고? 나 내일까지 그 애(여) 안 볼 텐데. 괜찮아?
pass=전하다 / see / all right=괜찮은

.... You want me to pass this to her? I'm not gonna see her until tomorrow. Is that all right?

#내일까지 기다리려 했는데, 그런데 네가 정말 알고 싶다면 지금 말해줄 수 있어.
wait / know / tell

.... I was gonna wait until tomorrow, but if you really want to know, I can tell you now.

#선생님은 Ben 씨가 10시부터 자정까지 뭐 하고 있었는지 알죠? (내 말이 맞죠?)
Hint: Ben 씨가 뭐 하고 있었나요? WH 1
midnight

.... You know what Ben was doing from 10 until (to) midnight, right?

until은 리본이니 기둥 문장 전체에 붙일 수 있죠? 만들어보죠.

#우리는 오늘 마실 겁니다, 기절할 때까지!

> pass out=기절하다. pass=지나가다. 같이 잘 마시던 사람이 앞에서 pass를 하면서 out 되었습니다. 그래서 기절하다. <

자, 오늘 그렇게 마실 거라고 확신하죠? GONNA 기둥으로

We're going to drink~ We are gonna drink~

do be pass out. faint는 쇼크나 아파서 기절한다는 느낌이고 pass out은 다 됩니다.

extra until we~ 하고 무슨 기둥이 좋을까요?

지금까지 리본들과 비슷한데! DO 기둥 쓴다고 했죠, until we ( ) pass out.

→ We're going to drink until we ( ) pass out.

WILL 기둥이 아닌 DO 기둥을 쓰는 이유는 until 때문입니다. WHEN처럼 시간이 지금부터 until까지가 언제인지 모르기 때문에 간편하게 가장 큰 시간 기둥으로 덮어버리는 겁니다. 하지만 꼭 룰은 아니니 기둥은 말할 때 어울리게 선택하면 됩니다.

당연히 리본이기 때문에 배경으로 깔아도 되죠.

#기절할 때까지, 우리는 마실 겁니다!

→ Until we pass out, we're going to drink.

리본은 이렇게 다 똑같은 구조대로 움직이죠? 좀 더 해볼게요..

#너무 빨리 포기하지 마!

> quick / give up <

→ Don't give up too quickly.

또 잘 쓰는 말,

→ Don't give up too soon!

아직 때가 안 된 것뿐인데, 너무 이르게 포기하지 말라는 거죠.

#우리는 포기하지 않을 거야, 얻을 때까지!

→ We will not give up until we get it!

→ We are not gonna give up until we get it!

'We will not!'이면 안 할 거라는 의지가 느껴집니다.

'We are not gonna!'면 안 하겠다는 말입니다.

더 해볼까요?

#너 원하는 게 뭐야?

→ What do you want?

#네가 원하는 것.

뭔지 모르죠. "What do you want"를 WH 1으로 만들면 됩니다. 질문에서 다시 원상태로 돌려서

→ What you ( ) want.

그다음.

#넌 얻을 거야, 네가 원하는 것을.

→ You will get what you want.

여기까지 잘 왔나요? 그럼 다음을 만들어보세요.

#그것과 붙어 있어라, 네가 원하는 것을 얻을 때까지.

> stick: 손에서 놓지 말라는 말을 영어는 강하게 말해 붙어 있어라, stick 하라고 합니다. 뒤에 [er] 붙이면 [스티커- sticker]가 되죠? 스티커처럼 붙어 있으라는 겁니다. <

Stick~ with that~

extra until~ you get~ what you want.

→ Stick with that until you get what you want.

→ Stick to that until you get what you want.

미국의 제26대 대통령, 루스벨트의 말을 영어로 만들어보죠.

#사람들은 당신이 얼마나 관심이 있는지를 알기 전까지는 아무도 당신이 얼마나 아는지 관심이 없습니다.

> care <

아무도 관심이 없다고 했죠?

Nobody cares~ DO 기둥인데 nobody이니 3총사로 취급해서 DOES 기둥으로 바뀐 것뿐입니다.

do be
Nobody
cares

뭐에 관심이 없어요?

당신이 얼마나 많이 아는지.

How much do you know? 질문을

다시 WH 1으로, how much you ( ) know.

→ Nobody cares how much you know.

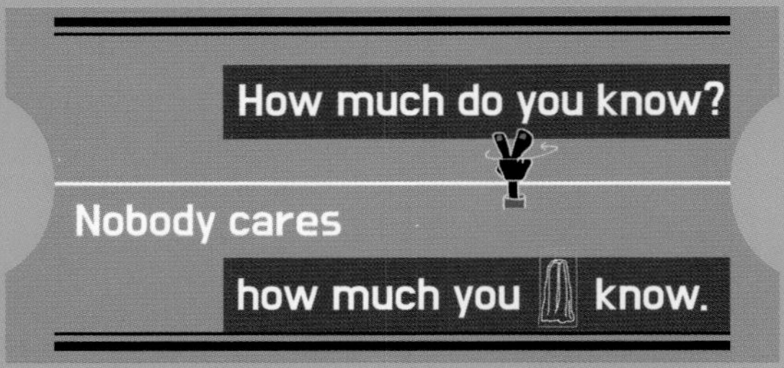

How much do you know?
Nobody cares
how much you
know.

extra 언제까지? 당신이 얼마나 관심이 있는지를 알기 전까지.
Until they know~

extra 얼마나 관심을 가지냐?
모르니 WH 1으로,
how much you care.

→ Nobody cares how much you know until they know how much you care.

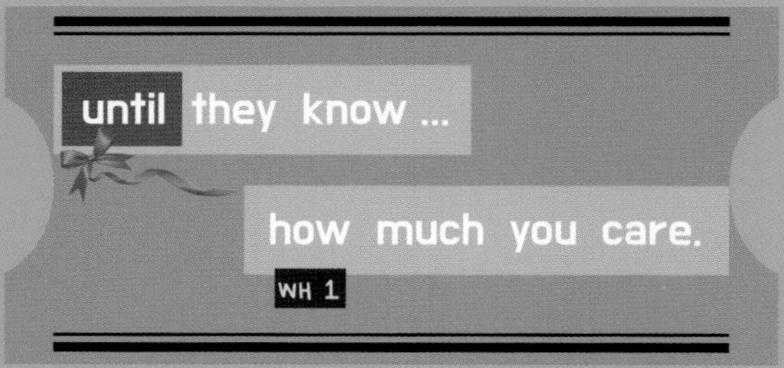

until
they know ...
how much you care.
WH 1

아무리 많은 지식을 알아도 뭔가의 개선을 위해 사용하지 않으면 많이 알든지 모르든지 아무도 관심이 없다는 거죠.

WH 1에 계속 익숙해져야 합니다.

그럼 이제 until을 리본으로 해서 기둥 섞으며 더 연습해보죠.

#그냥 여기 숨어 있으면 안 될까? 모든 게 다 끝날 때까지?

hide / over

Can't I just hide here until everything is over?

#난 멀쩡했어, 주차장에서 Julia를 보기 전까진.

Hint: 이미 Julia를 봤습니다. / fine / parking lot=주차장 / see

I was fine until I saw Julia in the parking lot.

#아무도 집에 못 가! (99%) 재(남)가 나무에서 내려오기 전까진!

tree / climb down

No one is going home until he climbs down the tree!

#네가 준비되기 전까진 네 결정을 발표하지 마.

ready / decision / announce [어'나운스]=발표하다

Do not announce your decision until you're ready.

#못된 우리 언니는 나를 우울하게 만들기 전까진 행복해하지 않을 거예요.

mean / miserable [미져*러블]=우울한 / happy

My mean sister is not gonna be happy until she makes me miserable.

#걔(남)한테 약속했어, 내가 여기 있을 거라고 치과에서 돌아올 때까지.

조건: get back을 써보세요. / promise / dentist

I promised him I would stay here until he got back from the dentist.

#A: 너 여기서 뭐 하냐?

What are you doing here?

#B: Carl 아들 봐주고 있어, 출장에서 돌아오기 전까지.

Hint: 누군가를 돌보다, take care of someone. 기억나죠?

take care / business trip / get back

I'm taking care of Carl's son until he gets back from his business trip.

12

관계사

번 스텝은 '이어주기'의 대마왕!
지막 Planet입니다.
어를 외국어로 하는 우리에게 매우
용한 '열차' 같은 것입니다.

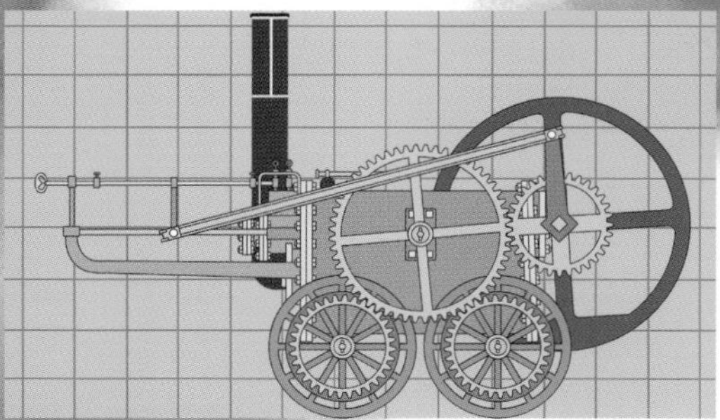

WH 열차

열차를 보면 하나의 독립적인 차마다 연결고리가 있고 고리끼리

연결되면서 전체적으로 큰 하나의 열차로 움직일 수

이번에 배울 Planet이 딱 이렇게 생겼

그럼 대화를 만들면서 들어가볼까요? 연기하듯 말해보

상황) 바위 쪽으로 수영하러 갔던 남편이 말합니다.

#남편: 어떤 여자애가 방금 내 목숨 구해줬어!

> life / save <

→ A girl just saved my life!

→ Some girl just saved my life!

#아내: 뭐?! 뭔 일이 있었는데?

→ What?! What happened?

#남편: (알다시피) 내가 수영을 못 하잖아.

→ You know I can't swim.

→ As you know, I can't swim.

#그래도 시도는 해보고 싶어서 더 깊게 들어갔지.

> deep <

→ But I wanted to try, so I went in little deeper.

#그때 종아리에 쥐가 나더니, 갑자기 내가 물에 빠지고 있는 거야.

> calf=종아리 / cramp / sudden / drown

종아리에 쥐가 난다, cramp가 생겼다.

cramp는 근육에 생기는 경련 <

→ Then I got a cramp in my calf, and suddenly I was drowning.

#죽는구나, 생각했다니까.

> die / think <

→ I thought (that) I was gonna die.

왜 was gonna로 쓰는지 보이죠? die 쪽으로 가고 있다 생각한 거죠.

아직 말 다 안 끝났습니다.

#그때 누군가 내 머리카락을 쥐어 잡더니 나를 위로 끌어올렸잖아.

> hair / grab / pull <

→ Then someone grabbed my hair, and pulled me up.

grab이란 단어를 몰랐다면 body language를 쓰면 됩니다. 해볼까요?

#그때 누군가 내 머리카락을 이렇게 하더니 나를 위로 끌어올렸잖아.

우리도 이렇게 말하죠? 영어도 그렇게 한답니다.

Then someone did~

extra (머리를 위로 잡아당기는 척 하면서) this

extra ~ with my hair and pulled me up.

이러면 상대가 상황을 이해할 수 있는 거죠. 몸으로 설명하면서 말하는 것에도 낯설어하지 마세요.

단어를 모를 때 어떻게든 풀어서 대화를 이어가려는 마음가짐을 계속 연습해야 합니다. 쭉 갑니다.

#중학생 여자애였는데, 그리고 자기 튜브를 나한테 주더라고.

> swim ring / give <

→ It was a middle school girl, and she gave me her swim ring.

이 모든 말이 어땠나요? 틀은 다 배운 겁니다.

#아내: 그 여자애한테 제대로 고맙다고 했어?

> properly / thank <

→ Did you thank her properly?

#남편: 응. 그런 것 같아. (그렇게 생각해.)

→ Yes, I think so.

항상 말하지만 가이드는 '정답'이 아니라 가이드죠. 메시지는 다양하게 전달할 수 있으니 본인의 말이 가이드와 달랐다면 본인의 말과 가이드를 분해해보세요! 스스로의 메시지에 납득이 된다면 통과!

상황) 며칠 후 아내와 같이 바다에 나갔습니다.

#남편: 저 여자애야!

→ That is the girl!

아내가 무슨 뜻인지 모르고 쳐다봅니다. 이럴 때 바로 설명을 하나 덧붙여줘야겠죠?

여자애인데, 내 목숨을 구해준 애인 거죠.

"쟤가 내 목숨을 구해줬어" 이러면 **"She saved my life"**죠. 그런데 굳이 또 she나 girl이라 하지 않고, 이미 한 말과 바로 연결해 줄 수 있습니다.

That is the girl~ 한 다음 여자애가 사람이니 who라고 말하고 나머지 할 말을 그대로 붙이면 된답니다.

→ That is the girl who **saved my life.**

이러면 한 문장으로 간단히 끝내버리는 거죠.

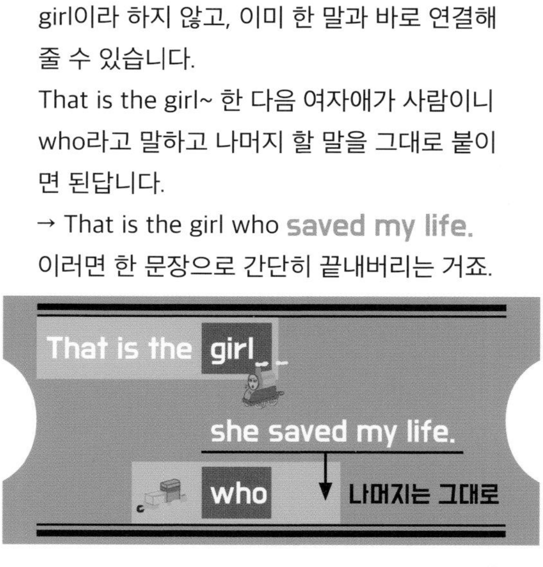
That is the girl
she saved my life.
who
나머지는 그대로

지금까지 여러분이 할 수 있던 말이,
"That is the girl. She saved my life!"였다면, 더 간단하게
"That is the girl who saved my life!" 식으로 기둥 문장을 바로 이어 붙여줄 수 있답니다.
단어를 반복하기 싫어하는 영어가 아주 부드럽게 설명을 덧붙일 수 있는 방법이죠.
다시 볼게요.

"That is the girl"이라고 해서 'the girl'로 끝났죠. 그런데 the girl에 대해 말을 덧붙이고 싶을 때 이렇게 열차의 연결고리처럼 who로 연결할 수 있는 겁니다. 그러고 나서 나머지 기둥 문장에 하고 싶어 했던 말을 붙이기만 하면 됩니다. 열차는 이 구조가 끝이에요!

그럼 왜 who일까요?
the girl은 사람이니까요.

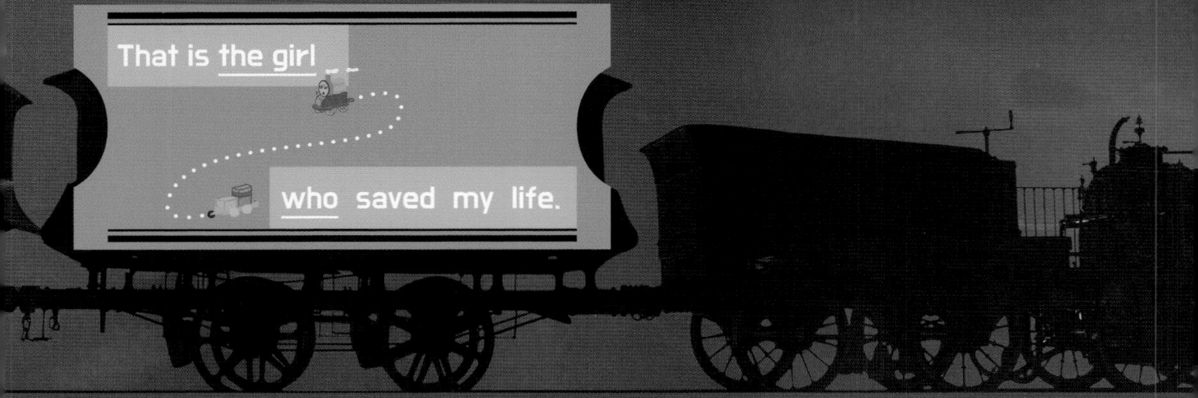

WH Q에서 우리 6하 원칙 배웠잖아요. 세상의 모든 대상에 대한 질문은 이 WH Q로 할 수 있습니다. 그렇다면 앞에 한 말에 덧붙일 열차의 연결고리를 고민할 때 이 WH들로 재활용하는 것은 좋은 생각인 것 같죠?

WH 열차를 번역 위주로 보면 거꾸로 해석될 때가 있어서 어려운 것처럼 소개된 경우가 많지만 WH 열차는 오히려 영어를 외국어로 하는 우리에게는 아주 유용할 수 있습니다.
먼저 그 방법부터 익숙해져야 합니다.

그럼 더 해보죠.

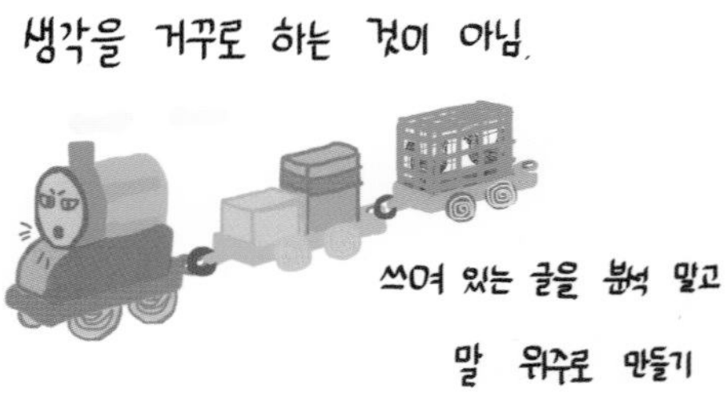

생각을 거꾸로 하는 것이 아님.
쓰여 있는 글을 분석 말고
말 위주로 만들기

상황) 옛날 집주인 아주머니 Janet한테서 오늘 아침 이메일을 받은 것에 대해 말하려 합니다.

#Janet이 오늘 아침에 나한테 이메일 했어.

Janet~이라고 말을 시작했는데 듣는 상대가 순간 Janet이 누구인지 모르는 표정을 짓습니다. 이럴 때 WH 열차로 설명을 바로 이어 붙일 수 있어요.

내 집주인이었던 분.

She was my landlady인데, 이렇게 말해도 되고,
WH 열차로 더 간단하게 연결해서, who was my landlady,
이러면 상대가 Janet이 누구인지 이해하죠. 그런 다음 나머지 하려 했던 말을 다 붙이면 됩니다, emailed me this morning.
원래는 "Janet emailed me this morning"이었죠. 그런데
무엇이든 말하다가 설명이 더 자세히 필요할 때 WH 열차로 연결해
기둥 문장으로 더 자세한 설명을 추가할 수 있어요. 이렇게 유용하답니다. 그런데 말하다가 생각나서 덧붙인 것은 영상이나 실전에서는 느낄 수 있지만 그냥 글로만 적힌 것을 본다면?

Janet, who was my landlady, emailed me this morning.
이 말만 보고 '번역'을 하면?
집주인이었던 자넷이 오늘 아침에 이메일을 했어.

이러면 우리말에서는 설명이 앞으로 가고 Janet이 나오죠? 우리한테는 앞뒤가 뒤바뀌니 뭔가 복잡한 것처럼 보입니다. 하지만 기억해야 할 것은 영어를 사용하는 이들도 다 사람이거든요.
거꾸로 생각하면서 말하지 않습니다. 그것을 인지하면 WH 열차는 번역보다 직접 만들면서 배우는 것이 가장 간단하다는 것을 알 수 있어요. 더 해보죠.

#1월에 만나자!

→ Let's meet in January!

그런데 상대가 '왜 1월까지 기다려야 하지?' 하는 눈치입니다. 좀 더 설명해줍시다.

#내가 프로젝트 끝날 때!

1월에 프로젝트 끝나.

바뀌지 않을 계획이니 DO 기둥 쓰면 됩니다.

→ I finish my project in January.

그런데 앞에 이미 January라고 했으니 그 단어로 연결고리를 만들어 문장 자르지 않고 간단하게 설명하려면 어떤 WH 열차 고리가 좋을까요? 시간이니 WH 중에서 when이 어울리겠죠?

→ Let's meet in January when I finish my project!

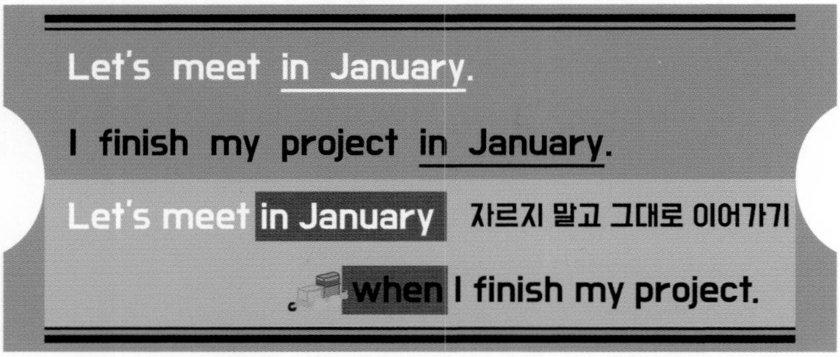
Let's meet in January.
I finish my project in January.
Let's meet in January
자르지 말고 그대로 이어가기
when I finish my project.

보면 WHEN 리본과 비슷하죠? (스텝 08[06])

서로 비슷하게 보일 수 있습니다. 다른 점을 모르겠다고요?

Let's meet in January when I finish my project!

한번 리본으로 풀어서 배경에 넣어보세요.

"내가 프로젝트 끝날 때, 1월에 만나자?" 약간 이상하죠? 굳이 뒤에 1월이 필요 없잖아요.

그냥 리본이면 "내가 프로젝트 끝날 때, 만나자!"로 하면 되겠죠.

이 스텝에서는 '언제'를 말하는 WHEN 리본이 아닌 이미 말한 것을 더 설명하는 WH 열차의 when 고리를 배우는 겁니다.

말하다 생각이 나서 좀 더 설명을 덧붙이고 싶으면 쓰는 것이 바로 WH 열차!

1월에 만나자! Let's meet in January!

하고 1월을 더 설명하고 싶다면 간단하게 덧붙여서 when I finish my project.

계속 더 해보죠.

상황) 박람회, fair에서 구매자를 찾습니다.

#그 구매자 어디 갔어?

> '사다'는 buy, '구매자'는 꼬리에 [어] 붙여서 buyer <

→ Where is that buyer?

그런데 듣는 상대방이 누구인지 모르겠답니다.

#우리 프로젝트에 큰 관심 보인 구매자!

> project / great interest / show <

That buyer showed a great interest in our project. 이 말을 연결하면 되죠?

→ ~ who showed a great interest in our project

→ Where is that buyer who showed a great interest in our project?

당연히 말할 때 굳이 연결고리 말고
새로운 문장으로 나눠 말해도 됩니다.
하지만 WH 열차는 익숙해지고 나면 말할 때
더 편리하답니다. 또 해보죠.

Where is that buyer?
He showed a great interest in our project.

Where is that buyer
who showed a great interest in our project?

#난 그 핸드폰 사려고 했었어.

기둥! GONNA 기둥으로 해보세요.

→ I was gonna buy that mobile phone.

#그 뭐냐, 자신의 취향에 따라 믹스매치 할 수 있는 거.

핸드폰에 대해서 한 번 더 설명하는 거죠?

그럼 핸드폰인데, WH에서 무슨 단어가 연결고리로 좋을까요?

who는 안 되고, what? 아니요!

what은 그 자체가 뭔지 아예 모를 때 사용하는 거고 뭔지 알고 선택폭만 좁아졌을 경우는?

which로 배웠죠? (스텝 09[14]) which로 간답니다. 상식적이에요.

I was gonna buy that phone~

extra ~ which 하고 나머지 필요한 말 하면 되죠?

#자신의 취향에 따라 믹스매치 할 수 있다.

CAN 기둥 들어가죠? 누가 할 수 있는 거예요. 아무나를 대상으로 하는 you나 I로 가도 되겠죠? 그 전까지는 연결고리 단어가 카멜레온이어서 자연스럽게 남은 기둥 문장만 들어가면 되었지만, 여기서는 마지막 단어 phone이 엑스트라였으니 그거 빼고 나머지 기둥 문장 다 들어가는 겁니다.

extra ~ you can mix and match~

extra **자신의 취향에 따라.** ~ according to your taste. (according: 스텝 10[20])

#난 그 핸드폰 사려고 했었어. 그 뭐냐, 자신의 취향에 따라 믹스매치 할 수 있는 거.

→ I was gonna buy that mobile phone which you can mix and match according to your taste.

WH 열차 어때요? 말하다가 좀 더 설명이 필요하면 뒤에 그냥 이어 붙이면 된다! 간단하죠?

이렇게 말하다 잠깐 다른 설명이 필요해서 톤을 바꾸며 잠깐 쉬고 말을 덧붙이는 경우도 생기겠죠.

그럴 때 그 말을 타이핑하는 속기사는 어떻게 표기할까요? 콤마를 찍겠죠.

그런데 이 쉬운 콤마를 두고 어렵게 설명하는 경우가 많습니다. 직접 보세요.
#이 영화는 두 학생들에 관한 것입니다, 사랑에 빠진 학생들요.
→ This movie is about two students who fell in love.

자, 이 말을 2개로 나눠볼게요.
하나는 말을 하다가 덧붙인 것이고, 다른 하나는 곧바로 말한 겁니다.
This movie is about two students, who fell in love.
This movie is about two students who fell in love.
영어로만 보면 정말 '흐름이 끊기냐 아니냐' 차이죠?
그 둘의 번역 차이를 봐볼까요?

This movie is about two students, who fell in love.
이 영화는 두 학생들에 관한 것인데, 그 둘은 사랑에 빠졌다.
This movie is about two students who fell in love.
이 영화는 사랑에 빠진 두 학생들에 관한 것이다.
보세요. 두 번째 말은 학생들에 대해 설명하는 것이 앞에서부터 곧바로 들어가죠? 그 차이가 다예요.

그런데 영어로만 보면 별 차이 없거든요? 의외로 굉장히 단순하지만 이것을 번역식으로만 보면 한 순간에 복잡해진답니다.
지금은 일단 말을 하고, 추가 설명을 붙인다고 생각하세요. 왜냐하면 말로 사용하다 보면 정말 별것 아니거든요. 저 둘의 차이는 설명으로 아는 것보다 직접 만들다 보면 훨씬 더 이해가 쉬울 테니 콤마 신경 쓰지 말고 만드는 데 집중하세요. 그냥 붙이세요.

복습 스텝에서도 반복할 테니까 이번 스텝에서 마스터하겠다는 부담 갖지 말고 편하게 익숙해지면 됩니다. 그럼 연습장에서 지금까지 연결고리를 달았던 것처럼 문장을 쌓아서 만들어보세요.

연습

상황) 친구가 프랑스어를 할 수 있는 사람이 필요하다고 합니다.

#나한테 친구 한 명 있어. 걔(남) 프랑스어 할 줄 알아.

French

.... I have a friend. He can speak French.

#나한테 친구 한 명 있는데 프랑스어 할 수 있는 친구.
(나 프랑스어 할 줄 아는 친구 있는데.)

.... I have a friend who can speak French.

#우리 할머니는 지금 요양원에 계세요.

gran / nursing home=요양원

.... My gran is at a nursing home right now.

#우리 할머니, 지금 요양원에 계신 분, 새 남자 친구
있으셔.

My gran, who is at a nursing home,
.... has a new boyfriend.

#우리의 영웅은 어디 있나? 누가 우리를 구했나?

hero / save

.... Where is our hero? Who saved us?

#우리를 구해준 우리 영웅 어디 있나?

.... Where is our hero who saved us?

#영화는 대히트일 거야.

big hit

.... The film is gonna be a big hit.

#영화, 우리가 투자한 거, 대히트일 거야.

invest / hit

The film, which we invested,
.... is gonna be a big hit.

상황) 짝사랑하는 사람이 생겼다며 어느 집을 가리킵니다.

#A: 이 집이야. (상대가 무슨 말인지 못 알아듣자) 내 미래의 여자친구가 사는 곳!

....This is the house, where my future girlfriend lives!

#B: 네가 지금 하는 짓 스토킹이야.

Hint: 너 지금 뭐 하냐?

stalking

What you are doing
.... right now is stalking.

#12월의 마지막 날이었어요, 그가 집에 도착한 날은요.

It was the last day of December
....when he arrived home.

#그 드레스, 우리가 어제 봤던 거, 오늘 세일하더라.

Hint: It is on sale.

That dress, which we saw
.... yesterday, is on sale today.

상황) Steven에 대해 얘기하는데 누군지 모른답니다.

#Steven 그 남자애잖아. 항상 물병 들고 다니는 애.

water bottle / carry

Steven is the boy who carries
.... water bottle all the time.

상황) 한 소녀를 가리키면서 물어봅니다.

#너 쟤가 누군지 아니?

.... Do you know who that is?

모른다고 하자,

#쟤가 그 여자애잖아, 금메달 딴 애.

gold medal / win

.... She is the girl who won the gold medal.

상황) 옆집에 사는 할머니를 만나 인사드리자 친구가 묻습니다.

#A: 누구셔?

.... Who is she?

#B: 옆집에 사시는 할머니셔.

next door / lady

....She is the lady who lives next door.

설명을 뒤로 붙이는 것은 연습하면 될 것 같죠? 다음을 만들어보세요.

#그날 기억해?

→ Do you remember the day? 상대가 멀뚱합니다.

#우리가 처음 만난 날? 그냥 연결하려면

→ When we first met?

또 해보세요.

#그 영화 알아?

→ Do you know that movie?

생각나서 연결합니다.

Jennifer Lawrence [제니*퍼 로*렌스] 나오는 거?

the movie에 나온 것이니 연결고리 which로 가야 할 것 같죠?

그럼 다음 문장 먼저 만들어볼까요?

#Jennifer Lawrence가 이 영화에 나와.

DO 기둥이죠. 한번 나오면 계속 나오잖아요.

Jennifer Lawrence comes out~

extra 영화를 나오는 것이 아니라 영화에서 나오는 거죠. 껌딱지 필요한데요. 영화 '안'에서 나오죠,
~ in this movie.

자! in은 장소를 말할 때 사용하는 거죠? 아하!

그래서 연결고리를 쓸 때는 where를 써준답니다.

다시 말해 where는 실제 장소 이상으로 쓰일 수 있는 것이죠. 다시 만들어보세요.

#그 영화 알아?

→ Do you know that movie?

#Jennifer Lawrence가 나오는 거?

→ Where Jennifer Lawrence comes out?

이래서 기본이 탄탄해야 그다음 레벨로 가는 것이 수월합니다. 하나 더 해볼까요?
in the movie가 연결고리이기 때문에,
Do you know that movie in which J. Lawrence comes out?
이렇게도 가능하답니다. 오호~ 이건 레벨이 좀 있죠?

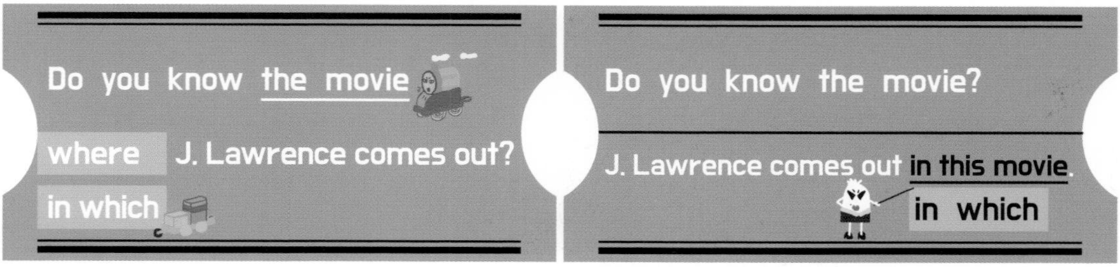

많은 원어민들도 잘 사용 못 하는 구조입니다. 이렇게 껌딱지까지 앞에 붙이는 것은 먼저 WH 열차의 기본이 탄탄해진 후에 해도 늦지 않습니다. 지금은 곧바로 연결하는 것부터 연습하도록 하죠. 지금까지 만든 열차를 보면 전부 다 배운 기둥들로 움직이죠? 이래서 항상 기본이 중요하다고 하는 겁니다. 영어는 기본 틀을 두고 마구마구 엮이는 구조랍니다. 이 열차 스텝에서 기본 구조가 흔들리는 분은 꼭 기둥 스텝들도 자꾸 복습하세요.

#나 기억하니?

→ Do you remember me?

#~ 항상 너를 기다리고 있는 나?

→ ~ who is always waiting for you?

웃기죠?

그냥 말하다가 뭔가 할 말이 더 생각나면 계속 연결고리로 이어 붙일 수 있답니다. 그래서 다른 사람이 한 말을 이어가는 경우도 자주 있습니다.

영화 속 대사로 볼까요?

영화 〈배트맨 The Dark Knight〉에서 검사가 기자들과 인터뷰를 하는 장면.

#검사: 전 그가 옳은 일을 할 것이라 믿었습니다.

> right thing / trust <

→ I trusted him to do the right thing.

그러자 리포터가 말합니다.

#Which was?

상대가 말한 'the right thing?'에 대해 좀 더 설명하라고 자신이 직접 연결고리를 붙여서 묻는 겁니다.

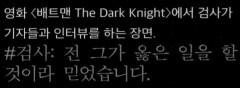

그러자 검사가 말합니다.

#검사: Saving my ass.

ass는 엉덩이.

엉덩이를 구하는 것?

안절부절못할 때 엉덩이를 들썩이죠. 그래서 save my ass는 save my life와 비슷하게 사용한답니다. 직역하면 이상하지만 영어에서 매우 자주 사용하는 말이에요.

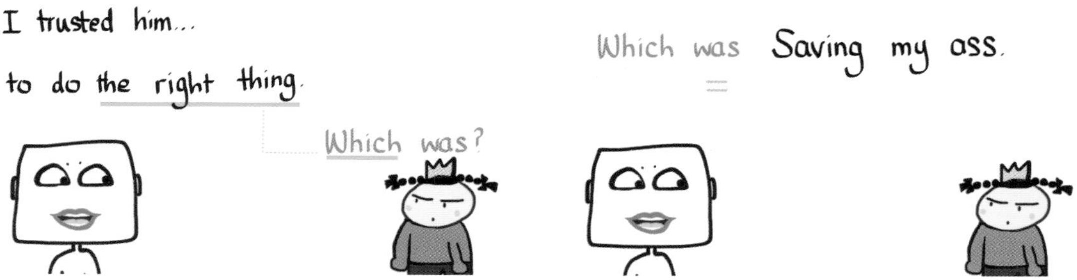
I trusted him...
to do the right thing.
Which was?
Which was Saving my ass.

which는 단순히 바로 앞의 단어에만 연결고리가 되는 것이 아니라 기둥 문장 전체를 다 이어줄 수 도 있답니다. 문장 전체를 it으로 해서 which로 엮은 거죠. 아주 간단해요. 보세요.

#남편: 우리 부모님 오신대!

→ My parents are coming!

#아내: 뭐? 지금?

→ What? Now?

#남편: 10분 뒤에 여기 도착하실 거야.

→ They will be here in 10 minutes.

그러자 아내가 이어서 말합니다.

#아내: Which gives me 3 minutes to take a shower.

'10분 뒤에 도착하는 것'이 나에게 주는 거죠? 뭘? 샤워할 3분을.

이렇게 앞에 문장 전체를 which로 커버해서 이어가는 것이죠.

They'll be here in 10 minutes
, which gives me 3 minutes
to take a shower.

문장 전체를 이어야 하니 WH에서 가장 어울리는 which로 가주는 겁니다. 문장 전체를 다 연결고리로 할 때는 그만큼 기니 콤마를 붙여서 갑니다. 좀 더 만들어볼까요?

#사람들은 우리가 돈이 많은 줄 알아요.

> lots of money <

→ People think we have lots of money.

우리말은 '많은 줄 알아요'지만 진짜 사람들이 아는 것은 아니죠. 그래서 영어는 think로 씁니다. 말을 더해볼까요?

#사실이 전혀 아닌데 말이죠.

→ , which is not true at all.

It is not true at all. 그냥 이렇게 두 문장으로 나눠 말해도 상관없습니다.
고급, 저급 영어가 아닌 그냥 말을 다르게 하는 것뿐이에요.

하나 더 해보죠. 영어는 말을 계속 붙일 수 있으니 WH 열차도 엑스트라처럼 여러 개를 이어 붙일 수 있답니다.

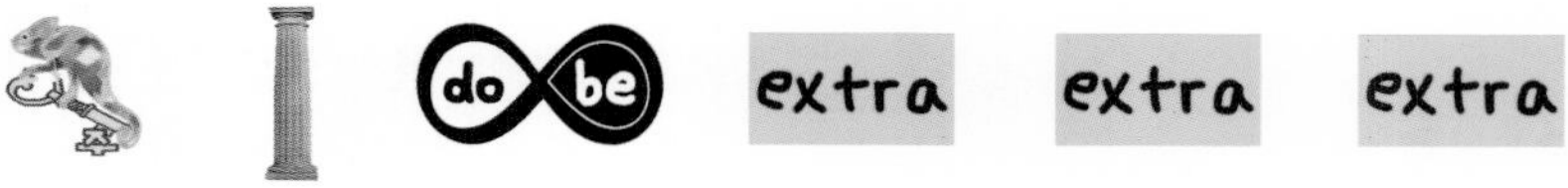

#내 친구는 자메이카에 살아.

→ My friend lives in Jamaica.

그런데 상대가 자메이카의 위치를 잘 모르는 것 같아요. 연결해주면 되죠.

#카리브해에 있는 거.

→ , which is in the Caribbean.

그런데 상대가 카리브해의 위치도 모르는 눈치예요.

#아프리카에 있지 않고, 멕시코 근처에 있는 거.

계속 연결해도 됩니다.

→ , which is not in Africa, but is near Mexico.

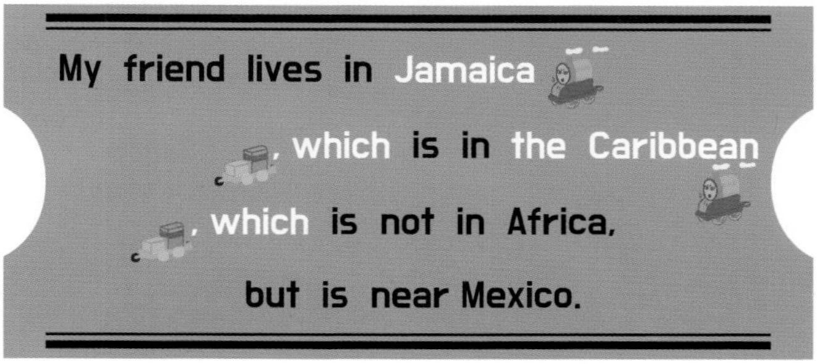

한 문장으로 계속 설명을 덧붙여 준 거죠. 당연히 가이드와 다르게 말해도 됩니다. 가이드는 잘 쓰는 것을 보여주는 것이라고 했습니다.

이렇게 열차처럼 계속 뒤로 연결시킬 수 있죠?
뭔가 앞의 말과 관계가 있는 거여서 문법 용어로 '관계사'라고 합니다.

원하면 WH 열차 말고 다 풀어써도 됩니다.
My friend lives in Jamaica. It is in the Caribbean.
The Caribbean is not in Africa, but it is in the Central America Sea.

언어에도 리듬이 있습니다. 같은 말을 해도 언제 끊고, 언제 말하느냐에 따라 듣는 이들에게 감동을 줄 수도 있고, 지루함을 줄 수도 있는 것처럼 말이죠.
김구 선생님께서 하신 말씀
"나는 우리나라가 세계에서 가장 아름다운 나라가 되기를 원한다. 가장 부강한 나라가 되기를 원하는 것은 아니다." 이 두 문장을 하나로 붙여볼까요?

"나는 우리나라가 세계에서 가장 부강한 나라가 되기를 원하는 것이 아니라 가장 아름다운 나라가 되기를 원한다."
꼭 문장을 하나로 만든다고 해서 좋은 건 아닙니다.
그럼 선택은? 당연히 여러분 몫입니다.

자! 이번 스텝에서 배운 것을 하나씩 적어가면서 단어나 기둥을 바꿔 다양하게 계속 만들어보세요.

12 08

원급을 이용한 비교

빨리 빨리

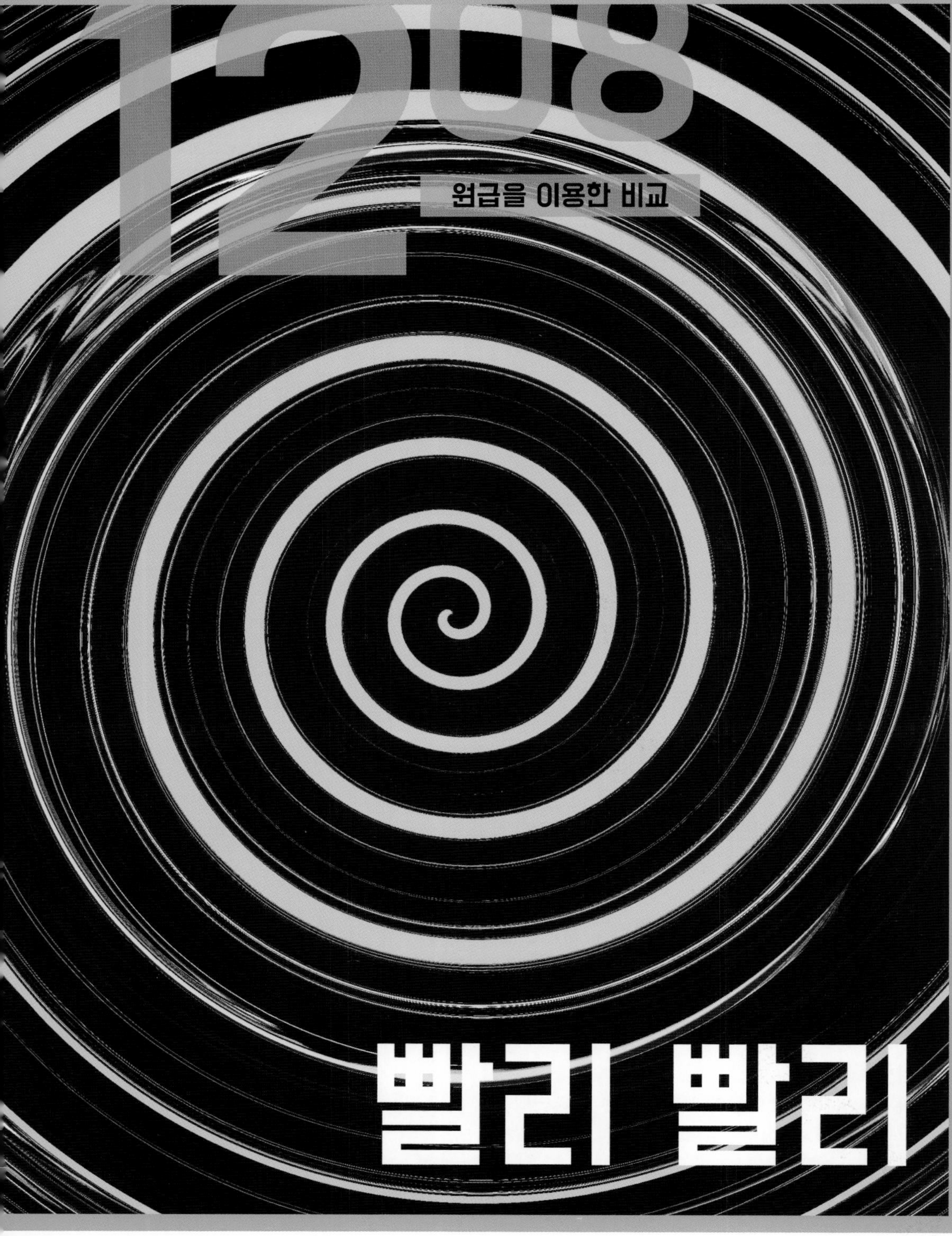

상황) 가끔 보던 이가 말합니다.

A: Do this [에이쌉]!

못 알아들었으면 간단하게 다시 물으면 돼요.

#B: 네?

→ Sorry? 혹은 Pardon?

다시 말합니다.

#A: I said, "Do it 에이쌉!"

다음 문장 만들어보세요.

#B: 제 이름이 '에이쌉'이 아닌 거 아시죠?

→ You know my name is not '에이쌉', right?

그러자 상대가 말합니다.

#A: [에이쌉]이 무슨 뜻인지 모르세요?

> mean <

→ Don't you know what "[에이쌉]" means?

그냥 가르쳐주면 되지, 이럴 땐 살짝 비꼬세요.

#B: 몰라요. 깨닫게 해주세요. '에이쌉'이 뭔데요?

> enlighten [인'라이튼] <

→ I don't. Enlighten me. What is "에이쌉"?

[에이쌉]은 ASAP.

As soon as possible의 약자입니다.

이번 스텝 통째로 기억해주세요!

As soon as possible

'가급적 빨리'라는 뜻입니다.

곧은 곧인데 = 되도록 빨리 곧!

통째로 외우는 것이 더 빨라요.

이렇게 말해도 되죠.

#곧 해!

→ Do it soon!

이제 '통째로' 좀 더 늘려보죠.

곧 해, 네가 할 수 있는 한 곧!

→ Do it~ as soon~ as you can!

as로 만든 겁니다. 보이세요?

곧인데 = 네가 할 수 있는 곧인 거죠.

네가 할 수 있는 한 빨리.

다양하게 해보죠.

#저 남자가 젠틀하다고?

→ That guy is gentle?

#나도 재만큼 젠틀해질 수 있거든!

I can be~ **젠틀해질 수 있는 거죠. 재만큼.**

as gentle as him.

비교하면서 같은(=) gentle이 될 수 있고, 그와 같은 레벨이라 해서 다시 as 붙이고 들어가는 겁니다.

→ I can be as gentle as him!

상황) 평범한 남자(ordinary man)에게 말합니다.

#용감해져봐!

→ Be brave!

#얼마만큼?

→ How brave?

#영웅만큼 용감해져봐!

그냥 "Be brave as a hero!" 하면 영웅으로 용감해지라는 거죠. AS에서 배웠죠? (스텝 11[16])

Be~ 그냥 brave가 아니라, '영웅의 brave만큼'이니, as 먼저 붙이고 brave.

→ Be as brave as a hero!

#그거 오래전이었어.

→ That was a long time ago.

시간이 얼마나 긴가 말할 때 영어는 long이란 단어를 쓰죠? 그럼 번역:

#As long as you are here, I am happy.

긴데, 네가 여기 있는 만큼?

타임라인 상상하면, '네가 있는 한'인 겁니다.

네가 있는 한 난 행복해.

Pop Music은 가사가 쉬운 편입니다. 가사 하나 직접 영어로 바꿔볼까요?

#난 상관없어 네가 누구인지, 네가 어디 출신인지, 그리고 네가 뭘 했는지. 네가 날 사랑하기만 한다면.

→ I don't care who you are, where you are from, what you did as long as you love me.

이 스텝은 복잡하진 않지만 응용이 많아질 수 있으니 자주 사용하는 것부터 적응하면 됩니다. 그럼 연습장에서 만들어보세요.

#우리는 네가 원하는 만큼 오래 있을게.
stay

.... We'll stay as long as you want.

#당신도 다른 모든 사람만큼 나쁘네요!
bad

.... You're as bad as everyone else.

#너 좀비들 만드는 거야? 최대한 역겹게 만들어.
zombie / gross

Are you making zombies?
.... Make it as gross as possible.

#저는 제가 할 수 있는 만큼 최대한 많이 이해하고 싶습니다, 절차에 대해서요.
understand / procedure [프*로씨져]

I want to understand as much
.... as I can about the procedure.

#우리는 재네만큼 많은 돈을 벌지 않아요.
earn

We don't earn as
.... much money as they do.

#(내가 할 수 있는 한) 최대한 빨리 가는 중이야!

.... I'm going as fast as I can.

#신체적 건강은 지능적 건강만큼 중요합니다.
physical fitness / intellectual [인털'렉츄얼] fitness

Physical fitness is as important
.... as intellectual fitness.

#이게 제가 갈 수 있는 최대한이네요.
far

.... This is as far as I can go.

#저희는 저희가 할 수 있는 한 최고로 준비하고 있습니다.

prepare [프*리'페어]

We are preparing them as best as we can.

#듣자마자 바로 왔어.

Hint: 이미 듣고 온 겁니다.

hear / come

I came as soon as I heard.

#여러분도 제가 그런 만큼 이것을 즐기셨나요?

enjoy

Did you enjoy this as much as I did?

#넌 미쳐가는 거 아니야. 그냥 나만큼 제정신인 거지.

mad / sane [쎄인]

You are not going mad. You are just as sane as I am.

“

서양 역사에는 '사과'가 자주 등장합니다.

성경책의 사과.

가장 위대한 과학자 중 한 명인 Newton의 사과.

컴퓨터과학의 아버지 Alan Turing의 사과.

애플사의 사과.

사과 하면 떠오르는 동화.

백설 공주. 영어로? Snow White.
순서대로면 '설백'이 맞는데, '백설'이란
단어가 좀 더 잘 어울렸나 봅니다.

이야기는 대부분 이렇게 시작됩니다.
눈처럼 하얀 피부, 핏방울처럼 붉은 입술을 가졌다는 백설 공주.
영어로는 어떻게 쓰여 있는지 볼까요?
꼭 이미지로 그리면서 읽어보세요.

Snow White and the Seven Dwarfs (1938) [film]
Directed by David Hand

#The Queen gives birth to a baby girl who is as white as snow, has lips as red as blood and has hair as black as ebony.

The Queen gives birth to a baby girl 여왕이 / 준다 / 탄생을 / 아기 소녀에게.
Give a birth to a baby, 아이를 낳았다는 말을 저렇게 한다고 했죠?
who is 아기 소녀인데, who is~ 열차죠. 연결해서 계속 말합니다. (스텝 12[07])
as white as snow, 아기가 = 하얀데, 눈처럼 하얗고,
has lips as red as blood 입술을 가지고 있는데, 피처럼 빨갛고
and has hair as black as ebony. 머리카락이 있는데, 검은색, 에보니처럼 검은색 머리칼을 가지고 있다. 우리 한국어 번역본에서는 [에보니]란 말 없었죠? 에보니는 감나무과에 속하는 나무로, 속이 꺼멓답니다. 지금도 문, 기타 등 검은 목재는 ebony로 잘 만든다고 해요.

a baby girl
할 말이 더 있음
who is as white as snow,
has lips as red as blood
and has hair black as ebony.

열차로 3개의 기둥이나 연결했죠? 간단하잖아요. 하고 싶은 말이 남았으면 굳이 and she is, and she has 그럴 필요 없이 열차로 계속 이어갈 수 있습니다. 남은 말을 계속 뒤에 매다는 거죠.

계속 해봅시다.

#아무도 저렇게 열심히 일하지 않아.

→ Nobody works that hard.

#이 회사에는 네가 일하는 만큼 열심히 일하는 직원이 그리 많지 않아.

이 말을 하고 싶을 때 먼저 머릿속에 떠올리는 것은 회사에서 사람들과 비교하면서 그런 사람이 그리 많지 않다는 거죠. 사람들이 떠오릅니다.

There aren't that many people~ 그런데 무슨 사람들이에요? 너만큼 열심히 일하는 사람들.

열차 연결해서 — who ( ) work as hard as you ( ) work.

더 간단히 — who ( ) work as hard as you ( ) do.

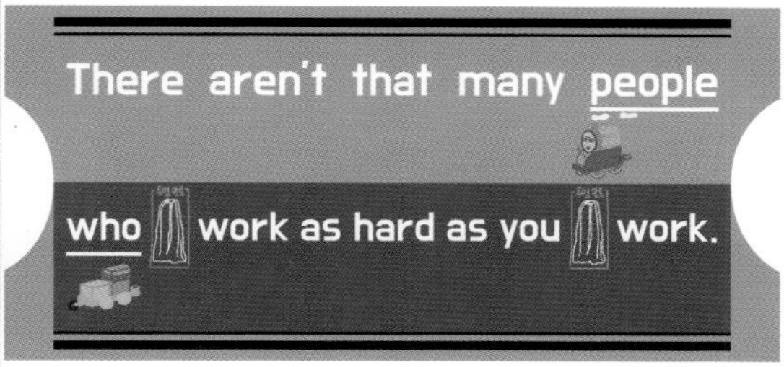

#다음은 이전 것만큼 쉬워요!

> next / previous [프*리*비어스] <

Next one is~

extra 그냥 easy가 아니라 비교해서 as easy as the previous one.

→ Next one is as easy as the previous one.

last one이라고 해도 메시지 전달 정확히 되죠?
last one은 마지막 것. 이전 것.
previous는 먼젓번 것. 이전 것.

우리말 번역 달랑 보고 영어로 빨리 외우려고만 하면 안 됩니다. 느낌을 기억하면서, 이런 느낌일 때는 이렇게 말하는구나 상상하면서,
말을 천천히 스스로 만들어보고,
그렇게 감을 잡으면서 속도를 같이 올리셔야 응용력이 생깁니다.

#That girl is as busy as a bee.

저 여자애가 / 바쁘네 / 벌처럼.

바쁘게 움직이는 사람들에게 이렇게도 잘 말한답니다.

You are a busy bee, aren't you?
Busy as a bee.

그럼 지금까지 접한 것을 단어만 바꾸면서 다양하게 연습해보세요.

1209

의문문 / 의문사 의문문

이번 스텝에서는 YN Q와 WH Q로 다양한 대화를 만들어보죠. 바로 안 되면 쓰면서 만드셔도 됩니다!
그럼 쉬운 것부터 해보죠.

안 좋은 일들이 일어나서 물어봅니다.
#모든 것이 괜찮아질까?
→ Is everything gonna be OK?

GONNA를 풀어서 말해보세요.
→ Is everything going to be OK?

어색하면 GONNA는 계속 묶는 것에만 먼저 집중하세요. 대화로 만들어보죠.

상황) 밤에 자려는데 갑자기 동료가 집으로 들이닥쳤습니다.
#A: 뭔데? 지금 몇 시야?
→ What is it? What time is it now?
#B: 미안. 늦은 건 아는데.
→ Sorry. I know it's late.
#(상대방을 보며) 너 자려고 했던 거야?
→ Were you gonna go to sleep?
#A: (사실을 말해주며) 자려고 했어.
→ Actually, I was.

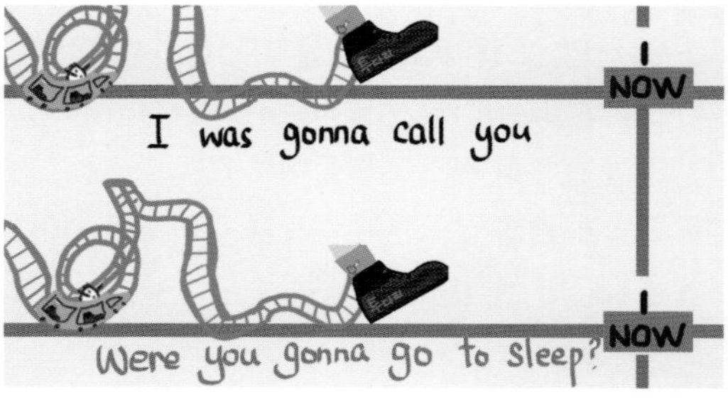

#B: 전화하려 했는데, 생각하니까 직접 만나서 말해주는 게 나을 것 같아서.

I was gonna call you, 그러다 생각을 하게 된 거죠, then I thought.

extra 뭘 생각했어요? **더 나을 것 같다고.**

기둥 문장 다 붙이려면 that 붙이고 it will be better.

좀 확신이 없으면 that it would be better.

extra 아직 말이 다 안 끝났어요. 뭐가 더 나아요?

직접 말해주면. Hint. 한국어로 (말한다) in Korean.

직접 (말한다) in person. '사람으로'가 아니라 사람을 보고 말한다는 뜻으로 사용합니다. To tell you in person. 이렇게 TO 다리 붙여도 되고

If 로 사용하면? If I tell you in person.

→ I was gonna call you, then I thought that it would be better if I tell you in person.

마구 엮이죠? 문장이 이런 식으로 길어지는 겁니다.

#A: 그래서 뭔데?

→ So, what is it?

#너 오늘밤에 대전 가려 하지 않았어?

→ Weren't you gonna go to Dae-jun tonight?

#B: 그러려고 했었지. 그러다 전화가 왔잖아.

→ I was, then I got a call.

여기서 I was는 I was gonna의 줄임말입니다.

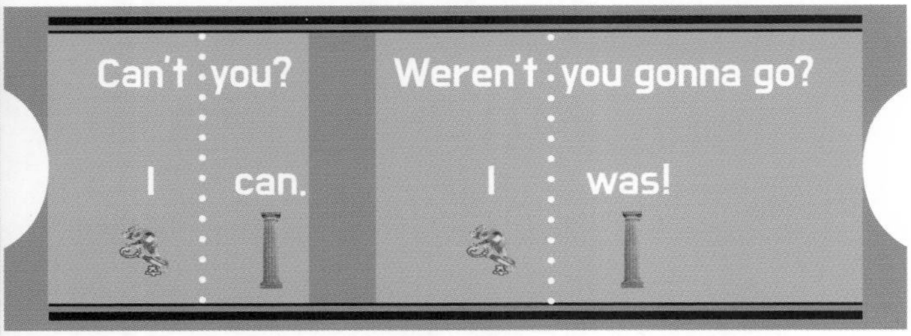

#너도 알다시피 다른 팀이 그 거래를 가져가려 했었잖아? (내 말이 맞지?)

> deal <

→ You know the other team was gonna take that deal, right?

그런데 내가 먼저 선수 쳤잖아!

'선수 치다' — 먼저 그 자리에 들어간 겁니다. get in there first 이미 선수 쳤으니 DID 기둥으로.

→ I ( ) got in there first.

#A: 완전 좋은 뉴스네!

소식이 좋은 거죠. 상대가 방금 말한 것은 that으로 잘 point 해줍니다.

→ That is a great news!

great보다 더 큰 거! '환타' 음료를 보면 Fanta라고 쓰여 있죠? Fantasic! 직역하면 '환상적으로 정말 좋다'는 겁니다. 대화가 길었죠? 다른 대화를 계속 만들어보죠.

#A: 너 내일 고등학교 동창회 있잖아.

> high school reunion [*리'유니언] <

→ You have your high school reunion tomorrow.

#그런데 나한테 말 안 했잖아.

→ But you didn't tell me.

#말해주려고 했었어?

→ Were you gonna tell me?

#네 옛 남자 친구도 거기 오는 거야?

→ Is your ex-boyfriend gonna be there too?

#걔에 대해서는 나한테 언제 말해주려고 했었어?

→ When were you gonna tell me about him?

#B: 부탁이야 그만해. 지금 너 너무 질투하고 있거든.

> jealous <

→ Please stop. You are being too jealous right now.

상황) 사직서를 내고 짐을 싸는데 동료가 다가옵니다.

#A: 나 간다. (떠난다는 말로)

→ I am leaving.

#B: 어디로 갈 건데?

→ Where are you gonna go?

#A: 난 J 회사 제안 받아들일 거야.

> offer <

→ I am gonna take that offer from J.

#B: 그 회사로 가기에는 너 너무 나이 들지 않았어?

> firm [*퍼엄] <

Aren't you too old~

extra 그 회사로 가기에는? 껌딱지로 간단하게 연결 가능하죠! for that firm

→ Aren't you too old for that firm?

#그렇게 보지 마! 난 그런 뜻을 의미한 게 아니고!

> way / mean <

진심이었을 때 mean이란 단어를 쓴다고 했죠. 그런 의도가 아니었으니 "I didn't mean it"

extra 그런 뜻은, that way! 그 방향의 의미가 아니었다는 겁니다.

→ Don't look at me like that! I didn't mean it that way.

#어쨌든 거긴 어떻게 갈 거야?

→ Anyway, how are you gonna get there?

#A: 택시 부를 거야.

→ I am gonna get a taxi. call도 됩니다.

#B: 내가 데려다줄까? (그걸 원해?)

→ Do you want me to take you there?

#A: 그래줄래?

"그러겠니?" 할 때 "Will you?" 좀 낮춰서

→ Would you?

그러다 동료에게 미팅이 있다는 것이 떠오릅니다.

#잠깐, 날 어떻게 데려다줄 건데?

→ Wait, how are you gonna take me there?

#너 오늘 그 회의 있잖아.

→ You have that meeting today.

#B: 네 말이 맞다! 나 완전히 잊고 있었어!

→ You are right! I totally forgot.

#상기시켜줘서 고마워.

> remind [*뤼'마인드] <

→ Thank you for reminding me.

이미 다 배운 것에서 단어만 벽돌 바꾸듯이 바꾼 겁니다. 가이드랑 같지 않더라도 스스로 납득될 정도로 만들 줄 아셔야 해요. 헷갈리면 글로 쓰면서 만들고 가이드와 비교해서 분석해보세요.

YN Q나 WH Q를 만드는 방법은 많이 해서 낯설지 않죠? 그러니 이젠 구조들이 서로 꼬이는 것에 집중하면 됩니다. 연습장에서는 WAS GONNA와 AM GONNA로 나뉘어 나오니 이미지 상상하며 만들어보세요.

#날 위해 택시 부르려고 했어?

call

Were you gonna call a taxi for me? / Were you going to call me a taxi?

#너 나 정말로 (총으로) 쏘려 했어?

shoot

Were you really gonna shoot me?

#A: 재(남) 청혼하려고 했던 거야? 너 'yes'라고 말하려 했어?

propose / say

Was he gonna propose? Were you gonna say 'yes'?

상황) 카드 청구서를 가지고 와서 말합니다.

#이게 뭐야? 이거 나한테 언제 언급하려 했었어?

mention=언급하다

What is this? When were you gonna mention this to me?

#저 괜찮을까요, 의사 선생님?

OK / Doc.

Am I gonna be OK, Doc.?

#이 회의 1시간 이상 걸릴까요?

meeting / hour / take

Is the meeting gonna take more than an hour?

#그녀가 날 거절할까?

reject [*리젝트]

Is she gonna reject me?

#그래서 저들이 최저임금 인상할 거래, 뭐래?

minimum wage [웨이지]=최저임금 / increase=인상하다

So, are they gonna increase minimum wage or what?

#너 손 안 씻을 거니?

wash

Aren't you gonna wash your hands?

#몇 시에 시작하려고 했어?

What time were you gonna start?

#무슨 노래 부르려고 했어요?

What song were you gonna sing?

#이거 가지고 뭘 하려 했는데?

What were you gonna do with this?

#이제 나한테 말해봐, Suzi에 대해서 무슨 말 하려 했어?

Now tell me, what were you gonna say about Suzi?

#누구를 고르려고 하셨나요?

pick

Who were you gonna pick?

#전 크면 뭐가 될까요?

Hint: 난 뭐가 될까, 내가 크면?

What am I gonna be when I grow up?

#쟤(남)는 얼마나 오래 날 무시할 거래?

ignore

How long is he gonna ignore me?

#너 3시간 뒤에 어디 있을 거야?

hour

Where are you gonna be in 3 hours?

#너는 언제 깨닫게 될래?

realise [*리얼라이즈]

When are you gonna realise?

#왜 여러분은 성공이 옵션인데 실패를 선택하려 합니까?

Hint: 왜 실패를 선택하려 합니까, 성공이 옵션인데요?

success / option / failure / choose

Why are you gonna choose failure when success is an option?

#난 너 없이 어떻게 살까?

How am I gonna live without you?

많은 말을 만들었는데 어땠나요? 다 배운 것이고 충분히 혼자 응용할 수 있는 레벨입니다.
만들었는데 가이드와 다르다면 항상 확인해야 할 것!
기둥 문장:
1. 두비는 제대로 골랐는지?
2. 기둥은 납득이 되는지?
3. 주어는 어디다 팔아먹지 않았는지!
이 3가지가 납득된다면 통과입니다. 이 3개만 제대로 잡으면 영어에서 메시지는 다 전달됩니다.
가이드에서 소개되는 것은 가장 잘 쓰이는 문장일 뿐이에요.

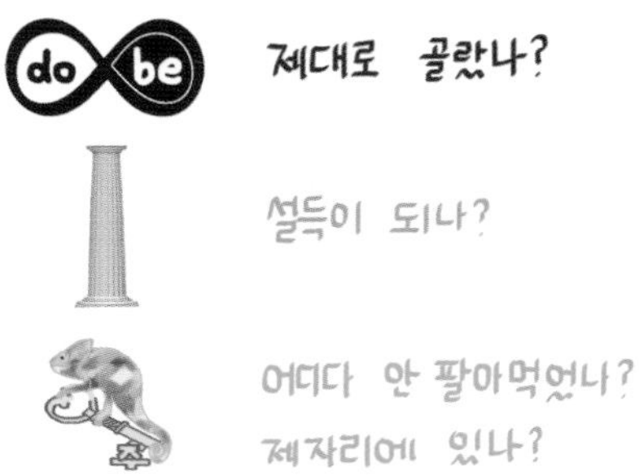

do
be
제대로 골랐나?
설득이 되나?
어디다 안 팔아먹었나?
제자리에 있나?

외국어를 하다 보면 틀린 것도 옳다고 생각하고 밀고 나가야 하는 경우도 많다고 했죠?
자신의 말로 꾸준히 만들고 말하면서 많이 쓰이는 말도 동시에 접하는 순환 학습을 하는 겁니다.
그럼 GONNA 기둥을 풀어서 going to로도 만들어보며 더 연습하세요!

12 10

숙어

was about to

이제 한 단계 더 나아갑니다. TO 다리 알죠? 만들어보세요.

#도서관에 있어, 내 여자 친구 보려고.

→ I am at a library to see my girlfriend.

다음 것도 복습해볼까요?
집에 왔는데 테이블에 편지가 놓여 있네요.

#테이블에 편지 있네!

→ There is a letter on the table!

보니까 룸메이트 앞으로 온 편지입니다. 다른 방에 있는 룸메이트에게 말합니다.

#너한테 편지 와 있어!

간단하게 껌딱지로 메시지 표현되죠.

→ There is a letter for you.

#테이블에 너한테 온 편지 있어!

→ There is a letter for you on the table!

그런데 보낸 사람을 보니 꼭 읽어봐야 할 편지예요.
다시 한번 크게 말합니다.

There is a letter for you to read!

재미있죠? 편지가 와 있는데,

친구가 읽어야 할 편지라고 말한 겁니다.

자, 다음은 잘 쓰는 말 번역해보죠.

The most important thing is to enjoy your life.

가장 중요한 것은 = 즐기는 것이다, 당신의 인생을.

TO 다리는 엑스트라에 이런 식으로 쓸 수 있어서, 문법적으로

봤을 때는 WH 1처럼 '명사'라고 보면 된다고 했습니다.

중요치는 않아요.

이제 복습 그만하고 새로운 것 들어가보죠. 굉장히

쉽습니다. 이미지 그리면서 잘 보세요.

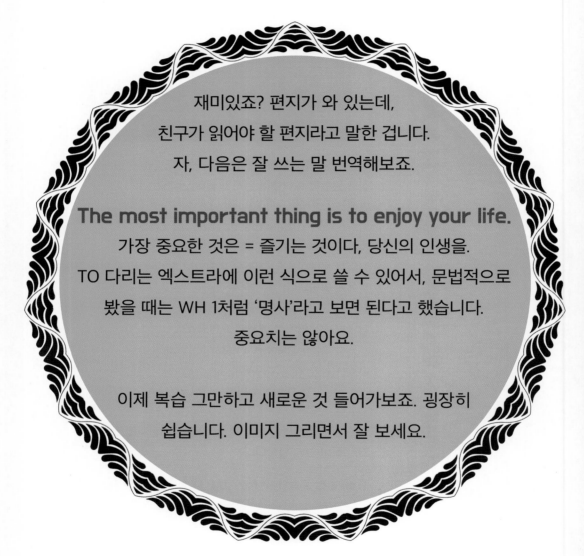

#I am about to have lunch.

내 상태가 = about은 어떤 반경에 있는 걸 이야기한다고 했죠. (스텝 06[17])
내 반경이 어디에 있습니까? about to have lunch, to have lunch는 점심을 먹으려고 하는 거죠. 무슨 뜻일까요?

이제 막 점심을 먹으려 한다는 뜻입니다.
지금 내 상태가 그 반경 안에 들어가 있잖아요.
웃기죠?

"I am gonna have lunch"와는 달라요.
이 말은 지금 이후에 점심을 먹을 것이라는 말이지만, 시간개념이 1시간 뒤일 수도 있고 하루 뒤일 수도 있고, 알 수가 없죠.

하지만 "I am about to have lunch"는 지금 내 상태가 about 안에 들어와 있기 때문에, 임박한 시간이 자동으로 전달되죠. 굳이 now 필요 없이 전달되는 겁니다.
더 만들어보죠.

상황) 영화관에 들어왔습니다.

#자리 찾아! 시작하려고 그래.

> seat / find / start <

→ Find the seat! It's about to start.

이 구조 그대로 질문도 할 수 있겠죠.

#지금 대중에게 그거 발표하려고 하는 거예요?

> public [퍼블릭] / announce [어'나운스] <

→ Are you about to announce that to the public?

똑같은 구조에서 단어만 바뀌는 것뿐입니다.

about to는 질문이든, NOT이든 그냥 평서문이든 다 똑같은 식입니다.
그러니 바로 연습장에서 더 만들어보세요.

#엄마! Jack 막 울려고 해요.
cry

.... Mum! Jack is about to cry.

#어! 저 할머니 막 기절하실라 그래.
faint

.... Oh! That old lady is about to faint.

#저희 이제 가려고 하는데요.

.... We're about to leave.

#Helen 좀 봐봐. 폭발하기 직전이다.
explode [익스'플로드]=폭발하다

.... Look at Helen. She is about to explode.

상황) 조류관찰자가 말합니다.
#알들이 부화하려고 해!
egg / hatch=부화하다

.... The eggs are about to hatch!

#누군가의 꿈이 이제 막 이루어지려 하네!
dream / come true=이루어지다

.... Someone's dream is about to come true!

#쇼 이제 시작하려 한다!
show / start

.... The show is about to start!

#너 지금 이거 끝내려는 거야?
end

.... Are you about to end this?

#네 아기 토하려고 한다!
vomit [*보밋]

.... Your baby is about to vomit!

"I am about to eat"에서 I am은 지금 상태를 말하는 거죠. 과거 기둥으로 바꿔보면요?

I was about to eat!

나 방금 전에 먹으려고 했었는데~ 라고 설명하는 겁니다. 방금 전에 그러려고 했던 겁니다. 시간 차이만 있는 것이지 방법은 완전히 똑같아요. 대화로 더 만들어보죠.

상황) 퇴근 후 귀가. 집은 엉망, 남편은 게임 중. 약속을 어겼어요. 타임라인 상상하면서 만들어 보세요.

#A: 네가 나한테 집 청소할 거라고 약속하지 않았어?

> clean / house / promise <

→ Didn't you promise me that you were gonna clean the house?

#B: 이제 막 하려고 그랬어.

→ I was about to do it.

"I was gonna do it"으로 써도 "하려고 했어!"지만, "I was about to do it"으로 가면 '방금 전에 시작하려고 그랬다, 내 상태는 그랬다'는 메시지가 전달되죠.

#A: 계속 약속들을 깨잖아! 오늘 당신 일도 안 갔잖아!

→ You keep breaking promises! You didn't even go to work today!

그러자 남편이 웃으며 말합니다.

#B: 당신은 화내면 귀여워.

→ You are cute when you get angry.

그래서 장난으로 대꾸합니다. 쭉 만들어보세요.

#A: 그래서 당신은 내가 화가 나면 귀엽다고 생각해?

→ So you think I'm cute when I'm angry?

#그럼 준비해, 왜냐하면 난 이제 곧 엄청 귀여워질 거거든!

→ Then get ready because I'm about to get really cute!

상대방의 감정을 상하게 할 수도 있는 말을 할 때는 먼저 이렇게 말해둡니다.

#A: 너한테 뭔가를 이제 막 말할 건데, 화내지 마.

→ I am about to tell you something. Don't get angry.

#B: 뭔데?

→ What is it?

#너 지금 나한테 뭐 말하려고 그러냐?

about to로 질문해보세요. 안 보이는 분들 위해 문장 쌓아서 보여드릴게요.

You are about to tell me something.

Are you about to tell me something?

→ What are you about to tell me?

#A: 내가 너한테 말하려고 하는 것은 이거야.

WH 1이죠. 그냥 뒤집으면 되는 겁니다.

→ What I am about to tell you is this.

좀 더 꼬아보죠.

#내가 너한테 말하려고 하는 것이, 너를 화나게 할 수도 있어.

뭐가 화를 내게 할 수 있어요? 주어 길죠?

What I am about to tell you ~

기둥은요? 그럴 수도 있고 아닐 수도 있고, ~ might ~

make you angry.

→ What I am about to tell you might make you angry.

What are you about to tell me?
WH 1
What I am about to tell you
is this.
WH 1 What I am about to tell you
might make you angry.
MIGHT
do be
extra
extra

카멜레온 자리에 말이 길게 들어가는 것을 두려워하지 마세요!

엑스트라 자리에 들어가는 것처럼 바라보면 됩니다.

주어를 간단하게 하면 아래 문장인 거죠.

#이게 널 화나게 할 수도 있어.

→ This might make you angry.

항상 문장 구조가 헷갈리면 문장을 쌓아보세요.

영어 문장을 이해하는데, 다 아는 단어가 뭔가 다양하게 꼬인 것 같아서 이해하기 힘들면
지금 우리가 하는 것처럼 문장을 쌓거나 거꾸로 풀면 더 쉬워집니다.
WH 1 쪽은 뒤집으면 다시 질문이 되죠?
그다음 WH 빼버리면 YN Q로 바뀌어버리죠?
그리고 YN Q 다시 뒤집으면 가장 기본 문장이 되잖아요. 영어는 다 그렇게 이어져 있습니다.

그럼 이제 스텝 정리해볼게요.

#Life is about to throw you a curve ball.
인생이 / 막 던지려고 해요 / 당신한테 / 커브볼을
curve ball은 어디로 갈지 아무도 모른다고 하더군요. 갑자기 인생에서 까다로운 일이 곧 벌어질 것 같을 때 이런 말을 쓴답니다. 정신 차리고 준비하고 있으라는 거죠.

여러분 자신에게 이렇게 영어로 말해보고 이 스텝 끝내죠.
#나의 인생이 이제 막 변화하려 한다.
> life / change <
→ My life is about to change.

GONNA와 굳이 헷갈릴 필요 없습니다.
이제 '막 하려 했다' 혹은 '이제 막 할 거다' 느낌 생각하면서 만들고 연습해보세요.

12 11 부정대명사

저번 스텝에서 이미 배운 것끼리 서로 붙여 의외의 말을 만들어냈죠?
about 껌딱지에 TO 다리를 붙이니 다른 말이 되었습니다. 이렇게 이미 아는 것이 다른 식으로 쓰여도 당황하지 말고 분해해서 보는 안목도 키워야 합니다. 분해가 안 될 땐 통째라 생각하고 그대로 사전에서 검색해보세요. 그럼 답이 나올 겁니다. 이번에도 이미 아는 것들로 또 확장해보죠.

both가 무슨 뜻이었죠? 둘 다~

#너희 둘 다 너무 귀엽다.

→ You both are very cute.

→ You are both very cute.

both는 물건이든 사람이든 둘을 묶을 때 사용하죠? (스텝 09[15])

both가 둘을 묶은 것이라면 둘을 나눠 '1개, 1개' 해서 '각각'이라 말할 때는 뭔지 아세요?
바로 **each** [이취]입니다.
그 each other의 each 맞습니다. (스텝 10[08])
우리는 each other를 그냥 통째로 익혔잖아요.

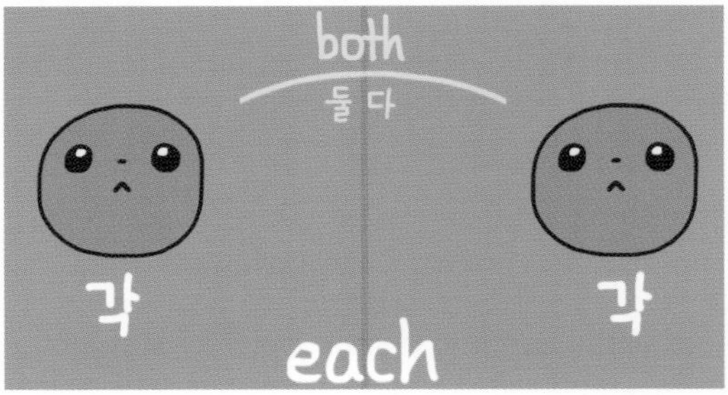

고양이 2마리밖에 없을 때
1마리 one 하고 다른 1마리는 the other.
'서로서로'라고 보면 그렇게 각자에게 the other가 있는 거죠.

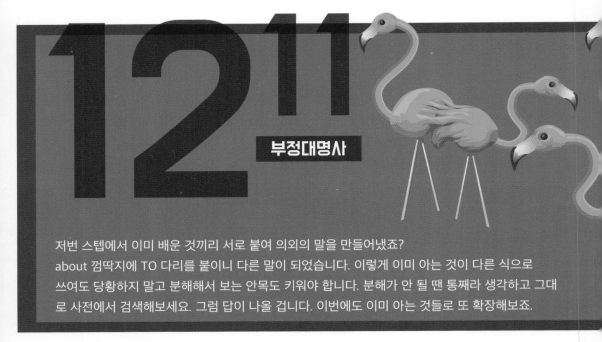

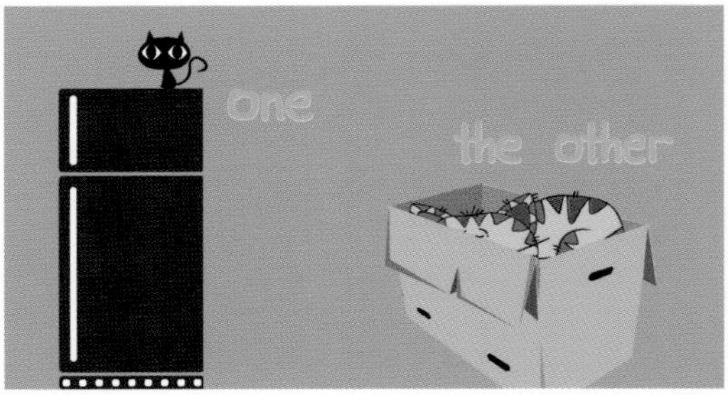

each는 '각각'. 그래서 '서로'라고 했을 때는 each other라고 만든 겁니다.

#우리는 서로 사랑에 빠져 있었어요.

→ We were in love with each other.

대신 '각각'이란 단어는 2개 이상이 될 수 있죠?
"모든 아이는 사랑이 필요합니다" 할 때
"Every child needs love"와 "Each child needs love"는
'모든' 아이는 사랑이 필요해요. '각각'의 아이는 사랑이 필요해요. 요 정도 차이죠.

다시 말해 별 차이 없다는 겁니다.
every는 '한 땀 한 땀' 합쳐서 '모든'이란 느낌이 확실히 들어간 것이고, each는 그냥 '각각'이란 단어일 뿐이에요. 이런 건 서로 비교하면 더 헷갈려요. 라면 끓일 때 우동 국수 비교하면서 고민하지 않는 것처럼 따로 기억하세요. 필요한 것을 그때그때 빼서 쓰면 될 뿐입니다.
그럼 예문으로 each를 사용해보죠.

#이것들은 무게가 얼마나 나가죠?

> weigh [웨이] <

→ How much do these weigh?

#이것들이 얼마나 무겁죠?

> heavy [헤*뷔] <

→ How heavy are these?

#여행가방 개당 25kg이에요.

> kg = kilograms이지만 줄여서 [킬로즈] <

개당 나눠서 말하는 것이니, each라고 말해도 메시지 전달이 되겠죠.

→ Each suitcase weighs 25kgs.

DOES 기둥으로 움직인 것 보이나요?
each는 각각, 하나씩으로 나눈 것이니 3총사 중 하나인 it으로 대하는 겁니다.
각각일 때와 '둘 다'일 때는 서로 개수가 다르니 거기에 맞게 기둥 붙여줍니다.

자! '너희들 대부분'일 때는 most of you였죠. 각각이란 느낌을 주고 싶으면 each of you랍니다.

#우리 각자는 독특해. (유일한 존재야.)

> unique [유닉크] <

→ Each of us is unique.

상황) 자기 일에 가치가 없다고 말하는 이에게 말합니다.

#네 일이 가치가 없다고 생각한다고?

> value [*발류] <

→ You think your work doesn't have value?

#나무 꽃이 뿌리보다 더 중요해?

> blossom / roots / important 열매가 맺기 전의 꽃은 blossom.
벗꽃은 Cherry blossom <

→ Is a blossom more important than its roots?

#수확이 힘든 하루 일과의 작업보다 더 중요해?

> harvest=수확 / hard=힘든 / work <

→ Is a harvest more important than a hard day's work?

#아니지, 각자 가치가 있는 거지,

→ No, each has value,

#우리 각자가 가치가 있는 것처럼.

→ just as each of us has value.

I have a book just as you have a book.
이 구조와 똑같습니다!

Each has value,
just as each of us has value.

또 해보죠.

상황) 상대방이 거짓말을 해보라고 조언합니다.

#넌 우리가 거짓말하기를 바란다고?

→ You want us to lie?

#그 아이디어는 안 될 거야.

→ That idea is not gonna work.

#우리 둘 다 형편없는 거짓말쟁이거든! (이유를 주는 거죠.)

> lousy [라우지]=형편없는 / liar=거짓말쟁이 <

→ Because both of us are lousy liars!

#야! 너무 많이 마시지 마!

→ Hey! Don't drink too much!

#음식이랑 물이 충분치가 않아, 우리 둘 다 먹기에는.

→ There isn't enough food and water~

extra 껌딱지로 간단하게! 무슨 껌딱지가 어울릴까요?

~ for both of us.

both를 생각할 때는 둘을 묶어서! **each**는 각각!
여기까지만!

Tip 드릴게요.
every든, all이든, both든, each든 이런 것들은 크게만 알아둔 후 말할 때는 기억나는 대로 사용하세요. 영어가 편하게 말로 나오기도 전에 서로의 차이를 정확히 알려 하면 오히려 법칙들에 걸려 아예 사용을 못 하게 됩니다.

이런 것들은 액세서리 수준이어서 틀려도 큰 문제가 없습니다. 그러니 중요한 것부터!

그럼 연습장에서 비교하면서 만들어보세요.

연습

#저희 남자 교수님은 손가락마다 반지를 끼세요.

male professor / finger / ring / wear

Our male professor wears a ring on each (every) finger.

#남자들 유니폼은 각자 달라요.

uniform / different

.... Each man's uniform is different.

#우린 서로를 쳐다보고 웃었다.

smile

.... We looked at each other and smiled.

#두 분 모두를 위한 훌륭한 프로그램이 있어요.

.... There is a great program for both of you.

#1인분마다 20,000원입니다.

portion [포션]=1인분

.... It's twenty thousand won for each portion.

#크리스마스는 매우 마법의 시간이죠. 각 순간이 눈송이만큼 특별해요.

magical time / snowflake [스노우*플레이크] / unique=유일무이한

Christmas is very magical time.

.... Each moment is as unique as a snowflake.

#날마다 한 순간을 찾으세요, 멈춰서 스스로에게 정신적 포옹을 줄 수 있도록.

moment=순간 / find / stop / mental hug / give

Find a moment each day to stop and

.... give yourself a mental hug.

#남자 5명이 기다리고 있어요. 각자 의자를 가지고 있어요.

chair

.... 5 men are waiting. Each has a chair.

#남자 2명이 기다리고 있어요. 둘 다 의자가 있어요.

.... 2 men are waiting. Both (of them) have a chair.

#각 손님마다 'Finger Bowl'이 하나씩 필요할 거예요.

Finger Bowl: 포크 등을 사용하지 않고 손으로 직접 먹을 경우 손가락을 씻을 수 있도록 레몬과 물을 담아 식탁 왼쪽에 놓는 작은 그릇.

.... Each (every) guest will need a finger bowl.

12

의문사

WH 주어

어떻게 만드는지 알죠?

12번 기둥까지 왔으니 설명 없이 바로 만들 수 있을 겁니다.

#A: 우리 다음 달에 고등학교 동창회 할 거야.

> reunion [*리'유니언]=동창회 <

계획 끝! 확실히 일어나는 것일 때는 시간과 함께 말해주면 BE + 잉 기둥 써도 된다고 했죠?

→ We are having a high school reunion next month.

#너 시간 되지? (내 말 맞지?)

→ You have time, right?

#B: 응. 누가 오는데?

내가 오면, I am coming!

누가 오는지 주어를 모르니 카멜레온 자리에 그대로 WH 넣으면 끝!

→ Yes, who is coming?

기둥 바꿔 말해보죠.

#누가 올 거야?

→ Who is gonna come?

I am coming.
Who is coming?
I am gonna come.
Who is gonna come?

WH는 3총사 쪽으로 기둥에 맞게 바꿔주면 되죠? 룰로 가르쳐드리지 않아도 지금까지 배운 패턴들과 비교하면 스스로 납득할 수 있을 겁니다. 배우려고만 하지 말고 쌓은 지식을 토대로 혼자 이해하려는 마음가짐을 서서히 키워나가세요.

#누가 우리에게 자금을 댈 거야?

> finance [*파이난스] <

→ Who is gonna finance us?

#이것이 우리 부모님을 자랑스럽게 할 거야.

> proud [프*라우드] <

→ This will make my parents proud.

WILL에서 GONNA 기둥으로 바꾸면 더 확신하는,

#이것이 우리 부모님을 자랑스럽게 할 거야. (확신)

→ This is gonna make my parents proud.

상대가 묻습니다.

#뭐가 너희 부모님을 자랑스럽게 할 건데?

→ What is gonna make your parents proud?

What is를 묶을 수 있죠?

→ What's gonna make your parents proud?

쉽죠? 이제 직접 만들어보세요.

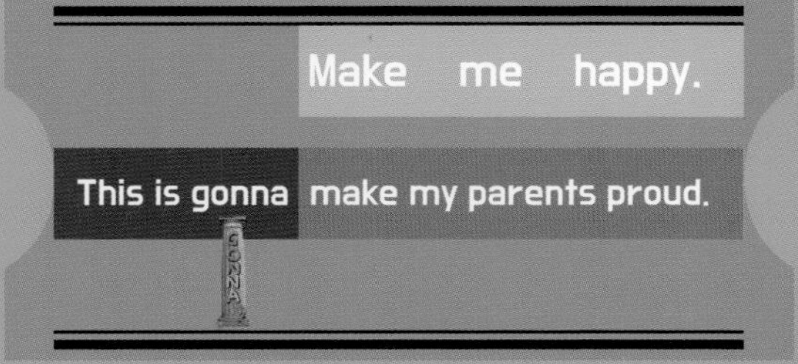
Make me happy.
This is gonna make my parents proud.
GONNA

This is gonna make my parents proud.
What 나머지는 그대로 ?

#누가 다음 대통령이 될 건가?

president

.... Who is gonna be the next president?

#누가 알겠어?

.... Who knows?

#누가 다음 대통령이 될지 누가 알겠어?

Hint: WH 1

Who knows who is gonna
.... be the next president?

#A: 누가 Dave 생일 케이크 만들 거야?

Who is gonna make
.... Dave's birthday cake?

#B: 음… 그냥 하나 주문하자.

Hint: Let's just play!

.... Hmm… Let's just order one.

#누가 얘(남)랑 여기 있을 거야?

.... Who is gonna be here with him?

#무슨 일이 일어날까?

happen

.... What's gonna happen?

#운전은 누가 할 거야?

.... Who's gonna drive?

상황) 벽에 걸려 있던 그림이 없어졌습니다.

#음, 누가 알아차리겠어?

notice [노티스]=알아차리다

.... Hmm, Who's gonna notice?

#뭐가 그녀를 행복하게 해줄까요?

.... What's gonna make her happy?

#누가 여기 있고 누가 나랑 같이 올 거야?

Who is gonna be here and
....who is gonna come with me?

#우리 이 음식 다 어떻게 할 거야?

....What are we gonna do with all this food?

#이 이야기에서 무슨 일이 벌어질까요?

....What is going to happen in this story?

#알아맞힐 수 있으신가요?

guess

....Can you guess?

#해피엔딩이 될까요?

....Is it going to be a happy ending?

이제 새로운 어휘를 좀 더 접해보고 정리하죠.

상황) 새로운 상사(여)가 들어와서 각자 사무실로 불려가고 있습니다. 부장이 차장에게 말합니다.

#부장: 자네가 다음이야!

→ You are next!

#차장: 전 그분 안 무섭습니다!

→ I am not afraid of her!

#부장: 새 상사가 안 무섭다고?

→ You are not afraid of the new boss?

#왜? 그분이 여자라서?

→ Why? Is it because she is a woman?

"Because she is a woman?"이라고 해도 되고, 지금 네가 무서워하지 않는 것, Is it~으로 연결해서 물어도 되죠?

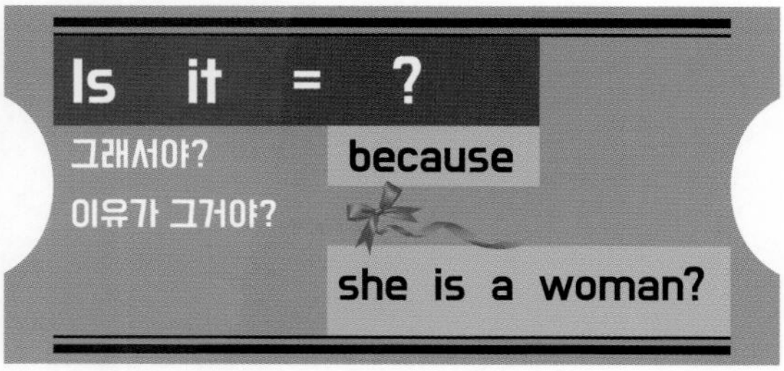

#내가 방금 봤거든.

→ I just saw her!

#She will have you for breakfast!

그분이 / 가질 거다 / 너를 / 아침 식사를 위해

직역하면 그분이 너를 아침 식사로 먹을 거란 뜻이죠. 무슨 말일까요?

"넌 그녀한테 한 주먹거리도 안 돼"입니다. 네가 아무리 만반의 준비를 하고 밤에 기습을 가한다고 해도, 한 방에 끝장이 날 거라는 거죠. 거기서 끝이 아니라 그녀는 끝장 낸 너를 아침 식사 메뉴로 올려서 먹어버릴 만큼 괴물이라는 겁니다.

그만큼 상대방이 강하고, 아주 쉽게 널 이길 거라고 말할 때 씁니다.

She will have you for breakfast. / She will eat you for breakfast.

#직원: 누가 저희를 아침 식사로 드실 거라고요?

→ Who is gonna have us for breakfast?

#부장: 새 상사.

→ The new boss.

#직원: (차장을 쳐다보며) 아! 부장님(여) 말씀이 옳으십니다.

→ Yes, she is right.

영어에 재미있는 말들이 많죠?
계속 특이한 말이 나올 때는 앞뒤 상황을 보고 이미지화해서 번역하는 습관을 기르세요!
그럼 WH 주어와 GONNA를 풀어서 going to로 다시 연습해보세요!

12 13

한정사 / 대명사

WHOSE

오랜만에 필수 스텝 밟네요. 이번 스텝은 복잡하지 않고 쉬워요. 먼저 만들어보죠.

상황) 어떤 사람이 인형을 들더니 말합니다.

#A: 이게 누구야?

→ Who is this?

그런데 주위에서 아무도 대답을 안 하네요.

이거 누구 건가요? 다시 묻자 한 남자가 대답하네요.

#B: 제 여친 거요. 영어로?

→ It is my girlfriend's.

뒤에 [즈] 붙어 있죠. 우리 이거 배웠죠? full sentence로 해볼까요?

#제 여자 친구 인형이에요.

> soft toy <

→ It's my girlfriend's soft toy.

말을 더 줄여보죠.

#제 여자 친구 거예요.

→ It's my girlfriend's.

더 줄여서 여자 친구를 가리키면서

#쟤(여) 거예요.

→ It's hers.

girlfriend's soft toy

girlfriend's

hers

다 뒤에 [즈] 소리 붙죠.

그럼 한 단계 더 나가볼게요.

#이게 누구야?

→ Who is this?

#이게 누구 거야? 할 때는

who 뒤에 똑같이 [즈] 붙여서

Whose is this?

간단하죠?

이제 알았으니 문장에 적용해볼까요?

It's my girlfriend's soft toy.

It's my girlfriend's [즈] 발음

hers

Who is this?

Whose [즈] ↓ 나머지는 그대로

#A: 나 지금 뭐 하느냐고?

→ What am I doing?

#MJ의 아들 선물 사는 중이야.

→ I am buying a gift for MJ's son.

→ I am buying MJ's son a gift.

이렇게 말해도 된다고 했죠? (스텝 06[16])

상대가 다시 물어봅니다.

#B: 누구 아들?

→ Whose son?

#A: MJ 아들.

→ MJ's son.

whose는 WH와 똑같이 생각하면 됩니다.
계속 적용해보죠.

#너 지금 누구 차 운전 중이냐?

→ Whose car are you driving right now?

#A: 내가 이 돈이 어디서 났느냐고? 누구한테서 빌렸어.

→ Where did I get this money? I borrowed it from somebody.

#B: 누구 돈 빌렸어?

→ Whose money did you borrow?

#다시 묻는데, 너 그 돈 누구한테서 빌렸느냐고?

> '다시 묻는데' 간단한 날치 있었죠? (스텝 02[07]) <

→ Again, who did you borrow that money from?

이렇게 해도 메시지는 전달되겠죠.

그럼 편하게 연습장에서 다양하게 만들어보세요.

#A: 트렁크에 여행가방 있는데. 누구 거야?

suitcase [슛케이스]

There is a suitcase in the trunk. Whose is it?

#B: 내 거야!

It is mine!

#저 그림 누구 거예요?

painting

Whose painting is that?

#A: 저 사람이 걔(여) 비밀 알아.

secret [씨크*릿]

That person knows her secret.

#B: 누가 누구 비밀을 아는데?

Hint: WH 주어죠?

Who knows whose secret?

#C: 걔네들이 내 비밀에 대해 어떻게 알지?

How do they know about my secret?

#A: 그건 제 잘못 아니에요!

fault [*폴트]

That is not my fault!

#B: 그럼 그게 누구 잘못인데?

Then whose fault is that?

#이 아이가 어떤 분의 아이죠?
child

.... Whose child is this?

#어떤 분의 성함이 Chris 씨죠?
name

....Whose name is Chris?

#A: 이 땅은 누구 거죠?
land

.... Whose land is this?

#B: 저 검은 차 안에 계신 저기 여성분이 소유자이십니다.
owner

.... That lady in that black car is the owner.

#넌 누구 편인 거야? 너 내 편 맞아?
side

Whose side are you on?
.... Are you on my side?

#누구 목소리였어?
voice

.... Whose voice was that?

#A: 오늘 밤에 생일파티 있는데, 갈래?

There is a birthday party
.... tonight, do you want to go?

#B: 누구 생일인데?

.... Whose birthday is it?

#이거 누구 아이디어였어?

.... Whose idea was this?

여러분이 글에서 알아볼 수 있게 한 문장만 whose를 열차로도 이어봅시다. 방법은 똑같습니다.

#내가 한 여자애를 만났는데,

I met this girl, 이라고 말한 후 이 여자애 아버지에 대해 말하고 싶어요.
그럼 who로 연결하는 것이 아니라,
이 '여자애 아버지'이니 her father 대신 더 간편하게 whose father~
이 여자애 아버지는 감옥에 있더라고. ~ whose father was in prison.
영어 구조가 참 레고처럼 서로 잘 맞죠?

I met this girl. | Her father was in prison.

I met this girl 자르지 말고 그대로 이어가기
whose father was in prison.

아버지가 감옥이 있는 한 여자애를 만났어.

우리말 번역은 완전히 거꾸로지만 영어는 거꾸로 생각해서 말하는 것이 아니라고 했습니다.
말한 후 그다음 할 말이 생겼는데 구조가 이어질 수 있기 때문에 열차로 이어간 것뿐입니다.

whose를 열차로 잇는 것은 다른 WH 열차가 탄탄해지고 whose도 탄탄해졌을 때 자연스럽게 연습하면 됩니다. 새로운 동네를 익히듯 외국어를 할 때는 하나씩 익혀나가는 것이 좋다고 했죠? 그럼 이제 기둥을 바꿔가면서 whose를 연습해보세요.

12 14

전치사 / 부사

behind

영어는 보면 중요한 구조는 그렇게 많지 않아요.
기둥, 껌딱지, 날치, 연결끈, 리본부터 큰 것들인 동명사, TO 다리, WH 1, WH 열차.
각자 대표로 하나씩 알면 나머지는 다 똑같은 구조로 계속 나오는 것뿐이에요.
리본 하나를 접하면 다음 리본은 더 수월해지고 그렇게 리본이 쌓일수록 구조는 익숙해집니다.
그래서 갈수록 설명은 줄고 예문은 많아지는 겁니다.

그럼 또 해보죠! 껌딱지 하나 더! 중요한 것들 다 커버했고, 더해지는 것뿐이니 편하게 가면 됩니다.

뭔가가 네 뒤에 있어.

'뭔가 뒤에 있다, 뒤에'라는 느낌이 있는 껌딱지, **behind** [비'하인드]입니다.
→ Something is behind you. 간단하죠?

잠깐! 우리 at the back of로 '뒤'를 배웠잖아요.
어떤 차이가 있을까요??

먼저 가장 간단한 방법.
우리 side와 beside 배웠죠?
beside는 next to와 다르게 좀 더 넓게 '옆에 있는 상태' 자체를 두루뭉술하게 잡아 말하는 거였어요. (스텝 11[15])

같은 식으로 behind를 바라보죠.
behind 역시 혼자 놀 수 있는 껌딱지입니다.
hind는 '후방'이란 뜻이에요. hind legs는 동물의 뒷다리를 말한답니다.
그 앞에 be를 붙여 만든 behind 껌딱지는 '뒤쪽 편에 있다'는 느낌을 줍니다.

back은 사람 몸에서 '등'이잖아요. 버스나 옷장처럼 속이 있는 공간에서 'in back of the bus, at the back of the bus'라고 하면? 버스 뒷좌석이 될 수 있습니다.
하지만 **"I am behind the bus"**라고 하면 버스라는 것을 통째로 두고 그 뒤를 말하는 겁니다.
차이점 보이시나요?

상황) 휴게소에 정차된 고속버스 안.
누가 묻습니다.

#네 동생(남) 어디 있어?

→ Where is your brother?

이미지 그려보세요.

#He is at the back of the bus.

버스 뒷좌석에 있는 겁니다.

He is at the back of the bus.

He is behind the bus.

하지만 동생이 뭐 구경한다고 밖에 나가서 버스 뒤에 있어요. 그러면 "He is behind the bus"인 거죠.
좀 더 해볼게요.

#저희는 버스 뒤에서 운전하고 가는 중이었어요.

기둥 조심!

→ We were driving behind the bus. 간단하죠?

하지만 이 말을 "We were driving at the back of the bus?"라고 하면 '이 버스는 운전대가 뒤쪽에 있나?'가 되는 거죠.

실제 상황에서는 잘못 말해도 알아들을 수 있지만 글을 쓸 때는 생각할 시간이 있으니 behind의 그 'be'를 기억하면서 정하면 됩니다.
그럼 더 진행해보죠.

#A: 나 이것 좀 도와줘!

→ Help me with this!

#내가 옷장 뒤에 비상금 숨겨놨거든.

> closet [클로젯]=옷장 / nest egg=비상금 / hide - hid [히드] <

→ I hid my nest egg behind the closet.

behind the closet은 옷장이 있고 옷장을 움직인 뒤쪽을 말하는 거죠.

친구가 묻습니다.

#B: 옷장 (안) 뒤쪽 편을 말하는 거지?

> mean <

→ You mean at the back of the closet?

#A: 아니, 옷장 뒤! 같이 옷장 옮기자!

→ No, behind the closet! Let's move the closet!

좀 더 만들어보죠.

#A: 너 뒤에 누구 있다!

→ Someone is behind you!

#B: 누구?

→ Who?

#누가 내 뒤에 있는데?

WH 주어죠?

→ Who is behind me?

#아무 말도 하지 마. 그냥 내 옆에 서 있어.

→ Don't say anything. Just stand beside me.

말이 잘못 나왔어요.

#아니, 내 말은 '내 뒤쪽에'.

> mean <

→ No, I meant 'behind me'.

항상 둘이 정확히 나누어지진 않습니다. 양쪽 다 써도 되는 상황도 많아요.

#뒤에 쳐다보지 마!

명령 기둥이죠. Don't look~

뒤에를 보지 말라는 거니까, behind.

→ Don't look behind.

"Don't look back"도 되는 거죠.

그럼 behind를 적용해 연습장에서
직접 만들어보세요.

#이 기숙사 뒤편에 아파트들이 몇 채 있어요. 거기서 집을 구할 수 있을지 몰라요. (확신 50%)

dorm / apartment / place / find

There are some apartments behind this dorm. You might be able to find a place there.

상황) 트럭이 후진 중.

#어? 저 트럭 뒤에 남자애가 있는데. 기사가 모르는 거 같아!

driver

Huh? There is a boy behind that truck. I don't think the driver knows!

#정지! 트럭 멈추세요!

Stop! Stop the truck!

상황) 공포 영화 속 한 장면. 여자가 멀리 있는 남자에게 소리치고 있습니다.

#남자: 뭐라고? 안 들려!

What? I can't hear you!

#여자: 도끼 든 남자가 네 바로 뒤에 있다고!

카멜레온: 간단하게 껌딱지 활용! / ax [악스/ 엑스] / right

The guy with an ax is right behind you! / There is a guy with an ax is right behind you!

상황) 청소년들이 밤에 숲속을 지나고 있어요.

#A: Kate 어디 있어?

Where is Kate?

#B: 얘 어디로 갔지? 내 바로 뒤에 있었는데.

Where did she go? She was right behind me.

상황) 추억이 있는 장소를 다시 방문했습니다.

#당신이 이 책상 뒤에 앉아 있었잖아. 기억해?

desk / remember도 되지만 recall은 다시 불러일으키며 기억해내다

You were sitting behind this desk. Do you remember? / Do you recall?

지금까지 배운 것을 토대로 알 수 있는 것은 껌딱지는 재활용되어 넓게 쓰일 수 있다는 겁니다.
그럼 사용 반경을 넓혀볼게요.

"I am behind you"처럼 뭔가 붙어 있지 않고, 그냥 "I am behind"라고만 하면 뭔가 뒤처져 있는 느낌입니다. 편하게 접해보죠.

#저 아이(남)가 그 전학생인데.
> new student <
→ That boy is that new student.
#진도가 뒤처졌던데.
He is~ 다른 학생들의 진도가 있으면 그 뒤에 있는 거죠, behind.
→ He is behind.

만약 behind 말고 "He is back"이라 하면, 어디를 갔다가 돌아온 상태가 되는 거죠.
이러면 "걔 돌아왔어"가 되니 전에 여기 다니다가 다시 전학 온 메시지가 되는 겁니다.

다른 상황에도 적용해보죠. 룸메이트가 도착했어요.
#어~ 집에 왔네.
→ Hi, you are home.
#방금 집주인이 전화했어.
> landlord <
→ The landlord just called.
#(몰랐는데, 알고 보니) 우리 집세 밀렸었대.
> apparently / rent <
→ Apparently, we are behind with the rent.
#누가 돈 내는 거 까먹었을까?
→ Who forgot to pay?
#네 일 아니었나?
> job은 책임을 맡은 일을 말합니다. <
→ Wasn't it your job?

더 만들어보죠.

#내 시계가 3분 늦네.

> watch <

→ My watch is 3 minutes behind.

#Did you lock the door behind you?

잠갔냐 / 문 / 너 뒤에?

너 뒤에 문 잠갔냐? 번역은 쉽죠?

이 말은 **"나오면서 문 잠갔어?"**

라고 말할 때 씁니다. 상상하면 왜 그런지 보이죠?

그럼 바로 응용해보세요.

#들어오세요.

→ Come in.

#그리고 뒤에 문 좀 닫아주세요.

이미지 그리면서 만들어보세요.

→ Please close the door behind you.

#You went behind my back!

갔는데 / behind면 뒤죠? 어디 뒤요? / 내 등 뒤.

이런 말은 '뒤통수를 치다, 배신하다'를 대체해서 쓰는 겁니다.

You went behind my back. 이미 갔죠? 벌써 배신을 때린 겁니다.

#너 내 옛날 여자 친구를 만났다고? 나 몰래 그딴 짓을 한 거야!

→ You met my ex girlfriend? You went behind my back!

다음 글귀를 직접 영어로 만들어보세요.

#내 앞에서 걷지 말라. 나는 당신을 따라가지 않을 수 있다.

> follow <

→ Don't walk in front of me. I may not follow.

#내 뒤에서 걷지 말라. 난 당신을 이끌어주지 않을 수 있다.

> lead <

→ Don't walk behind me. I may not lead.

#그저 내 옆에서 걸으며 내 친구가 되어달라.

→ Just walk beside me and be my friend.

이제 실생활에 접목해서 만들어보세요.

12 15

부가의문문

TAG Q

Tag 스텝은 쉬우니 그 전에 재미있는 것 하나 접해보죠.

누군가 영어를 하면서 손가락으로 이상한 짓을 합니다.
양쪽 손을 머리 옆에 들고, 토끼 귀처럼 검지와 중지를 V 모양으로 만든 후 '구부렸다 폈다'를 두 번 반복하면서 단어를 말하는 거예요. 한국 청소년 영어토론장에서 많은 분이 사용하던데 다른 학생에게 물으니 '귀여워 보이려' 한 짓이 아니냐고 하더군요.
아닙니다.

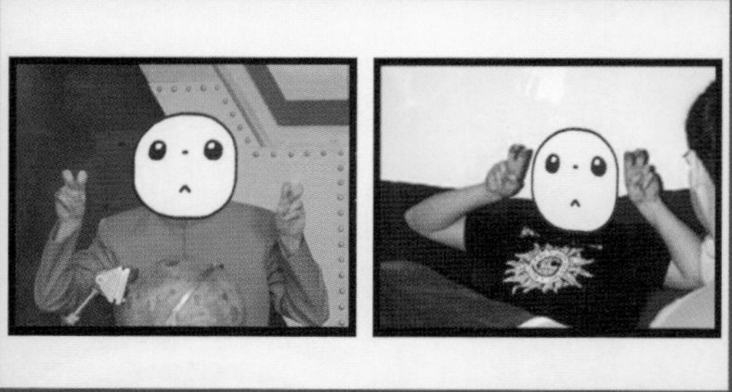

저 손가락 표시는 따옴표 표시를 보여주는 겁니다. 왜 양쪽 손을 다 들고 하느냐고요?
시작 따옴표와 끝 따옴표인 거죠.
영어에서 따옴표는 우리가 일반적으로 쓰는 따옴표 역할 이외에 하나가 또 있습니다.
워낙 많이 쓰니 알아두세요.

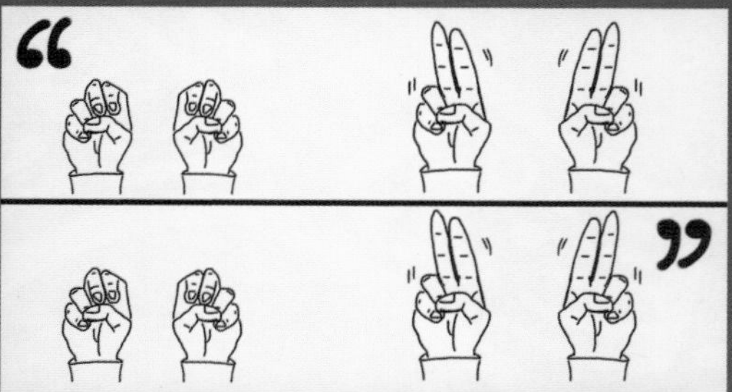

바로 **말한 단어가 그대로의 의미가 아닐 때입니다.**

예를 들어 누군가 말합니다.

#난 잘생겼어.

→ I am good-looking.

#그래, 너 "잘생겼어".

이때 다른 말투로 대답하며 함께 따옴표 표시를 합니다.

→ Yeah, you are "good-looking".

이러면 네가 그렇게 말하니 내가 '인용'은 해주지만 난 그렇게 생각하지 않는다는 뜻입니다. 비꼬는 거죠. 그래서 이 따옴표를 직역하면 '인용표'라고도 부릅니다.

quotation [쿼오테이션] mark

내가 말하는 게 아니라 누군가 말한 것을 '인용'하면서 '난 그리 생각하지 않지만'을 동시에 전달하는 거죠.

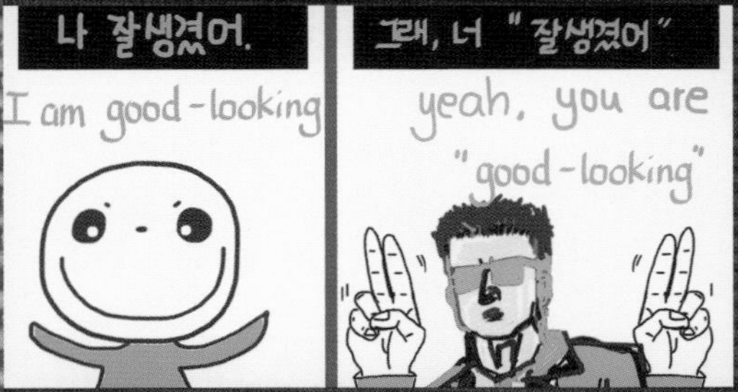

또 볼게요.

#A: 미안해! (실수로 낸) 사고였다고!

> accident [엑씨던트] <

→ I am sorry! It was an accident!

#B: 좋다. 그렇다고 치자, 그게 "사고"였다고 치자.

Fine. Let's say (그렇게 말해보자)

사고였다고. that it was an "accident".

따옴표로 말하면 난 여전히 '사고'라고 믿지 않는다는 뜻을 전달하는 겁니다.

→ Fine. Let's say that it was an "accident".

또 보죠. 룸메이트한테 말합니다.

#A: 나 오늘밤에 동료랑 같이 일할 거야.

→ I am gonna work with my colleague tonight.

그러자 상대가 안 믿는다는 듯 대답합니다.

#B: 그래? 네 "일"이 잘되길 바라, 네 "동료"랑.

→ Yeah? I hope (that) your "work" goes well with your "colleague".

말투를 바꾸고 따옴표 손가락 표시를 보여주면서 '일'이 아니라 딴 짓이겠지, '동료'라고 하지만, '동료 좋아하네~'라고 동시에 자신의 생각을 표현하는 겁니다. 웃기죠?

This is "safe". 이렇게 쓰여 있으면 'safe' 안전하지 않다는 거죠.
그런데 우리가 다 띄어쓰기에 완벽하지 않듯 원어민도 이런 룰을 모를 때가 있어요. 그냥 강조한다고 생각해서 잘못 쓰는 바람에 웃긴 말도 생기죠. 구경해볼까요?

#OUR DRIVERS ARE "SAFE" DRIVERS.

우리 운전사들은 "안전한" 운전사들입니다.
이렇게 따옴표를 써버리면 그들 스스로가 자신들은 안전하지 않다고 말하는 겁니다.
제대로 사용하려면?
OUR DRIVERS ARE **SAFE** DRIVERS.
굵은 활자체로 쓰면 강조가 됩니다.

하나만 더 볼까요?

#PROFESSIONAL "MASSAGE"

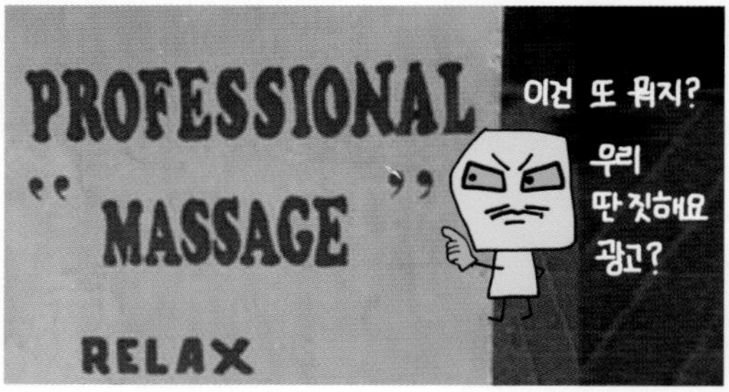

전문 마사지인데 저렇게 따옴표를 쓰면 마사지 안 하고 딴 짓 하고 있다고 스스로 말하는 겁니다.
그럼 이제 GONNA 기둥의 Tag Question도 같이 들어가면서 배운 것들을 섞어볼까요?
꼬리표! 이미 답을 알지만 확답을 위해 한 번 더 "그렇지? 내 말 맞지?" 식의 질문을 하는 것.
긴 대화로 만들어보죠.

#A: 그 704호 집 아들 여전히 그 여자 배우의 "매니저"래?

> boy / actress / manager <
기둥! 매니저다, BE 기둥이죠.

주어는? That boy from 704 . 호수는 간단하게 읽는 것이 중요해요. Seven-o-four라고 분리해서 읽습니다.

→ Is that boy from 704 still the "manager" of that actress?

#B: 그게 어떻게 매니저야? 노예 같지!

> slave [슬레이*브] <

→ How is that a manager? It's like a slave.

#A: 걔 그만 안 둘 거지, 그렇지?

> quit <

→ He is not gonna quit, is he?

엄마가 묻습니다.

#넌 사직하지 않을 거지? 그렇지?

> resign [*리'*자인] <

→ You are not gonna resign, are you?

기둥 풀면,

→ You are not going to resign, are you?

#엄마 말 들어!

→ Listen to me!

#엄마가 하라는 대로 너 안 할 거지?

→ You are not gonna listen to me, are you?

또 해보죠.

엄마 생각에 그 여자애는 그냥 널 이용한 다음에 널 내버려두고 가버릴 거야.

> use / leave <

→ I think that girl is just gonna use you and then leave you.

#넌 걔가 널 이렇게 이용하게만 내버려두지 않을 거지, 그렇지?

You are not gonna~ 그 여자가 그렇게 하게 내버려두다, let 쓰면 되겠죠.

extra 널 이용하게 내버려두다, let her. **널 이용하게,** use you. **이렇게,** like this.

extra 다시 확인 질문, are you?

→ You are not gonna let her use you like this, are you?

let과 섞으면 복잡하게 보이지만 방법은 같습니다. 꼭 한 번 더 소화시키면서 만들어보고 스스로 비슷한 상황으로 단어만 바꿔가며 더 만들어보세요. 예를 드려볼게요.

#넌 그냥 쟤(남)가 떠나게 내버려두지 않을 거지, 그렇지?

→ You are not just gonna let him leave you, are you?

#넌 그냥 쟤(여)가 널 이렇게 대우하게 가만두지 않을 거지, 그렇지?

> treat [트*릿트] <

→ You are not just gonna let her treat you like this, are you?

You are not just gonna

do be

let him leave you, are you?

You are not just gonna

do be extra

let her treat you like this, are you?

항상 단어는 소화되는 것으로 바꿔서 문장들의 구조가 길어지는 것에 집중하세요.
스스로 레벨을 올려서 다른 말들을 붙여봐도 좋습니다. 해볼까요?

#우리 엄마가 뭐라고 하셨는지 맞혀봐. 내 여자 친구가 날 "이용하고" 있대.

→ Guess what my mum said. She said that my girlfriend is "using" me.

그럼 이제 연습장에서 스스로 만들어본 후
scare quotes를 붙여 일상에서도 사용해보세요!

연습

#우리 졸업식 끝나고 클럽 갈 거지? (맞지?)

graduation [그*라주'에이션]=졸업식

We are gonna go to a club after the graduation, right?

#너 이거 사용하려고 했었구나, 그렇지? 미안. 몰랐어. 여기.

use

You were gonna use this, weren't you? I am sorry. I didn't know. Here.

#우리 이거 먼저 탈 거지? (내 말이 맞지?)
ride

....We're going to ride this first, right?

#이 기자회견도 시간 낭비겠네, 그렇지?
press conference [컨*퍼*런스] / waste [웨이스트] of time

This press conference is gonna
.... be a waste of time, isn't it?

#너 나 속이려고 했었지? 그렇지?
trick

.... You were gonna trick me, weren't you?

#저들이 승인 절차를 연기하지 않겠죠? (내 말이 맞죠?)
approval procedure [어푸*르*벌 프*로씨져] / postpone [포스트폰]

They are not gonna postpone
.... the approval procedure, right?

#A: 너 이것들 훔친 거 아니지, 그렇지?
steal

....You didn't steal these, did you?

#B: 안 훔쳤어요! 그냥 빌리는 거였어요!
borrow

I didn't steal them. I was
.... just borrowing them.

#A: 오~ 그냥 "빌리던" 거였구나.

....Oh~ You were "borrowing" them.

#정부는 걸어 다니는 것이 "안전"하다고 공표했습니다.
government [거*번먼트] / safe / announce

The government announced
.... that walking is "safe".

#이게 문제가 되지 않을 거죠? (그렇죠?)
problem

....This isn't gonna be a problem, is it?

#저 기자들은 또 내 말을 왜곡할 거야, 그렇지?
journalist [저날리스트] / words / twist

That journalists are going to
....twist my words again, aren't they?

12 16

Planets 복습

"하려고 하면 뭐가 안 되겠어! 못 할 게 뭐가 있겠어!"
열심히 하려 하고, 태도도 완전히 좋은데 시간이 안 나거든요!

연습하고 싶어도 시간이 나질 않는 상황.
Planets와 기둥을 자연스럽게 엮기 위해서는 그만큼 연습이 필요합니다. 그래서 이번 스텝은 연습할 수 있는 시간을 드립니다.

이미 다 배운 틀이니 하면서 부족한 부분이 보인다면 해당 스텝 예문도 연습해보세요.

심호흡을 깊게 여섯 번 하면 실제로 신체에 변화가 온다고 하더군요. 심호흡하고 집중해서 지금까지 쌓인 것들이 얼마나 소화되었나 확인해보세요!

#어디 있었어?

.... Where were you?

#어디 있었는지 기억나?

remember

.... Do you remember where you were?

#A: 무슨 전화기 살 거야?

.... Which phone are you going to buy?

#무슨 전화기 살 건지 보여줘봐!

.... Show me which phone you are gonna buy!

#얼마였어?

.... How much was it?

#B: 얼마였는지 기억이 안 나.

.... I don't remember how much it was.

#재(남) 뭐 했는데?

.... What did he do?

#난 네가 지난여름에 한 일을 알고 있다.

.... I know what you did last summer.

#재(남)가 뭐 했는지 봤어?

.... Did you see what he did?

#네가 뭘 원했는데?

.... What did you want?

연습

#재(남)는 내가 원했던 걸 안 줬어.

..........He didn't give me what I wanted.

#재(남)가 찾은 거 나한테 줬어.

give-gave / find-found

..........He gave me what he found.

#그는 성공하는 것이 얼마나 어려웠는지 생각했다.

succeed [썩씨~드] / think - thought

..........He thought about how difficult it was to succeed.

#미안. 그게 너한테 얼마나 중요한 일인지 깨닫지 못했어.

realize

..........I'm sorry. I didn't realize how important that was to you.

#난 네가 그 문제를 어떻게 풀었는지 알아.

solve

..........I know how you solved the problem.

#걔가 어떻게 했는지 모르겠어.

..........I don't know how he did it.

#내가 너한테 말한 게 저거야.
(저게 내가 너한테 말한 거야.)

.... That's what I told you.

#저건 내가 상상했던 식이 아닌데.
imagine [이'마쥔/이'메쥔]

.... That's not how I imagined it.

#걔가 말한 것은 사실이었어.
say - said [쎄드] / true

.... What he said was true.

#네가 어제 한 말 날 아프게 했어.
hurt - hurt

.... What you said yesterday (did) hurt me.

#이게 네가 산 거야?
buy - bought

.... Is this what you bought?

#이게 제가 만든 겁니다.
make - made

.... This is what I made.

#난 쟤(여)를 도와주겠어, 내가 약속했던 것처럼.
promise

.... I am gonna help her as I promised.

#이것에 대해서 왜 생각하기 싫어하는데?

.... Why don't you want to think about this?

#난 여기 있겠다고 요청한 적 없어.

.... I didn't ask to be here.

#난 네가 화 안 냈으면 해.

angry

.... I don't want you to be (get) angry.

#너 재(남)한테 너랑 같이 살자고 초대했어?

invite

.... Did you invite him to live with you?

#나한테 착하게 물어보면, 도와줄 수도 있어.
(안 도와줄 수도 있고)

nice

.... If you ask me nicely, I might help you.

#가고 싶으면 가도 돼.

.... You can go if you want.

#넌 딱 뭘 물어보고 언제 경청해야 하는지 알고 있었지.

listen / know - knew [뉴]

.... You knew just what to ask and when to listen.

#이 사람들은 언어를 어떻게 제대로 사용하는지를 몰라.

language [랭귀지] / properly

.... These people don't know how to use language properly.

#언제 멈춰야 되는지를 알아라.

.... Know when to stop.

#어떻게 할지 결정할 시기야. (뭘 할지)

decide [디'싸이드]

.... It is time to decide what to do.

#재(남)한테 뭐라고 말해줘야 될지 정말 모르겠어.

tell

.... I really don't know what to tell him.

#제 남편이 만약에 실패한다면, 그럼 자기 실수로부터 배우겠죠.

husband / fail [*페일] / mistake [미스테이크]

If my husband fails, then he will learn from his mistake.

#이 시험을 합격하는 것이 나에게는 중요해. (이 시험을 통과하는 게 나한테는 중요해.)

examination [이그'*제미네이션] / pass

It is important for me to pass this examination.

#길거리에서 노는 것은 아이들에게는 안전하지 않아.

street / safe

It is not safe for the kids to play on the street.

#나 저게 뭔지 알아!

I know what that is!

#난 그게 왜 중요한지 이해가 안 가.

important

I don't understand why that is important.

#그 애들이 도착하면 알려줘.

arrive

Let me know when they arrive.

#우리가 어느 길로 가고 있는지 전혀 모르겠어.

way / no idea

I have no idea which way we are going.

#엄마는 이거 얼마인지 몰라. 우리는 엄마한테 그거 말하면 안 돼, 알았지?

Mom doesn't know how much this is. We can't tell her that, okay?

#우리 엄마는 네가 얼마나 키가 큰지 모르셔.

tall

My mom doesn't know how tall you are.

#난 저게 얼마나 무거운지 알지.

heavy [헤*뷔]

I know how heavy that is.

12강 숙어

so··· that···

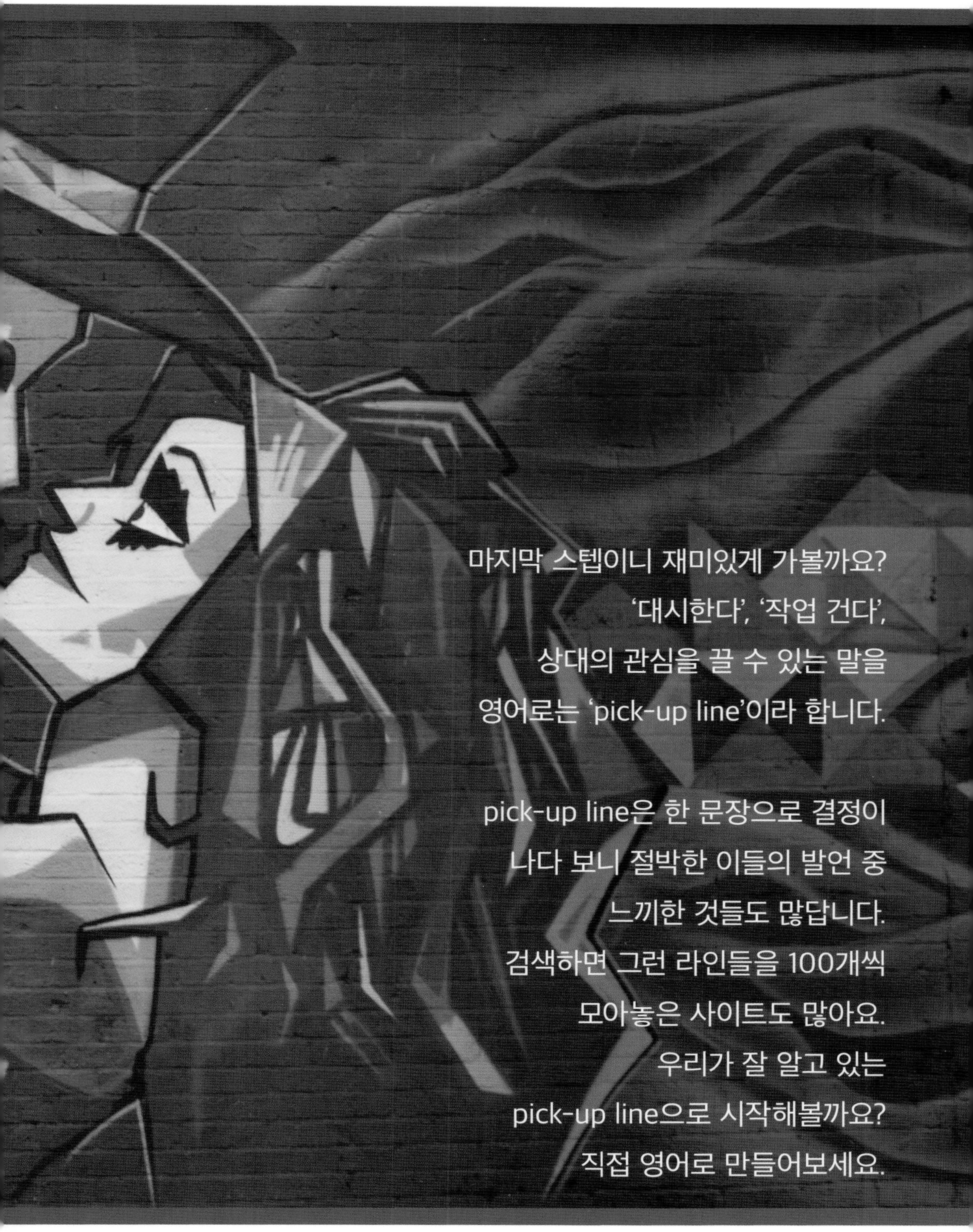

마지막 스텝이니 재미있게 가볼까요?
'대시한다', '작업 건다',
상대의 관심을 끌 수 있는 말을
영어로는 'pick-up line'이라 합니다.

pick-up line은 한 문장으로 결정이
나다 보니 절박한 이들의 발언 중
느끼한 것들도 많답니다.
검색하면 그런 라인들을 100개씩
모아놓은 사이트도 많아요.
우리가 잘 알고 있는
pick-up line으로 시작해볼까요?
직접 영어로 만들어보세요.

#저 여기서 내려요. 무슨 기둥 고르실 건가요?
"저 여기서 내릴 거예요"는 GONNA 기둥이나 WILL 기둥이면 되고
'매번 전 여기서 내려요'라는 느낌일 때는 DO 기둥!

→ I get off here. 간단하게 get이랑 껌딱지 썼죠?

바에서 제일 자주 하는 유명하고 뻔한 pick-up line.

#여기 자주 오시나요?

→ Do you come here often?

얼마나 느끼해질 수 있는지 영어로 만들면서 구경해보죠.

#너무 아름다우시네요.

→ You are so beautiful. 여기까지는 좋아요.

매우 아름다우셔서 태양에게 빛나야 할 이유를 주시네요.

> shine / reason <

You are so beautiful~ 하고 기둥 문장 전체를 붙이기 위해 THAT으로 붙여줍니다.

→ You are so beautiful that you give the sun a reason to shine.

이것이 이 스텝에서 배울 표현입니다. 영어 책에 나오는 so~ that이 이거예요. 별것 없죠. so 어쩌고 해서 그다음을 설명해야 하는데 기둥 문장이 다 들어갈 수 있게 THAT 접착제로 붙이는 것뿐입니다.

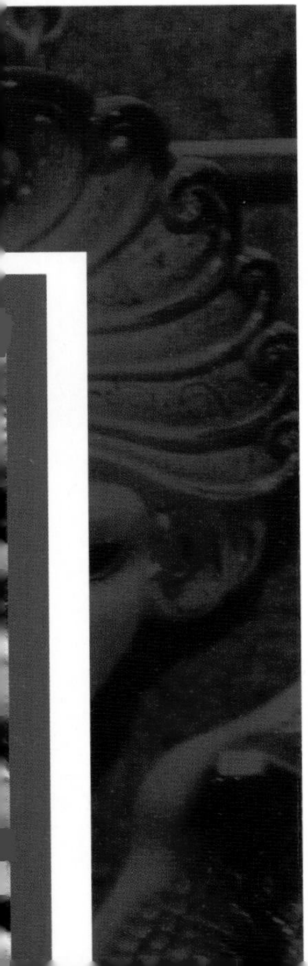

더 느끼한 라인으로 들어가보죠. 같은 구조로 만들어보세요.

#넌 정말 핫 하다.

→ You are so hot.

#넌 너무 핫 해서 불이 질투를 하게 만드네.

> fire / jealous <

→ You are so hot that you make fire jealous.

BE + 잉 기둥으로 "You are making fire jealous"라고 해도 되죠. 너무 느끼하게 접근할 경우 상대가 이렇게도 대꾸해요.

#You did not just say that.

직역은 "방금 그렇게 말 안 하신 거죠"인데 느낌은, "그런 느끼한 말을 진짜로 입 밖으로 말한 건 아니죠"라며 다시 정정의 기회를 주는 겁니다.

그러면 남자분들이 잘하는 말!

#You can't blame a guy for trying.

탓할 순 없다 / 남자를 / 시도해보기 위해. 노력하는 남자에게 뭐라 하지 말아 달라는 겁니다. 후회보다는 시도가 낫지 않겠느냐, 너무 그러지 마라, 식이죠.

#You are so sweet that you are gonna put Hershey's out of business.

넌 너무 달콤해서 / 넌 놓을 거다 / 허쉬를 / 밖으로 / 사업 밖으로?

putting someone out of business는 누군가의 사업을 망하게 한다는 뜻입니다. business에서 out 시키는 거예요. 이미지 그려지시죠? 네가 너무 달콤해서, 허쉬 사업을 망하게 하겠다는 말이죠.

[허쉬] 대문자로 시작되었죠?
Hershey's는 세계적인 초콜릿 회사입니다.
네가 너무 sweet 해서, 초콜릿 회사까지 망하게 하겠다는 거죠.
THAT으로 문장 붙인 구조 어색하지 않죠?

자! "I think that this is easy"처럼 빤히 보이는 문장에서 THAT 접착제를 그냥 안 보이게 할 수 있는 것처럼 이 구조도 that을 안 보이게 할 수 있답니다.

HERSHEY'S

#이건 너무 달아서 내 이가 다 아프다!

> sweet / teeth / hurt <

너무 이렇기 때문에 결과로 내 이가 아프다는 거죠.

→ This is so sweet my teeth hurt! 기둥 2개 붙은 것 보이죠?

I think | that | this is easy.
I think | t | this is easy.
This is so sweet | t | my teeth hurt.

자! 레벨을 좀 더 올려서 만들어볼까요?
먼저 기본적인 말부터 빨리 말해보세요!

상대가 짧게 무슨 말을 하는데 들리질 않습니다.

#음악 소리가 정말 커요.

> loud <

→ The music is so loud.

#안 들려요.

→ I can't hear.

#무슨 말 하시는 거예요?

→ What are you saying?

이제 합쳐서 만들어보세요.

#음악 소리가 정말 커서 무슨 말씀을 하는지 안 들려요!

→ The music is so loud that I can't hear what you are saying!

WH 1까지 섞였는데, 만드는 것 어땠어요?
여러분이 기억해야 할 건 메시지를 전달하기 위해선 굳이 이렇게 말하지 않아도 된다는 겁니다.

#음악 소리가 너무 크네요! 무슨 말씀 하시는지 안 들려요!

→ The music is so (too) loud! I can't hear what you are saying!

이래도 전혀 문제 없죠? 굳이 'so' 하기 때문에 'that' 하다고 연결하지 않아도 여러분이 지금까지 아는 것으로 메시지를 전달하는 데 전혀 문제가 없는 겁니다.

외국인이 여러분에게 아래와 같이 우리말 차이를 묻는다고 상상해보세요.

음악 소리가 너무 커서 안 들려요!
음악 소리가 너무 크기 때문에 안 들려요!
음악 소리가 너무 큼으로 인해 안 들려요!

이 세 문장의 차이를 말해달라고 하면 어떻게 설명해주실 건가요?

외국어를 배울 때는 저 차이가 그다지 중요하지 않겠죠? 그러니 메시지 전달 이외의 것을 배울 때는 스트레스 받지 말고 편하게 어휘력을 늘린다는 마음으로 익히세요.

'음악 소리가 너무 커서~ 안 들린다' 같은 뻔한 결과는 상대가 예상할 수 있으니 이 구조를 몰라도 되지만, 만약 뻔한 결과가 아닐 때는? 보세요.

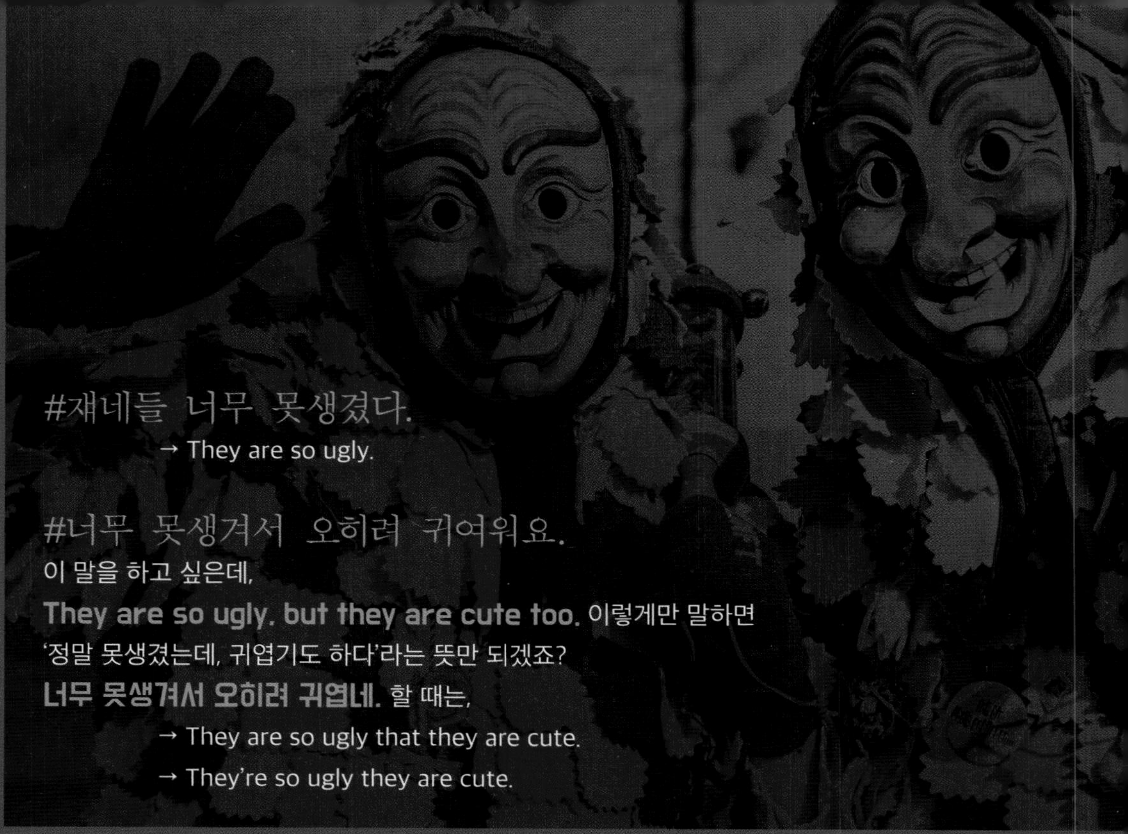

#재네들 너무 못생겼다.

→ They are so ugly.

#너무 못생겨서 오히려 귀여워요.

이 말을 하고 싶은데,

They are so ugly, but they are cute too. 이렇게만 말하면

'정말 못생겼는데, 귀엽기도 하다'라는 뜻만 되겠죠?

너무 못생겨서 오히려 귀엽네. 할 때는,

→ They are so ugly that they are cute.

→ They're so ugly they are cute.

너무 그렇다 보니 예상치 못한 결과가 생기네~라는 말에서는 이 so~ that이 유용하겠죠?
그런데 이 구조로 생길 수 있는 반전 결론을 이해 못 하고 그냥 '못생겼지만 귀엽네' 식으로만 번역하는 분들이 많습니다. 너무 못생겨서 오히려 귀여운 겁니다.
그럼 이제 연습장에서 반전 결론으로 만들어보세요.

연습

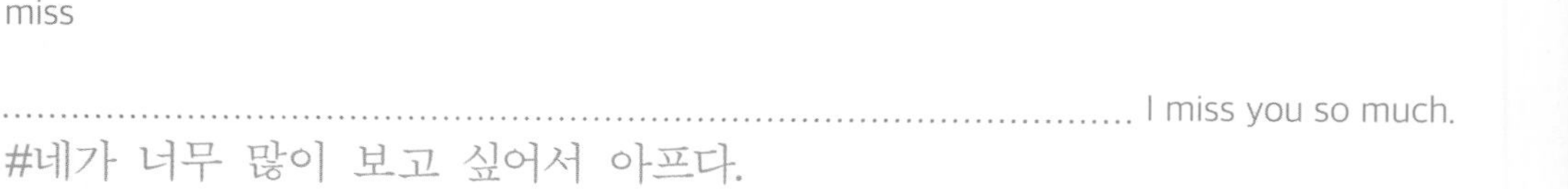

#너 정말 많이 보고 싶다.

miss

.... I miss you so much.

#네가 너무 많이 보고 싶어서 아프다.

hurt

.... I miss you so much that it hurts.

#내 여자 친구는 날 정말 많이 사랑해.

.... My girlfriend loves me so much.

#내 여자 친구는 날 정말 많이 사랑해서 날 숨 막히게 해.

suffocate [써*포케잇트]

My girlfriend loves me so

.... much that it suffocates me.

#이 이야기는 너무 웃겨서 나 울고 있어!

story / funny / cry

.... This story is so funny that I am crying!

#넌 너무 귀여워서 내가 그냥 먹어버릴 거 같다. (50%)

cute / eat

You are so cute that

.... I might just eat you!

#그 대사는 너무 느끼해서 (정정하며) 오히려 효과적이네요.

line=대사 / cheesy=느끼한 / effective=효과적인

That line is so cheesy

.... that it's actually effective.

#걔(남)가 너무 잘생겨서 그녀가 그의 키는 상관없대. (듣자 하니)

good-looking / height [하이트] / care

Apparently, he's so good-looking

....that she doesn't care about his height.

#그(남)는 하도 유명해서 지금은 사람들을 아주 싫어한대. (듣자 하니)

famous / hate

He was so popular that he hates

.... people now, apparently.

#전 너무 아름다워서 (오히려) 저주예요.

curse

.... I am so beautiful that it is a curse.

#나는 너무 영리해서 오히려 가끔은 내가 무슨 말을 하는지 나도 이해 못 해.

Hint: 내가 무슨 말 하는 거지?

clever / understand

I am so clever that sometimes I don't

.... even understand what I am saying.

so 연결끈도 있었는데, 이건 really처럼 다른 식으로 쓰인 거죠?
똑같이 생겨서 헷갈릴 수 있는 상황을 최대한 줄이려면 가장 기본적인 것들이 아주 탄탄해야 됩니다. 꾸준히 지금까지 배운 것들이 뒤섞인 글들을 만들다 보면 그 차이가 보이고, 보이고 나면 쉬워질 겁니다! 이것으로 이번 기둥 끝! 수고하셨습니다!

12번 기둥은 모양이 특이했죠? 이전의 배운 것들이 엮여져서 또 다른 기둥이 나온 것입니다.
영어라는 언어가 어떤 식인지 보이나요?
이제 기둥뿐만이 아니라 상당히 많은 것들도 같이 배우고 있죠?

처음으로 WH 열차까지 나오면서 재료들이 더 풍성해졌습니다. 이것으로 영어의 큰 행성은 다 끝난 겁니다. 이제 새롭게 배울 것은 결국 다 복습인 것이며 배운 것들 안에서 응용되는 것이니 쉬워요. 이렇게 계속해서 기둥뿐 아니라 다른 것을 함께 연습하면서 다양한 말들을 만들어나갈 겁니다.

그럼 이제 영어를 잘하면 뭘 할 것인지! GONNA 기둥으로 미래를 이야기하며 만들어보세요.
다음 기둥은 그 수많은 가능성! 내 남은 삶에서 일어날 수 있는 가능성! 가능성을 말하는 기둥에 들어갈 겁니다. 그럼 다음 트랙에서 뵐게요!

COULD 기둥

13

13의

조동사

13번 기둥에 오신 것을 환영합니다! 이 기둥은 아주 쉽답니다.

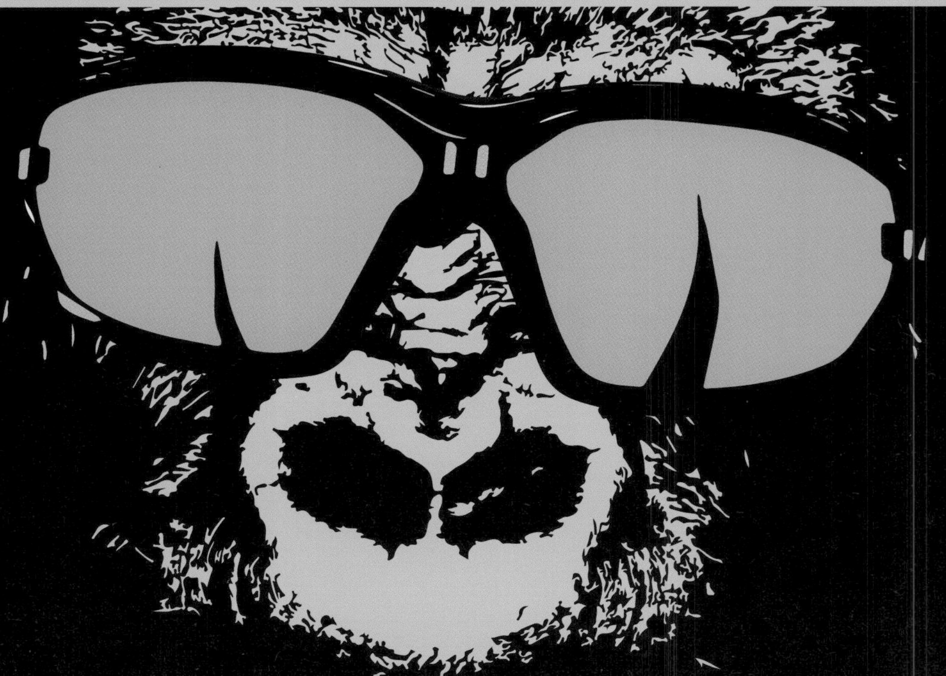

WILL 기둥과 비슷하지만 강도가 약한 기둥이 뭐였죠?
WOULD 기둥!
그럼 직접 추론해보세요.

CAN 기둥과 비슷하지만 강도가 약한 기둥은 어떤 모양일까요?

바로 **COULD** [쿠드] 기둥입니다.

COULD 기둥도 킹콩 있죠?
2번 기둥인 CAN 기둥에서 소개된 킹콩!
우리는 지금 13번 기둥이니까 많이 왔네요, 그렇죠?
CAN 기둥은 가능성을 말할 때 사용했죠.

예를 들어,
난 널 파괴할 수 있어.
파괴할지는 모르지만 '할 수 있는 가능성은 있다'고 하는 거죠.
나도 사랑스러울 때가 있어.
항상 그런 것은 아니지만 원하면 그럴 때가 있어, 그럴 가능성도 있다는 거죠.

이 가능성을 낮추는 것이 바로 COULD 기둥입니다. CAN 기둥과 비교하며 만들어볼까요?
#난 이길 수 있어!
→ I can win!
#나 이길 수도 있어!
몸을 한번 빼는 거죠. 기둥만 바꿔서,
→ I could win!
간단하죠? 계속해볼게요.

#우리 할 수 있어!

→ We can do it!

We could do it! 하면 우리말로는 좀 더 약하게
"우리 할 수 있을 거야!" 식이 되는 거죠.
약해짐이 느껴진다는 겁니다.

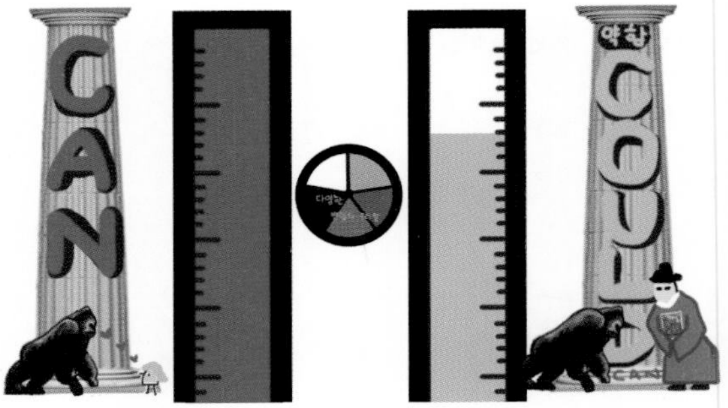

내가 별로 할 마음은 없지만 굳이 해야 한다면
#그래, 내가 해줄 수도 있어.

→ Okay, I could do it for you.

WOULD와 WILL 기둥처럼 이 기둥도 우리말로는 차이가 뚜렷하게 보이지 않습니다.
그러니 CAN 기둥을 사용할지, COULD 기둥을 사용할지 선택은 여러분의 몫이에요.
여러분이 CAN을 사용하면, 듣는 사람은 '확실하게 할 수 있구나'라고 알아들을 테고,
COULD 기둥이면 '그럴 수 있긴 하지만 가능성이 확실한 건 아니구나'라고 알아듣게 되는 것뿐입니다.

상황) 현재 나의 모습을 불만족스러워하는 상사에게 말합니다.

#A: 전 더 나아질 수 있습니다! 그렇게 될 수 있다는 걸 제가 알아요!

→ I can be better! I know (that) I can!

설득하는 자리에서는 COULD보다 강한 표현인 CAN이 좋겠죠?

상사가 대꾸합니다.

#B: 그래, 나아질 수 있겠지. 좋아, 한 번 더 기회 준다.

> chance <

모르는 것이니 좀 약하게 말하면

→ Yes, you could be better. Okay, I am gonna give you one more chance.

#한 번 더 기회를 주겠네.

→ I will give you one more chance.

GONNA는 확실히! WILL은 그럴 거라는 마음! 억지로 우리말의 차이를 만들어냈지만 선택은 여러분의 몫입니다!

이렇게 선택해야 하는 것을 두려워하지 마세요. 이 기둥으로 말하면 틀릴까? 답은 무조건 하나이지 않을까? 하는 생각은 그만.

기회 준다. 기회 줄게. 기회 줄 거야.

우리말로 봐도 서로 별 차이 없죠? 한국어를 배우는 외국인이 이 말 중 무엇을 선택한다고 해도 듣는 우리는 전혀 문제없이 이해할 겁니다. 영어도 마찬가지예요.

#오늘 오후에 비 올 수도 있겠다~ 우산 챙겨라!

가능성을 말하죠. 그럴 수도 있을 것 같아.

→ It could rain this afternoon. Take your umbrella!

MIGHT 기둥과 헷갈리는 분들!

→ It might rain this afternoon!

이렇게 말해도 전혀 문제없습니다.

MIGHT 기둥과 COULD 기둥이 헷갈리게 보일 수도 있겠죠?
I might go tomorrow. 나 내일 갈 수도 있어.
I could go tomorrow. 나 내일 갈 수도 있어.
우리말은 완전히 똑같이 번역될 수도 있네요. 하지만 MIGHT 기둥은 WILL 기둥의 확신이 약해진 것이고 (스텝 10[01]) COULD 기둥은 CAN 기둥의 아우뻘인 것뿐입니다.
다음 문장을 만들어보세요.

#내가 너랑 데이트를 할 수는 있겠지. 하지만 하지는 않을 거야.

I can date you~라고 하면 확실히 할 수 있다는 느낌인데 그 정도로 말하기는 싫고 그냥 내가 원한다면, 너를 배려한다면 '할~ 수~는 있겠지'라고 몸을 빼면서 가능성을 낮춘 메시지를 전달할 때 기둥만 싹 바꿔서,

→ I COULD date you, but I won't.

우리말로만 이해하려 하면 헷갈립니다. 영어는 영어로만 보세요. 왜 저 기둥을 쓰는지를 알아채면 됩니다. 또 해보죠.

#다이어트를 할 순 있겠죠, 하지만 전 차라리 제가 좋아하는 것을 먹고 행복해할래요.

할 수는 있는 거죠. 진짜 할 건 아니니 I can보다 가능성 내려서 I could.

do be '다이어트를 하다'는 be on a diet.

I could be on a diet ~

그런데 이거 할 바에는 차라리 다른 것, but I would rather. (스텝 11[04]) I'd rather eat.

extra 뭘 먹어요? '제가 좋아하는 것'이 뭔지는 모르죠? WH 1 넣어서, ~ what I like

그리고 나머지 and be happy.

→ I could be on a diet but I'd rather eat what I like and be happy.

많이 꼬였죠. 좀 더 해볼게요.

#노력하시면 여러분의 실력을 발전시킬 수 있습니다.

> try / skill / improve <

If you try, **발전시킬 수 있다.** 상대방의 의사를 잘 모르니 기둥 낮춰서 you could.

발전시키다. develop은 아이디어 같은 기본 개념을 다른 형태로 바꾸며 발전시킬 때 쓰입니다.
하지만 이미 있는 것을 실력 등을 키워 발전시키는 것은 improve [임'프*루*브].

→ If you try, you could improve your skill.

확실하게 발전시킬 수 있어요, 식으로 100% 장담하면 CAN 기둥으로 말해도 되는 겁니다.
이래서 학자들의 토론을 보면 COULD나 WOULD 기둥을 잘 사용한답니다. 무조건 맞는다는 독단을 내세우지 않는 거죠.

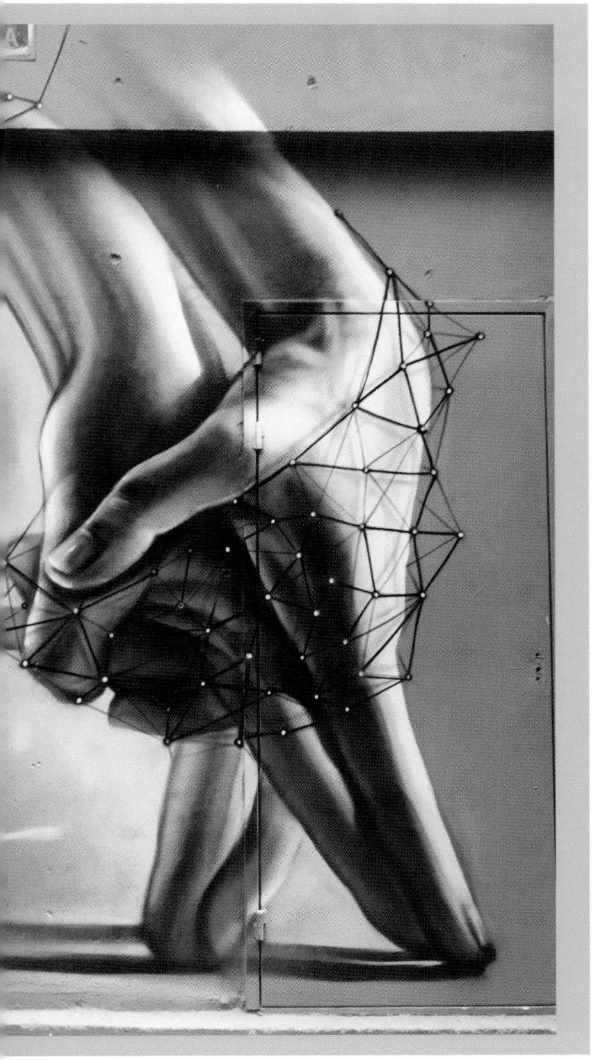

#이것이 이론을 입증해줄 수 있을 겁니다.

> theory [*씨오*리] / prove [프*루*브] <

→ This could prove the theory.

#그 일은 우리에게도 일어날 수 있다고요.

→ That could happen to us too.

"있다고요!" 같은 감정 표현은 톤과 표정으로 하면 됩니다.

마지막 비교:

I might be right.

자신도 옳은지 아닌지 확신이 없는 거죠.

I could be right.

옳지 않다는 메시지는 없고, 그냥 옳을 수도 있다고 가능성만을 내포하는 겁니다.

COULD 기둥은 간단하게 CAN 기둥의 약한 버전이라 보면 됩니다.
이제 연습장에서 상황을 머릿속에 그리면서 만들어보세요.

#내일 내가 갈 수는 있겠지만, 그래도 안 갈 거야.

.... I could go tomorrow, but I still won't.

#안전벨트는 당신의 목숨을 구할 수도 있습니다.

seatbelt / life / save

.... A seatbelt could save your life.

#미쳤어? 저 남자 따라가지 마! 누구인지도 모르잖아.
위험할 수도 있어! 연쇄살인범일 수도 있잖아!

crazy / follow / dangerous / serial killer

Are you crazy? Don't follow that guy!
You don't even know who he is. He could be
.... dangerous! He could be a serial killer!

#뭔가 제대로 된 것처럼 보이지 않아. 이건 치명적일
수도 있는데.

right / fatal [*페이틀]=치명적인

Something doesn't look right.
.... This could be fatal.

#방법이 있어. (아슬하게) 위험할 수 있지만 또한 우리의
현재 상황을 낫게 해줄 수도 있어.

way=방법 / risky=(아슬하게) 위험한 / current situation / better

There is a way. It could be risky but it
.... could also make our current situation better.

#지금 못 나온다고? 몰래 나올 수도 있잖아!

sneak out [스닉 아웃]

You can't come out now?
.... You could sneak out!

상황) 큰 잘못을 했는데 어떻게 설명해야 될지 고민하자 후배가 조언합니다.

#A: 편지로 설명할 수 있겠네.

letter / explain [익스'플레인]

.... You could explain through (with/in) a letter.

#B: 맞아! 그거 좋은 생각이다! 그 방법이면(that way) 와이프가 화를 내기 전에 내 말을 소화할 수 있겠지.
idea / mad / words / digest=소화하다

Yes! That's a good idea! That way, my wife could digest my words before she gets mad.

#A: 형수가 용서 안 해주면 형 우리 집 소파에서 살아도 돼.
forgive / couch [카우치]

If she doesn't forgive you, you could live on my couch.

COULD 기둥은 어렵지 않죠?
이미 비슷한 기둥을 해봤기 때문에 기둥만 벽돌 바꾸듯 바꾸면 되니 간단합니다.
그러니 한 단계만 더 올려보죠!

옛날 옛적에 내가 할 수 있었던 일.
그냥 했던 것이 아니라, 할 수 있었던 것들!
더 이상은 못 해서 CAN 기둥으로는 쓸 수 없으니 CAN보다 약한 COULD 기둥으로!
이렇게 과거에 할 수 있었던 것을 말할 때도 COULD 기둥을 사용할 수 있답니다.
타임라인에서 양쪽 다 가능한 거죠.
WOULD 기둥도 마찬가지입니다. 과거 시간을 제시하면서 말하면 과거가 된답니다.

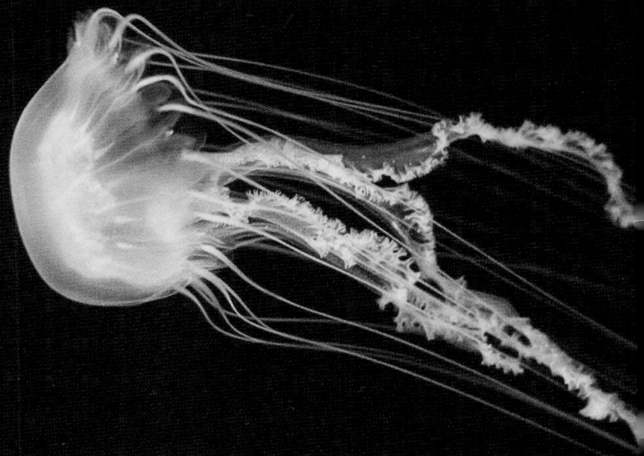

예를 들어,
#예전에는 수영할 수 있었어요. 지금은 못 하지만.
이럴 때 COULD 기둥을 써줍니다.
→ I could swim before, but now I can't.
과거가 화려해봤자 현재에 영향이 없으면 약한 거죠. 이래서 과거를 설명할 때 약한 COULD 기둥을 재활용했나 봅니다.
지금도 할 수 있을 땐 그냥 CAN 기둥을 써버리면 되겠죠?

물론 과거 COULD 기둥은 스텝 08[23]에서 배운 used to로 말해도 됩니다.
→ I used to be able to swim but now I can't.
그런데 COULD 기둥이 더 심플하잖아요.
그럼 적용할 수 있게 연습해보죠.

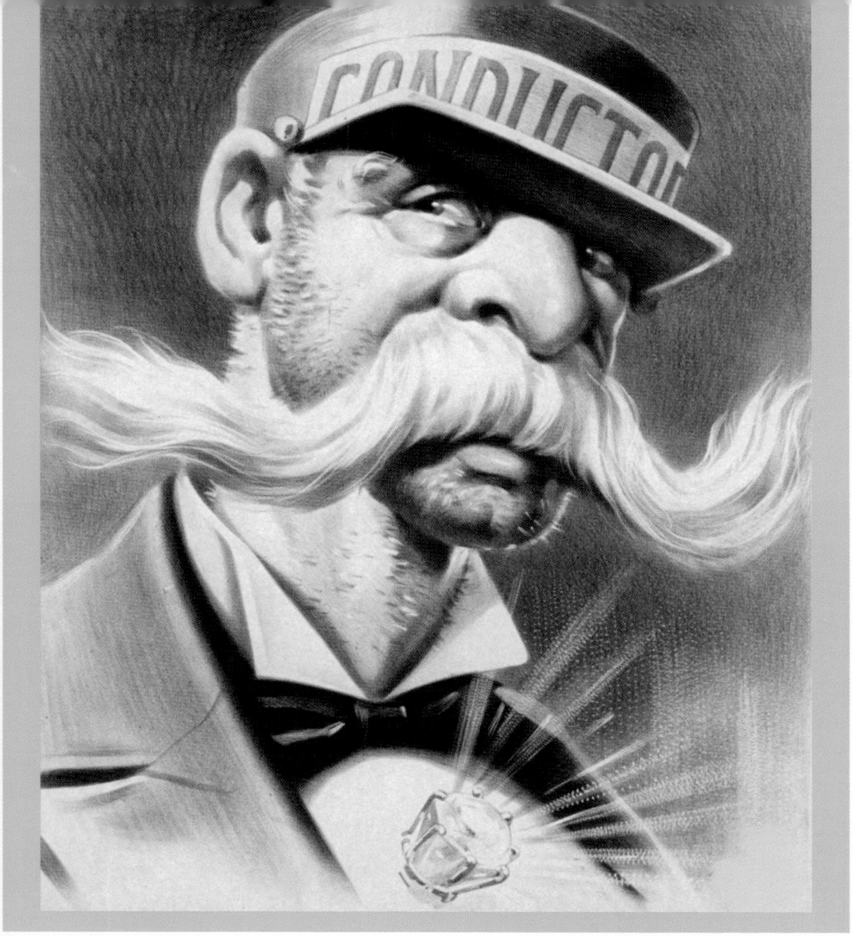

#제가 더 어렸을 땐 그 어떤 것도 기억할 수 있었어요.

지금 말고 어렸을 때! 리본 필요하죠?

When I was younger,

누가 기억할 수 있었대요? 저죠. 기둥 문장이니 카멜레온 또 필요! I could remember anything.

→ When I was younger, I could remember anything.

#지금은 오늘 아침에 뭘 먹었는지도 기억 못 해요.

Now I can't even remember~

extra 뭘 먹었어요? 모르니 WH 1으로 연결, what I ate this morning.

→ Now I can't even remember what I ate this morning.

#저 이거 잘 못해요. (지금도 못하는 거죠?)

→ I can't do this well.

#10년 전에는, 이거 잘할 수 있었어요.

지금 할 수 있는 것은 아니니 CAN 기둥 약하게 해서!

→ 10 years ago, I could do this well.

→ I could do this well 10 years ago.

#저희 할머니는 연세가 거의 90세예요.

→ My gran is almost 90 years old.

#20대였을 땐 프로처럼 춤추실 수 있으셨어요.

→ When she was in her twenties, she could dance like a pro.

연세가 드신 할아버지가 말씀하십니다.

#나 때는 모든 사람이 쉽게 일자리를 찾을 수 있었지.

> 나 때, 영어로는 "back in my day"라고 한답니다. 이미지 그려지죠? 우리말은 '우리 때는'이라고 잘 시작하죠. / job / easy / find <

→ Back in my day, everyone could find a job easily.

이제 연습장에서 과거를 만들어보세요. 지금은 할 수 없고 과거에 할 수 있었기 때문에 CAN의 가능성을 낮춘 COULD를 쓰는 것뿐이에요!

#내 옛 남자 친구는 노래를 정말 잘할 수 있었지.

sing

.... My ex could sing really well.

#전에는 축구를 할 수 있었는데 지금은 제대로 달리지도 못해.

football / play / run

I could play football before but
.... now I can't even run properly.

#옛날 내 시절에는 사람들이 자동차 안에서 영화를 볼 수 있었어.

movie / watch

Back in my day, you could
.... watch a movie in your car.

#오래전, 펭귄의 조상들은 날 수 있었대요. (나도 몰랐는데 듣자 하니)

penguins / ancestor [안세스터]=조상

Long ago, ancestors of
penguins could fly, apparently. /
A long time ago, ancestors of
.... penguins could fly, apparently.

상황) 아버지가 말씀하십니다.

#아빠 때는 비디오게임은 없었어. 하지만 한강에서 스케이트를 탈 수는 있었지.

Tip: 아버지가 아버지 세대를 모두 포함해서 말할 수도 있겠죠? 그래서 we로도 갈 수 있답니다.

video games / Han River / skate

Back in my day, we didn't have video
.... games, but we could skate on Han River.

상황) 매사에 부정적인 사람이 말합니다.

#A: 더 어렸을 땐 난 항상 내가 누군가 될 수 있다고 생각했었는데.

young / someone

When I was younger, I always thought I could be someone.

#B: 한심하게 굴지 마! 넌 someone이야! 넌 너라고!

pathetic [퍼*쎄틱]=한심한

Don't be pathetic. You are someone! You are you!

#A: 아니야, 난 아무도 아니야.

nobody

No, I am nobody.

#B: 왜 항상 그렇게 부정적으로 굴어? 넌 아직 젊다고!

negative / young

Why are you always being so negative? / Why are you always so negative? You are still young!

13 02 의문문

YN Q

COULD 기둥은 이미 WOULD 기둥을 접했기 때문에 말할 때 탄탄해지기만 하면 됩니다.

먼저 여러분이 가장 많이 사용하게 될 COULD는!
바로 예의 차리기 COULD입니다.
WOULD 기둥과 비교하기 위해 복습해보죠.
"I will like that!"에서 예의를 차리려 몸을 빼며 하는 말이?

"I would like that!"이었죠.
이걸 질문에서 사용하려면 뒤집어서 "Would you like that?"으로 들어갔습니다.
COULD 기둥도 마찬가지예요.
CAN 기둥으로 질문했던 것들에 예의나 배려를 더 차리고 싶으면 COULD를 사용하면 됩니다!
그럼 해볼까요?

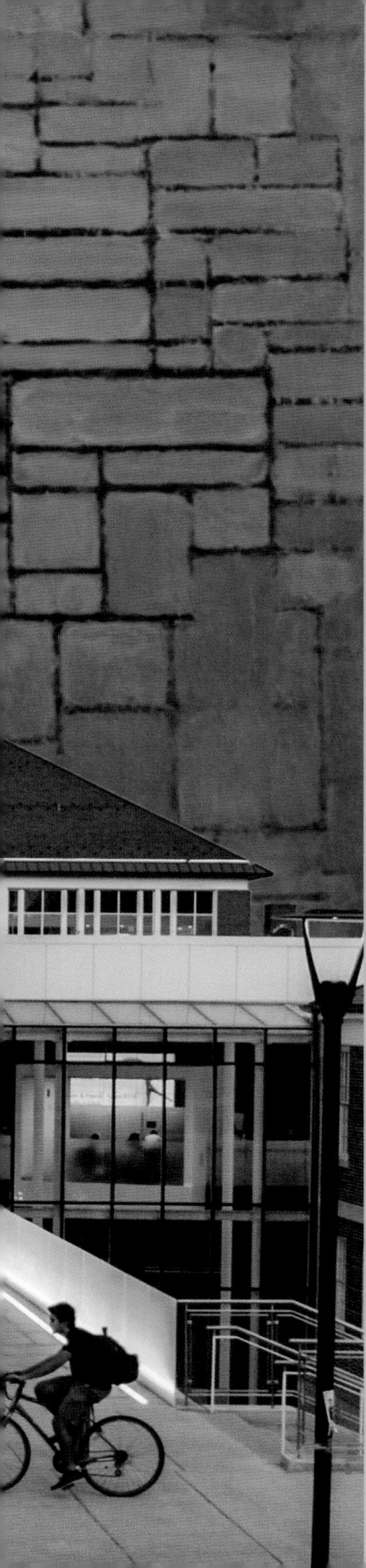

상황) 교수님께 묻습니다.

#교수님, 저 추천서 좀 써주실 수 있을까요?

> reference [*레*프*런스] <

날 위해 해달라고 부탁하는 것이니 예의를 차리면 좋겠죠?
CAN 기둥에서 더 약하게 내려주면 됩니다.

→ Professor, could you write a reference for me, please?

→ Professor, could you write me a reference, please?

Could you write it for me, please?
Can you write it for me, please?

상대방이 날 위해 수고를 해야 할 때 please를 썼잖아요.
COULD는 그것에 배려를 더한 겁니다.
일 끝나고 밤에 들어온 친동생에게 **"쓰레기 좀 내다줄 수 있어?"**라고 부탁할 때도 COULD로 질문한답니다. 그럼 친동생에게 영어로 부탁해볼까요?

#쓰레기 좀 밖에 내다줄 수 있어?

> garbage [가비쥐] / throw [*쓰*로우] out <

do be 밖에 내다버리다. 던져서 out 시키는 겁니다, throw out.

extra 내다버려야 하는 큰 쓰레기는 the garbage.

→ Could you throw out the garbage?

#고마워!

→ Thank you!

당연히 'CAN you?'라고도 할 수 있지만, 그러는 순간 친동생이 '너무 당연하게 날 부려먹는 것 아니야!?!'라는 기분이 들 수 있어요.
CAN은 direct(직설적) 느낌이 드니 COULD로 약간 힘을 빼주는 겁니다.

영어는 상대가 누구든 간에 당연히 해줘야 하는 것은 없다고 했죠? 아들이 물 한 잔을 엄마한테 가져다줘도, 엄마는 "Thank you"라고 표현합니다. 누군가 수고를 해줄 수 있는지 물어볼 때 COULD로 말하고, please를 붙인다는 것, 기억하세요.

상황) 뮤지컬 공연장에서 앞사람이 앉을 생각을 안 합니다.

#실례지만 좀 앉아주시겠어요?

→ Excuse me, but could you sit down please?

간단하죠? 기둥만 바꿨을 뿐이에요!

상황) 비행기 안. 취침시간에 벨을 눌러 승무원을 부릅니다.

#A: 저 음료수 좀 갖다 주실 수 있나요?

> soft drink=soda / get <

extra some ~ 음료수는 soft drink. 술이건 음료수건 다 drink로 해도 되지만, 탄산음료는 soft drink나 soda라고 말합니다.

→ Could you get me some soft drink, please?

Could you get me~는 여전히 상대에게 행동을 해줄 수 있는지 묻는 거죠? 이렇게도 써요.

Could I get some soft drink, please?

내가 get 할 수 있느냐고 묻는 거죠.

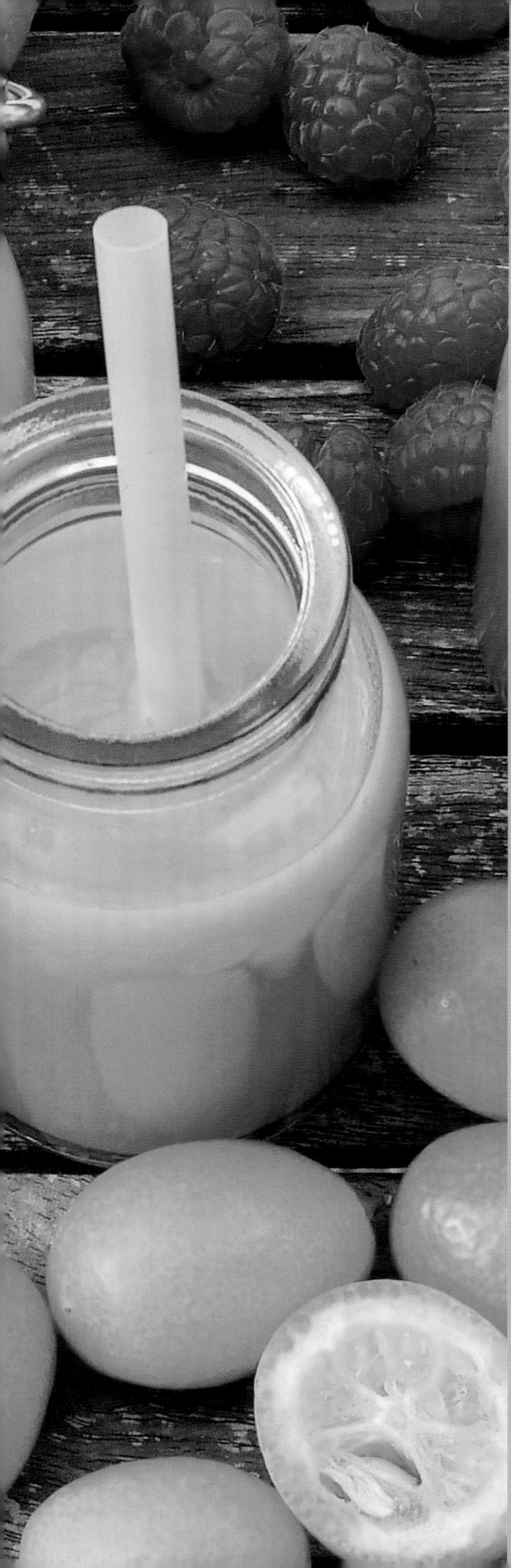

승무원이 보일 만한 반응을 만들어보세요.

#B: 어떤 음료수를 드릴까요?

→ Which soft drink would you like?

#A: 어, 뭐가 있죠?

→ Er, what do you have?

#B: 콜라, 레모네이드, 토마토주스, 사과주스, 포도주스가 있습니다.

→ We have Coke, lemonade, tomato juice, apple juice, and grape juice.

영어는 콜라보다 상표명인 Coke를 더 많이 쓴답니다. lemonade는 우리도 많이 쓰죠? 사이다 종류는 상표명인 Sprite [스프라이트]를 잘 써요.

#A: 토마토주스로 할게요. 고마워요.

→ I will have tomato juice, thank you.

이렇게 주문이 끝날 때도 Thank you.
그리고 음료를 받을 때도 Thank you.

상황) 외부인 출입금지 구역에서 누군가 묻습니다.

#신분증 좀 보여주실 수 있겠습니까?

> ID / show <

→ Could you show me your ID, please?

카멜레온 반대로

#신분증 좀 볼 수 있겠습니까?

→ Could I see your ID, please?

상황) 교통법규를 어기다 단속에 걸렸습니다. 옆자리에 앉은 사람에게 부탁합니다.

#A: 내 운전면허증 좀 건네줄 수 있어?

> driver's license [라이센스] / pass <

→ Could you pass me my driver's license?

#B: 어디 있는데?

→ Where is it?

#A: 네 앞에 그 통에 있어.

→ It is in that box in front of you.

영어는 이 보관함을 glove compartment 혹은 globe box라 합니다. 초기 자동차는 창문이나 히터가 없었기 때문에 추운 날씨에 손이 어는 것을 방지하기 위해 운전 장갑이 운전의 기본 아이템 중 하나였다고 하네요. 시대는 지났지만 명칭은 남은 거죠.

단어를 적용해서 만들어보세요.

#보관함에 있어.

→ It's in the glove compartment.

단어를 모른다고 해도, 그냥 in that box in front of you라고 하면 전혀 문제없죠? 단어를 모를 땐 멍하니 있지 말고 이렇게 쉬운 단어들로 말을 풀어 설명하면서 대화를 이어가세요.

그냥 손가락으로 가리키면서

#저 안에 있어.

→ It's in there.

한국어를 배우는 외국인이 "저 보관함 안에 있어" 대신 "저 안에 있어" 했다고 해서, 저급한 한국어를 쓴다는 생각 안 들죠? 영어도 마찬가지입니다!

#B: 면허증은 안 보이고, 여권은 보이는데.

> passport <

→ I can't see a license, but I can see a passport.

#면허증은 안 보이고, 여권이 있는데.

→ I can't see a license, but there is a passport.

자! 그럼 연습장에서 상대에게 뭔가를 해달라는 질문들을 다양하게 만들어보세요.

#나 서류 좀 작성해줄 수 있어? 펜을 잡을 수가 없어서. 고마워.

form=서류 / fill out=작성하다 / pen / hold=잡다

Could you fill out the form for me? Because I can't hold a pen. Thanks.

#나 잘하면 늦게 도착할 수도 있을 거 같으니까(50%), 내 자리 하나 잡아줄 수 있어?

late / arrive / seat / save

I might arrive late, so could you save me a place?

상황) 남편이 내 직장동료들에게 무례하게 구는 것 같습니다.

#아내: 내 직장동료들한테 잘 대해줄 수 있을까?

co-worker / nice

Could you be nice to my co-workers?

#남편: 나 잘하고 있는데.

Hint: I am being mean.

I am being nice to them. / I am being nice.

#아내: 그래. 그럼 더~ 잘 대해줄 수 있을까?

Okay. Then could you be NICER to them?

#A: 최대한 빨리 저한테 알려주시겠어요?

let me know

Could you let me know as soon as possible?

#B: 제가 알게 되면 선생님도 알게 되실 겁니다. 걱정 마세요.

worry

You will know when I know. Don't worry.

상황) 사무실에서 막 미팅을 시작하려는데 전화가 왔습니다.

#A: 사과드립니다. 이 통화가 중요한 것이어서요.

apologise [어'폴로자이즈] / call / important

.... I apologise. This call is important.

#B: 그럼요. 제가 밖에서 기다려드릴까요?

sure / outside / wait

Sure. Would you like
.... me to wait outside?

#A: 그러실 필요 없습니다. 물어봐주셔서 감사합니다.

need=필요 / ask

There is no need.
.... Thank you for asking.

#저희 미팅을 다시 스케줄 잡을 수 있을까요? 저희 아내가 방금 분만에 들어갔답니다.

reschedule / go into labor [레이버]=분만에 들어가다

Could we reschedule the meeting?
.... My wife just went into labor.

상황) 통화로 한 전문가와 인터뷰 중인 기자가 말합니다.

#기자: 저기요, 제가 한 말을 들으셨나요?

Hint: 제가 뭐라고 말했나요? WH 1으로 연결.

hear

.... Excuse me, did you hear what I said?

#전문가: 네? 죄송해요. 오늘 제 머릿속이 정말 복잡하네요.

Hint: 내 머릿속이 복잡하다, 머릿속에 들어 있는 것들이 많다고 말합니다.

sorry

What? I am sorry. I have so
.... many things in my head today.

#다시 말씀해주시겠어요?

repeat

.... Could you repeat that, please?

#기자: 원하신다면 인터뷰를 미룰 수도 있습니다.
interview / postpone [포스트폰]=연기하다

We could postpone the interview if you want.

#전문가: 그럴 수 있을까요? 그럼 그렇게 하죠!
고맙습니다.

Could we? Let's do that then! Thank you.

상황) 범죄 영화 속 한 장면.

#범인1: 돈이 어디 있는지 내게 말해줄 수 있을까?

Could you tell me where the money is?

#범인2: 은행에 있어.
bank

It's in the bank.

#범인1: 내 돈! '내' 돈이 어디 있는지 말해줄 수 있을까?

My money! Could you tell me where MY money is?

#범인2: 네 은행에?

In your bank?

13-03

숙어 [redacted]

HOW / WHAT ABOUT

이 스텝은 인터넷에서 많은 분이 질문하는 내용입니다.
편하게 쉬면서 가는 스텝이니 부담 갖지 마세요.
다음 예문을 영어로 말해보세요.

상대방을 만나서 기분을 묻습니다.

#너 어때?

→ How are you?

이 질문은 "안녕하세요, 안녕"만큼 자동으로 나오는 영어 인사법입니다. 너의 기분을 답해달라고 묻는 거죠.

그럼, 다음 질문을 영어로 만들어보세요.

#너 뭐냐?

→ What are you?

이럴 때는 기분이 아니라 네가 무엇인지, 정체가 무엇인지 답하라는 거죠.

how와 what의 차이. 이제 알죠?
기본적인 것이지만, 다시 한번 확인해봤습니다.
그럼 기억하면서 다음 예문을 틀리지 않게 만들어보세요.

#내 아이디어에 대해서 어떻게 생각해?

어떻게 생각하느냐고 묻는 거죠.
만들어보세요.
how로 시작한 분! 땡! 집중! 이래서 번역으로만 보지 말고 영어 자체로 보라 했죠.
우리말만 보면 how가 맞는 것 같지만 질문 자체를 보면 결국 상대의 의견이 '무엇'이냐 설명을 달라는 것이어서 영어는 what으로 질문해야 합니다.

→ What do you think about my idea?

영어로만 보면 what과 how는 서로 추구하는 답이 다르잖아요.

"How do you think?"는 "How are you?"처럼

어떻게 생각하느냐는 질문이, "넌 뇌가 없는데 어떻게 생각해?" "넌 생각할 때 이미지로 생각해?" 처럼 되는 겁니다. how는 이런 식의 답을 묻는 거죠.

What do you think about my idea?

이건 "What are you?"처럼
너의 생각이 무엇인지 아이디어나 의견을 설명하라고 묻는 겁니다.
이 차이를 자꾸 인지하셔야 합니다.

헷갈릴 때 도움이 될 가장 간단한 방법으로는
"What do you think?"와 "How do you think?"의 차이를 기억하면 되겠죠?

그럼 기본을 다졌다 생각하고, 이번 스텝 본격적으로 들어가보죠.
실제 대화 때 많이 쓰는 표현입니다. 다음 대화를 만들어보세요.

상대의 차에 대해 말하려고 말문을 엽니다.

#A: 있잖아, 네 차~

→ You know, your car~

B: 어. 내 차가 뭐?

내 차에 대해 뭘 말하려고 하느냐 묻는 거죠.
간단하게

→ **What about my car?**

라고 질문할 수 있습니다.

무슨 말을 할지, What.
껌딱지 about은 차에 대해 말할 것이니 붙여 주는 겁니다.
What about my car?
이 말을 줄여서 What about it? 이렇게도 잘 말한답니다. 간단하죠?

이번엔 대화로 만들어보죠.

상황) 지역발전을 위해 막무가내로 공사를 시작한대요.

#이것이 황폐화하는 것처럼 보일 수도 있습니다만 (보일 가능성이 있지만),

> destruction [디'스트*럭션] <

→ This could look like destruction,

#(정정하며) 저희는 이 지역을 발전시키는 중입니다.

> area / develop <

→ but we are actually developing this area.

#이것은 진보하는 겁니다. (진전하는 거예요.)

> progress [프로그*레스] <

→ This is a progress.

그러자 지역 사람들이 묻습니다.

#그러면, 저희 지역 공원은요?

> local park <

이건 어쩔 것이냐 의견을 물을 때는

→ Then, **what about** our local park?

#저희의 문화유산은요?

> cultural heritage [컬쳐*럴 헤*리티지] <

→ What about our cultural heritage?

#당신네들이 파괴하고 있잖아요!

> destroy [디스트'*로이] <

→ You are destroying them!

상황 하나만 더 해보죠.

#A: 우리 너희 둘 빼놓고 휴가 간다.

무조건 일어나는 것이면 BE + 잉 기둥으로 말해도 되죠?

→ We are going on a holiday without you two.

#B: 그럼 저는요?

나는 어떻게 할 건지 설명하라고 의견을 물을 때

→ Then what about me?

#(동생을 들어 올리며) 우리는요?

→ What about us?

그럼 이번에는 how로 질문 들어가볼까요?
똑같은 구조인데 how로 바꾸면 보통 설명을 원하는 것이 아니라 거기에 대해 어떤 느낌이냐고 묻는 겁니다.
예문 보죠.

#A: 오늘은 왠지 카레가 먹고 싶네.

→ Today I want to eat curry. 이렇게도 되고,

→ Today I feel like some curry. 이건 curry가 당기는 겁니다.

'왠지 그러네'가 feel과 잘 어울리죠?

상대방이 말합니다.

#B: 인도 음식 어때?

인도 음식에 대해 설명하라는 게 아니죠?
좋으냐, 싫으냐 느낌을 물을 때는 how로 들어가서

→ How about Indian food?

#A: (아이디어가 좋게 들린다고 말할 때) 좋아!

→ It sounds good!

#이거 마음에 안 들어?

→ Don't you like this?

#저건 어때? (마음에 들어, 안 들어?)

→ How about that?

#이것은? (이것에 대한 네 의견은 뭔데?)

→ What about this?

#A: 집에 있기 싫어!

→ I don't want to stay home!

#B: 쇼핑 가는 거 어때?

How about~ 쇼핑 가는 거를 어떻게 생각하느냐고 묻는 거죠, about 뒤에는 동명사.

go shopping이 아니라 [잉] 붙여서, going shopping.

→ How about going shopping?

[잉]이 나란히 붙었다고 해서 어색해할 필요 없어요. 구조대로!

#A: 쇼핑 갈 기분은 아니야.

→ I don't feel like going shopping.

#B: 그럼 사격하러 가는 건 어때?

→ Then how about going shooting?

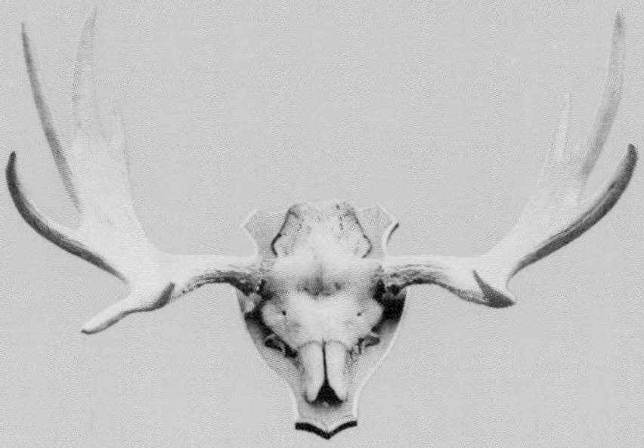

느낌만 기억하면 쉽겠죠? 그럼 연습해보세요.

상황) 출장에 직원을 데려가야 합니다.

#A: 난 너 데리고 가고 싶은데.

.... I would like to take you. / I want to take you.

#B: 하지만 전 가기 싫은데요.

.... But I don't want to go.

#C: 저기요! 대신 전 어때요? (좋아요? 싫어요?)

instead

.... Hey! How about me instead?

상황) 친구한테 제안합니다.

#A: 술 한잔하자.

Hint: 같이 하자는 거죠? get을 써보세요.

.... Let's get a drink.

#B: 미안. 오늘 밤 약속 있어. 내일은 어때?

plan

.... Sorry, I have plans tonight. How about tomorrow?

상황) 미국 드라마 〈Dr. House〉의 한 장면.

#의사: 기니피그 먹나요?

guinea pig

.... Do you eat guinea pigs?

#환자: 아뇨.

.... No.

#의사: 햄스터는요? 아니면 쥐? 인간은?
mouse의 복수는 mice=생쥐 / human=인간

.... How about hamsters? Or mice? Humans?

#환자: 무슨 얘기를 하는 거예요?!

.... What are you talking about?!

#키스 한 번 해주는 거 어때? (좋아? 싫어?)
kiss

.... How about a kiss?

상황) 동생들의 공연이 끝나고 가족이 축하해줍니다.

#너 정말 멋졌어!
amazing

.... You were amazing!

#둘째: 나는?!

.... What about me?!

#이것에 대해서 당신은 뭘 할 건가요?

.... What are you gonna do about this?

#연습실에 가는 건 어떤가요? (좋아요? 싫어요?)
practice room

.... How about going to the practice room?

13 04

숙어

영어로 만들어보세요. 기둥 잘 고르기!

#A: 난 그 제안은 별로였어.

> suggestion [써'제스천] <

→ I didn't like that suggestion.

#B: 저분 건?

→ What about his?

#A: 그건 우리가 못 하지. 장담하는데 그거 피곤할 거야.

> tire / bet <

→ We can't do that one! I bet it's gonna be tiring.

#B: 만약 우리가 변경하면 어때?

자! 어떠냐고 해서 What about과 비슷한 느낌이지만, '상황을 바꾼다면' 어떠냐는 거니까

→ What if we change it?

What if, 통째로 기억해야 해요.

If we change it, 변경한다면.

What을 앞에 붙이면서 상대의 의견을 자세히 묻는데, '상황이 바뀐다면' 어떻게 생각하느냐고 묻는 겁니다.
바로 더 만들어보죠.

What if...?
뭐 상황이 바뀌면

#A: 전 그 미팅 참석 못 합니다.
> attend [어'텐드] <

→ I can't attend that meeting.

#B: 만약 내가 너한테 돈을 준다면 어때?
> pay <

→ What if I pay you?

If I pay you~ 내가 너에게 돈을 준다면~ 너의 의견은 무엇이냐는 거죠.
영한사전을 보면 What if가 '어쩌지?'라고 되어 있는데 다양한 한국말로 인해 그것만으로는 해결이 안 된답니다.

What if I pay you?

사전대로만 번역하면 "내가 돈을 내면 어쩌지?"
통하지 않는 설명이잖아요. 이래서 번역으로만 생각하지 말라고 누누이 설명했습니다!

좀 더 만들어보죠.

#B: 여전히 못 간다고? 만약 내가 너 봉급을 올려주면?
> give a raise [*레이즈] <

You still can't go?

What if I ~ 하고 두비 나오면 되겠죠?

do be give you a raise?

→ You still can't go? What if I give you a raise?

익숙해질 수 있도록 기둥 조심하면서 계속 만들어보세요.

#11시인데, 애(여)가 아직도 집에 안 오네.

→ It's 11, and she is still not home.

#(심지어) 전화도 안 받고 있어.
> pick up <

→ She is not even picking up the phone.

#전화기가 꺼졌으면 어쩌지?

→ What if her phone is out?

또 만들어보세요.

#네가 맞아? 확실해?

→ Are you right? Are you sure?

#네가 만약 틀리면?

→ What if you are wrong?

What if you are wrong? 대신 이번에는 상대가 틀리지 않는다는 것을 알지만 '네가 틀렸다고 가정한다면, 어쩔 건데?'로 만들어보세요. 배운 것을 응용하세요!

What if you **WERE** wrong? (스텝 11[02])
당연히 가정이 아닌 실제 과거도 됩니다. 적용해보죠.

IF

What if you are wrong?

맞았지만, 틀렸다 치자면?
What if you were wrong?

상황) 3일 전에 있었던 일. 상대가 본인 말이 맞대요.

#네가 틀렸다면?

→ What if you were wrong?

그럼 가상인지 과거인지 어떻게 아느냐고요? IF 설명할 때 이 문장만으로는 모른다고 했죠? 앞뒤 맥락으로 아는 겁니다!

상황) 일을 해결한 후 보고합니다.

#A: 이게 다예요. 더 이상 없습니다.

→ This is it! There is no more.

#B: 확실해요? 만약 더 있으면요?

→ Are you sure? What if there's more?

이제 대화를 듣고 통역을 연습해볼까요?

상황) 누군가 초긴장 상태예요.

#A: 너무 떨려!

> nervous [널*버스] <

→ I am so nervous!

#만약 사람들이 날 마음에 안 들어 하면 어쩌지?

→ What if people don't like me?

#내가 충분히 잘하지 않으면 어쩌지?

> good <

→ What if I am not good enough?

#그들이 하는 말을 이해 못 하면?

→ What if I don't understand what they say?

#상사가 날 싫어하면 어쩌지?

→ What if the boss hates me?

#이 복장이 부적절하면?

> outfit / inappropriate [인어'프*로프*리엇] <

→ What if this outfit is inappropriate?

듣다 듣다 못 참겠는 상대가 소리칩니다.

#B: Stop with what-ifs!

그만해 / 'what-ifs'를.

영어에서 잘 쓰는 말입니다.

이러면, 저러면 하면서 일어나지도 않은 일에 대해 고민하는 것을 what-ifs라고 합니다.

굳이 번역하자면 'what-ifs'는 '만약의 문제'입니다.

'만약의 문제를' 그만 만들어!

#'만약 리스트' 좀 그만해!

→ Stop with what-ifs!

#생각 그만해!

→ Stop thinking.

#그냥 행동으로 옮겨!

→ Just do it!

What if를 말할 때 그 느낌을 기억하세요. 우리말은 변형이 워낙 많으니 다양한 번역이 생길 수 있지만, 영어는 한 가지 느낌인 겁니다. 그럼 연습장에서 만들어보세요.

#A: 만약 내가 여기 있고 싶지 않다면요?
Hint: 저 여기 있고 싶지 않아요.

What if I don't want to be here?
가상: What if I didn't want to be here?

#B: 그럼 있지 마! 아무도 널 강요하고 있지 않잖아!
force

Then don't! No one is forcing you!

#C: 걔(여)가 나랑 똑같이 느끼지 않으면 어쩌지? 이런 식의 기분 느끼는 거 싫다!
same way / feel

What if she doesn't feel the same way?
I don't like feeling this way.

#D: 만약 걔가 똑같이 느끼는데, 넌 평생 알게 되지 못한다면 어쩔 건데?
Hint: 평생 알아내지 못한다, never로 강조해주면 되겠죠?
find out

What if she does, and you never find out?

상황) 애니메이션 〈니모를 찾아서〉에서 자식들이 태어나길 기다리는 장면

#Coral: 우린 부모가 될 거야!
parents

We're gonna be parents!

#Marlin: 그렇지. 애들이 만약 날 싫어하면 어쩌지?

Yeah. What if they don't like me?

#나 이거에 대해 아직도 약간 불편해. 누가 우릴 보면 어떡해?!
uncomfortable [언'컴*퍼터블]

I'm still a little uncomfortable about this.
What if someone sees us?!

#이게 우리 마지막 기회면 어쩌려고? 다음번이 없으면 어쩔 건데?

last chance / next time

What if this is our last chance?
.... What if there's no next time?

#만약 걔(남)가 괜찮은 남자가 아니면 어쩌지? 만약 너 같으면?

What if he's not a nice guy?
.... What if he's like you?

#만약 네가 작고 쟤네들이 널 괴롭힌다면? 그러면 네 기분이 어떻겠어?

small / bully=(약자를) 괴롭히다 / feel

What if you were small and they
.... bullied you? How would you feel then?

#A: 이것이 사실인 것을 동창회에서 누군가 알고 있으면 어쩌지?

true=사실인 / reunion

What if somebody at the
.... reunion knows that this is true?

#B: 그럼, 우리가 그 사람(남자든 여자든)한테 조용히 있으라고 돈을 줘야지.

keep quiet

.... Then, we pay him or her to keep quiet.

#A: 그냥 사실을 말하는 건 어때?

truth

.... What if we just tell the truth?

#만약 너의 인생의 사랑이 너의 가장 친한 친구라면?

What if the love of your life
.... is your best friend ?

#'듣기'를 연습하고 싶은데 악센트를 이해할 수 없다면요?

listening / practice / accent

I want to practice listening, but
.... what if I can't understand the accent?

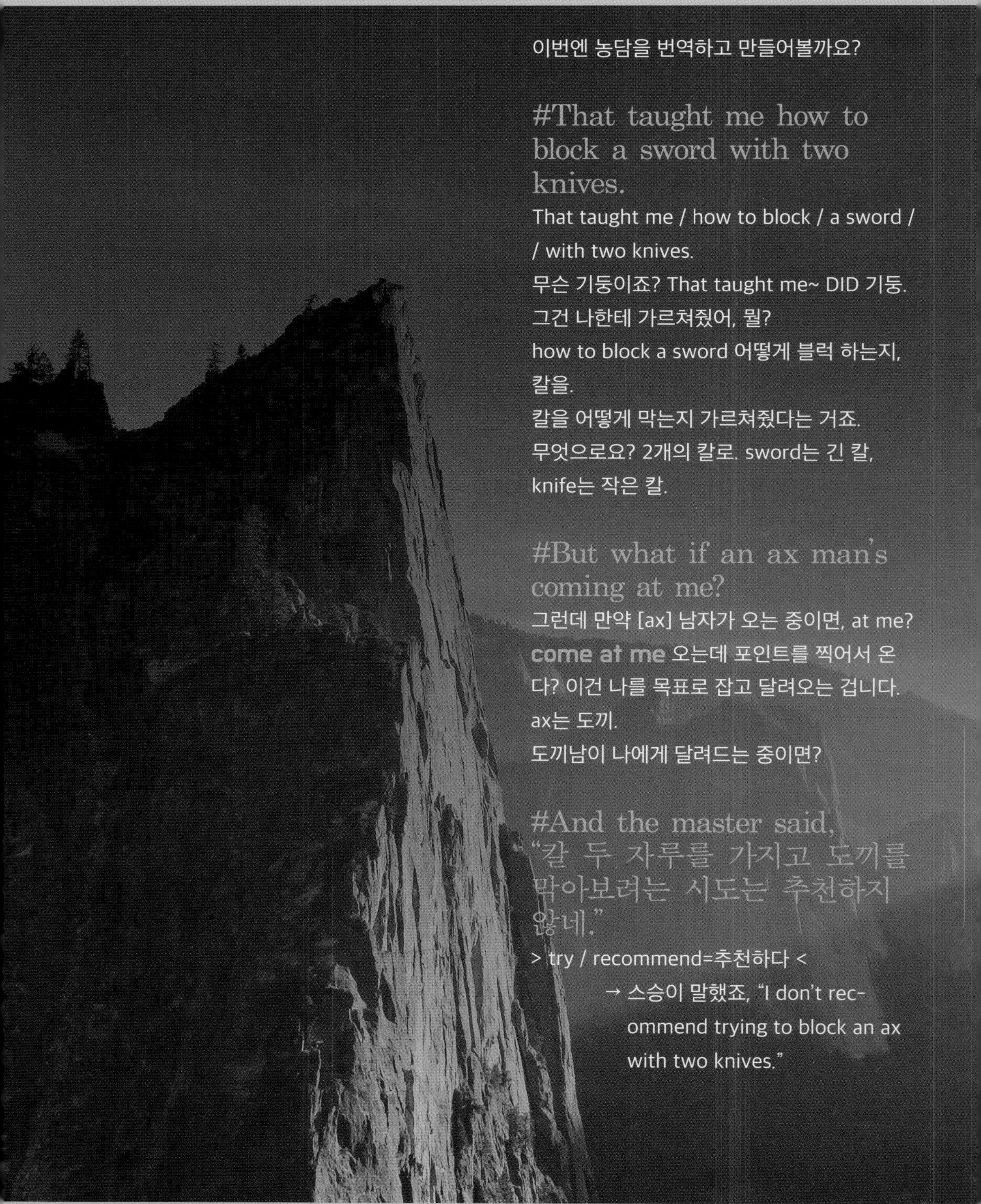

이번엔 농담을 번역하고 만들어볼까요?

#That taught me how to block a sword with two knives.

That taught me / how to block / a sword / / with two knives.

무슨 기둥이죠? That taught me~ DID 기둥.
그건 나한테 가르쳐줬어, 뭘?
how to block a sword 어떻게 블럭 하는지, 칼을.
칼을 어떻게 막는지 가르쳐줬다는 거죠.
무엇으로요? 2개의 칼로. sword는 긴 칼, knife는 작은 칼.

#But what if an ax man's coming at me?

그런데 만약 [ax] 남자가 오는 중이면, at me?
come at me 오는데 포인트를 찍어서 온다? 이건 나를 목표로 잡고 달려오는 겁니다.
ax는 도끼.
도끼남이 나에게 달려드는 중이면?

#And the master said, "칼 두 자루를 가지고 도끼를 막아보려는 시도는 추천하지 않네."

> try / recommend=추천하다 <

→ 스승이 말했죠, "I don't recommend trying to block an ax with two knives."

#“하지만 그가 저한테 달려들면요?”
> charge [찰~쥐] <

→ “But what if he’s charging at me?”

#그러자 스승님(남)은 눈을 피하시더니 말씀하시는 거야,
“어, 활로 쏴라.”
> look away / shoot / arrow <

→ And he looked away and said, “Uh, shoot him with an arrow.”

#그래서 내가 “못 쏴요, 줄이 나갔어요”라고 말했어.
> string <

→ So I said, “I can’t. The string is out.”

#그러자 선생님이 “달려서 숨어” 그러시는 거야.
> hide <

→ Then he said, “Run and hide.”

#그래서 내가 말했지. “제 뒤에 깎아지른 듯한 벼랑이 있습니다.”
> sheer cliff [쉬어 클리*프] <

→ So I said, “There is a sheer cliff behind me.”

#그랬더니 스승님이 뭐라고 하신 줄 알아?

→ Then do you know what he said?

#잠시 생각하시더니 하시는 말씀, “절벽에서 점프해, 그렇게 하면 지저분하진 않을 거야.”
> think / moment / cliff / that way / messy <

뭐가 지저분하진 않을 거래요? 절벽에서 점프하는 것이. It으로 들어갑니다.

→ He thought for a moment and said, “Jump off the cliff, it won’t be messy that way.”

어때요? said도 여러 번 사용해봤죠? 적으면서 해도 됩니다. 그리고 다시 연기해보세요.
그럼 What if도 같이 적용하면서 다양하게 예문을 만들어보세요.

13 05

부사

PROBABLY MAYBY/PERHAPS

영단어를 공부한 분들은 **probably**를 '아마도'로 연결하실 겁니다.
그럼 같이 probably를 해부해볼까요? 뒤에 ly 붙은 것 보이죠?
slow에서 slowly 같은 거예요. 그럼 빼보죠.

probable이 되는데, 뜻은 '있을 것 같은, 사실 일 것 같은'이란 형용사입니다. 하지만 일반적으로 더 많이 접할 단어는 뒤에 [티]를 붙인 probability [프로바'빌리티]일 겁니다.

수학에서 **probability**는 '확률'을 말한답니다.
사용해보죠.

#이 일은 일어날 거예요.

→ This will happen.

#일어날 확률이 얼마인데?

→ What is the probability?

probably는 단순하게 '아마도'가 아닌 일어날 확률이 '높은' 것을 말합니다. '있을 것 같은, 사실일 것 같은'으로 기둥 전체를 꾸며주는 액세서리 같은 거죠. 사용해볼게요.

#A: 오늘 비 올까?

→ Will it rain today?

#B: 아마 그럴걸.

→ Probably.

#구름 꼈잖아. 우산 가져가.

> cloudy <

→ It's cloudy. Take your umbrella.

상황) Sam이 좋은 곳에서 제안을 받았다고 하네요.

#A: Sam이 일자리 제안 받았다던데.

> job offer <

→ Sam apparently got a job offer.

#그래서 그 일 할 거래?

do the job은 일을 하는 거고 **take the job**은 일자리를 수용하겠다, 다른 행동이죠.

→ So is he gonna take the job?

#B: 몰라. 아마 그렇겠지.

→ I don't know. Probably.

"아마 그렇겠지"는 확률이 높은 거죠. 그래서 probably로 쓰는 겁니다.

#진짜 좋은 기회잖아.

> 성장할 수 있는 기회: opportunity [어포'츄니티] <

→ It is a great opportunity.

chance는 우연히 찾아온 느낌의 기회이고, 그냥 좋은 기회가 주어진 것은 opportunity를 잘 쓴답니다. 더 해보죠.

#스티로폼은 아마 재활용 못 할걸.

> Styrofoam [스타이로*폼] / recycle <

누가 못 하는 거예요? 어느 누구나 못 하는 거죠? 이럴 땐 you. (스텝 04[25])

probably는 액세서리라고 했으니 기둥 앞이나 뒤에 넣어주면 됩니다.

→ You probably can't recycle Styrofoam.

스티로폼 발음이 우리랑 다르죠? 상표명이어서 대문자로.

옆에 있던 사람이 대꾸합니다.

#아마 안 될걸. 간단하게

→ Probably not.

'Probably not'도 잘 사용한답니다. 'Why?' 대신 'Why not?'으로 질문하는 것과 비슷해요. 쉬우니 먼저 연습장에서 짧게 사용해보세요.

#그거 청소할 거야? 먼저 열어야 돼. 아마 드라이버가 필요할 거야.

clean / open / screwdriver

Are you gonna clean that?
You need to open it first.
.... You would probably need a screwdriver.

#네가 아마도 나만큼 바쁘다는 거 아는데, 그래도 나 좀 도와줄 수 있어?

busy / help

I know you're probably as busy as me,
.... but could you please help me?

#상담사: 학생은 왜 다른 애들이 학생을 싫어한다 생각하지?

Why do you think
.... others don't like you?

#학생: 아마 제가 너무 예뻐서 그렇겠죠.

.... Probably because I'm too pretty.

#당신이 이걸 모르시는데, 아마 당신이 저들의 목숨을 구한 걸 겁니다. (아마도 그럴 가능성이 크다)

life / save

You don't know this, but you
.... probably saved their lives.

#누가 문 앞에 있어요. 문 좀 열어줄래요? Justin이 아마 열쇠를 까먹었을 거예요.

get / forget

Someone is at the door.
Could you get it please?
.... Justin probably forgot his key.

짐작할 때 '아마 그럴 확률이 높다'는 짐작이 있는 반면, '그냥 때려 맞힌다면 아마 그렇지 않을까'라는 낮은 확률의 짐작도 있죠. 우리말은 이 둘에 차이가 없어요. 표정과 말투 차이로 그 짐작의 강도를 전달합니다.

하지만 영어는 분류하는 것을 좋아하잖아요.
probably는 이미 '확률'에서 생긴 단어로, 그럴 확률이 높을 때 사용하는 단어였죠?
하지만 확률이 반으로 내려가서 때려 맞히는 상황에서는 다른 단어를 사용한답니다.
Hint. 우리가 아는 기둥에서 생겨난 단어예요.

바로 **maybe!**
그냥 한 단어로 사용된답니다.
어울리는 우리말을 찾는다면 '**잘하면**'.
기둥에서 재활용되어 만들어진 단어입니다. 어떻게 생겨났는지 직접 영어로 만들어보세요.

#A: 너 내일 거기 있을 거야?
확실히 그럴 거냐고 물을 거면
→ Are you gonna be there tomorrow?
#B: 응. 있을 거야.
→ Yes, I am. 다른 대답으로도 말해보죠.
#B: 그럴 수도. (아닐 수도 있고)
→ I may be.

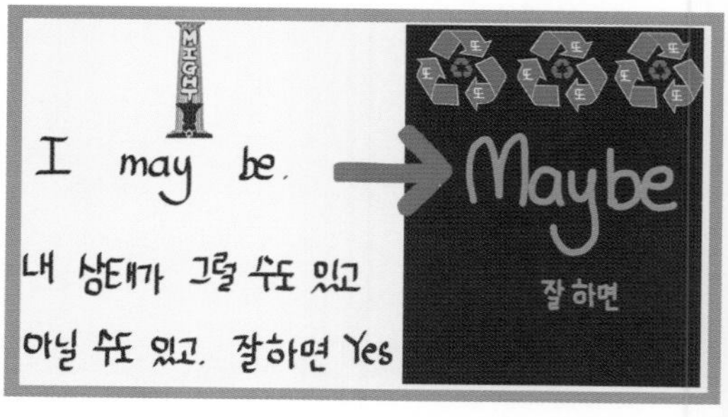

이 말을 보면 전체적인 상태가 그럴 수도 있고 아닐 수도 있다는 거죠. 유용하게 쓰일 수 있는 '잘하면'이어서 maybe로 재탄생했나 봅니다.
Yes도 아니고 No도 아닐 때는? Maybe.

상황) 첫 데이트가 끝나고 물어봅니다.

#A: 그럼, 내일 나 너 보는 거야? (99%일 때는 BE + 잉 기둥)

→ So, am I seeing you tomorrow?

#B: 몰라. 잘하면.

I don't know. Yes도 아니고 No도 아니고 중간일 때는 번역 고민 말고! Maybe.

→ I don't know. Maybe.

#A: "잘하면"이라니 무슨 말이야?

→ What do you mean, "maybe"?

#우리 오늘 좋은 시간 보냈다고 생각했는데.

good time보다 좋은 것은 great time.

→ I thought we had a great time today.

probably에서 확률을 내리고 싶으면 maybe로 바꿔 넣으면 되는 거예요. 간단하죠?
더 만들어볼게요.

#A: 저분(남) 내일 오시는 거야? (99%)

→ Is he coming tomorrow?

#B: 몰라. 안 물어봤어.

→ I don't know. I didn't ask.

#잘하면. (찍는다면)

→ Maybe.

우리말은 변형이 많다는 것을 항상 잊지 마세요. maybe의 번역도 '어쩌면, 글쎄, 혹시' 등이 나올 수 있지만 '잘하면'이란 단어로 드린 것은 그 느낌이 가장 잘 어울려서입니다.
그럼 이번엔 문장에 적용해보죠.

#언젠가 우리는 진실을 찾게 될 거야.

> truth / find out <

'언젠가'는 some day 혹은 one day. 미래의 언젠가, 하루를 말하는 거죠.
배경으로 넣고 문장 만들어보세요.

→ One day, we will find out the truth.

#잘하면 언젠가 우리는 진실을 찾게 될 수도 있지.

깊게 생각은 안 해봤지만, '뭐 그러겠지' 식의 느낌은 maybe.

→ Maybe one day we will find out the truth.

날치니까 위치를 고민하지 마세요. 바꿔볼까요?

→ One day maybe we will find out the truth.

#걔네 동업은 끝까지 못 갈 거야.

> partnership [파트너쉽] <

→ Their partnership won't last.

#그럴 수도 있고, 아니면 아닐 수도 있고. 누가 알겠어?

→ Maybe it will, or maybe it won't. Who knows?

상황) 아들이 전화를 계속 안 받습니다.

#왜 이 녀석이 전화를 안 받지?

→ Why is he not answering the phone?

그러자 딸이 말합니다.

#배터리가 나갔나 보지.

무관심하게 그냥 말한다면,

→ Maybe his battery is out.

이 말을 MIGHT 기둥으로 말해볼까요?

His battery might be out.

배터리가 나갔을 수도 있어. 느낌이 살짝 다르죠? MIGHT 기둥을 쓰면 '무관심, 대충'이란 느낌은 없고 그냥 그만큼의 확신이 없다는 것만 전달되는 거죠. 좀 더 만들어볼게요.

#이제 때가 됐어.

→ It's time.

#이제 때가 됐을 수도 있어.

→ It might be time.

#잘하면 이제 때가 됐을 수도.

→ Maybe it's time.

그럼 대충이란 느낌을 기억하면서 연습장 가죠.

#A: 난 모든 사람이 다 개를 좋아하는 줄 알았는데.
think

.... I thought everybody liked dogs.

#B: 그 남자는 뭐 안 좋은 경험이 있었나 보지.
(찍는다면)
have / experience [익스'피*리언스]

.... Maybe he had a bad experience.

#A: 네 말이 맞을 수도.

.... Maybe you're right.

#C: 그분(남)이랑 또 이야기했어?

.... Did you talk to him again?

#D: 어. (확실히 모르겠는데) 한 번 아니면 두 번?

.... Well, Maybe once or twice?

#내가 너무 성급했어, 판단을 하기에는.
quick / judge

.... I was too quick to judge.

#아마 내가 너무 섣불리 판단했나 보지.

.... Maybe I was too quick to judge.

이제 확률이 높은 것과 낮은 것에 대해 말하면서
probably와 maybe를 섞어 직접 만들어보세요.

13 06

사역동사 + 의문사

Help + WH Q

#나 도와줘.

→ Help me.

#뭘 도와줘? 영어로 간단하게 말할 수 있는 방법.

→ With what?

#나 이것 좀 도와줘.

→ Help me with this.

#나 이력서 쓰는 것 좀 도와줘.

> 이력서는 C.V. 혹은 résumé [*레져메] <

→ Help me with writing my C.V.

간단하게 껌딱지를 붙여서 해결되죠. 다음 말은요?

Help me	with	this.
Help me	with	what?

#나 이거 편집하는 것 좀 도와줘.

> edit [에딧] <

구체적으로 들어가죠. '편집하다'는 edit [에딧]. TO 다리 연결해서

→ Help me to edit this. 이렇게 해도 됩니다.

그런데 TO 다리라는 것은 앞으로 나아간다는 느낌이 있죠. 그래서 편집하는 것 자체를 도와달라는 거니까 동시에 일어나는 것이어서 굳이 TO 다리 쓰지 않고 그냥 붙일 수도 있답니다.

let 방식처럼 말이죠. (스텝 10[15])

→ Help me edit this.

이번 스텝에서는 이것을 간단하게 접하며 연습할 겁니다. 더 만들어보세요.

#나 이력서 업데이트 하는 것 좀 도와줘.

→ Help me update my C.V.

#제가 착할 수 있게 도와주세요.

> good <

Help me~ 다음 do예요, be예요? Be good.

→ Help me be good.

#절 유혹하지 마세요. 제가 착한 사람이 되게 허락해주세요.

> tempt [템트] <

→ Don't tempt me. Let me be good.

do be extra do be

Help me be good.

Let me be good.

let은 TO 다리가 아예 안 붙지만 help는 붙여도 되고 안 붙여도 말이 되기 때문에 굳이 let처럼 따로 스텝으로 크게 나가지는 않는 겁니다. 대신 help도 TO 다리 없이 더 잘 쓰이니까 우리는 없는 것으로 계속 연습하죠.

그럼 더 만들어볼게요.

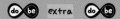

#네 (남)동생 자기 소개서 쓰는 것 좀 도와줘.

> personal statement [펄서널 스테잇먼트] <

Help your brother~ 뭘 도와줘요? 쓰는 거. 바로 들어가면 돼요, write his personal statement.

→ Help your brother write his personal statement.

#보통 자기 소개서에 뭘 넣지?

사람들이 보통 뭐 넣느냐고 할 때는 you로 가면 됩니다. 영어는 카멜레온이 필요하기 때문에 없으면 사람들을 you로 한다고 했죠?

→ What do you usually put in your personal statement?

#Explain why you do what you do.

명령 기둥이죠? Explain, 설명해라. 뭘요?

extra ~ why you do ~ DO 기둥으로 WH 1이죠. 왜 하는지 설명하래요.

extra 뭘? ~ what you do. 또 WH 1 나오죠, 네가 하는 것.
역시 DO 기둥으로 네가 반복해서 하는 것을 말하죠?

네가 하는 것을 왜 하는지 설명하라는 겁니다.

우리말로는 "네가 왜 이 일을 하는지 설명해봐"라고 하지만 '네 일' 대신 what you do라고 하면 크게 잡은 겁니다. 영어는 이렇게 WH 1을 정말 잘 쓰니 자꾸 친해지세요.

do be	extra	extra
Explain	it.	
Explain	why you do	it.
Explain	why you do	what you do.

#제가 신청서 쓸 게 있는데, 방법을 모르겠거든요.

> application form [아플리'케이션 *폼] <

→ I have an application form to write, but I don't know how.

#서류 쓰는 것 좀 도와주실 수 있나요?

> fill in <

빈칸을 채우면서 작성하는 서류는 fill in을 잘 쓴답니다. fill은 채우다 in은 안을 채우는 거죠. 서류 양식을 보면 이해가 가죠?

→ Could you help me fill in the form?

help에서 바로 다음 말을 연결하는 것! 그냥 TO 다리로 연결해도 되니 편하게! 그럼 연습장으로!

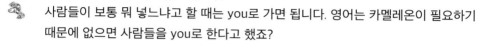

#제가 일자리 찾는 것을 좀 도와주실 수 있나요?

job

.... Could you help me find a job?

#저 이거 번역하는 데 도와주실 수 있나요?

translate

.... Could you help me translate this?

#A: 내가 너 새 집에 이사하는 것 도와줄게.

new / move

.... I'll help you move to your new house.

#B: 이사 도와줘서 고마워.

Hint: Thank you for coming.

.... Thank you for helping me move.

상황) 동료에게 부탁합니다.

#제 프로젝트를 마무리하게 저 좀 도와줄 수 있으세요?

project / finish

.... Could you help me finish my project, please?

#1. 인내심을 가져! (be 쪽으로 가보세요.)

patient [페이션트]

.... Be patient!

#2. 인내심을 갖는 것은 네 긴장을 푸는 데 도움이 될 거야.

Hint: Be patient를 명사로 만들면 됩니다.

relax=긴장을 풀다

.... Being patient will help you relax.

#1. 담배 끊고 싶어? 어쩌면 내가 그거 도와줄 수도 있을 거 같은데.

quit / smoke

Do you want to quit smoking? Maybe I could help you with that. / I might be able to help you with that.

#2. 내가 Simon 끊는 것도 도와줬잖아.

I helped Simon quit too.

#재(남)가 더 괜찮은 남자가 되도록 도와줘.

better

Help him be a better man.

#너 오늘 바쁘니? 이리로 와서 네 아버지 온라인으로 수업 신청하는 것 좀 도와줄 수 있어?

come over / class / register [*레지스터]=신청하다

Are you busy today? Could you come over and help your father register for his class online today?

---

help는 쉬웠으니, 우리 한 단계만 더 접해볼까요?
이미 아는 WH Q! 바로 만들어보죠.

#우리가 이거 사용할 수 있을까요?

될지 안 될지 잘 모를 때 can 대신 could로

→ Could we use this?

#우리가 이것으로 무엇을 할 수 있을까요?

앞에 What만 붙인 후 나머지 그대로 말하면 되죠?

→ What could we do with this?

이걸 가지고 뭘 하는 것이니 당연히 껌딱지 with 필요했죠.

또 만들어보세요.

#A: 정말 배고파. 이 재료들로 너 뭘 요리할 수 있을 것 같아?

> starve / ingredients [인'그*리디언츠] <

→ I am starving. What could you cook with these ingredients?

#B: 난 요리법 없인 요리 진짜 못해.

> recipes [*레씨피즈] / bad or horrible [허*러블] <

잘 못하는 것은 “I am bad”라고 하면 되겠죠. 정말 못할 때는 “I am horrible”로 가면 됩니다.

extra I am horrible~ 뭐에 그렇다는 거예요? at cooking (스텝 04[22])

요리법 없이, without recipes.

→ I am horrible at cooking without recipes.

extra extra

I am horrible at cooking without recipes.

구글에서 recipes 검색하면 세계 최고 요리사의 요리법들까지 무료로 쉽게 접할 수 있답니다.
항상 영어로 검색해보세요. 다시 해보죠.

상황) 무슨 클래스를 진행한다는 포스터를 봤어요.
#안녕하세요. 밖에서 포스터를 봤는데요.
→ Hello, I saw a poster outside.
#이게 그 프로그램인가요?
→ Is this the programme?
영국 스펠링은 길죠. 미국은 program.
#이거 언제 신청할 수 있을까요?
> apply [어'플라이] <
내가 확실하게 할 것이 아니라면 강도를 낮춰서 질문.
→ When could I apply for this?

#여기 와서 나 이사하는 것 좀 도와줄 수 있어?
요구죠?
→ Could you come over and help me move?
#할 수 있다고? 잘됐다! 그럼 언제 올 수 있어?
→ You can? Great! Then when can you come over?
#그럼 지금 와줄 수 있어?
→ Then could you come over now?

CAN과 COULD 기둥에서 왔다 갔다 하죠?
COULD 기둥은 배려가 들어가서 그렇습니다. 다 CAN으로 질문해도 되는데, COULD로 쓰면 배려까지 좀 더 전달되는 거죠.

또한 미래에 대해 확신을 낮추면서 물을 때도
#난 갈 곳이 아무 데도 없어. 내가 어디를 갈 수 있겠어?
→ I have nowhere to go. Where could I go?

복잡한 기둥 아니니 편하게 보세요. 마지막 한 문장만 더 하고 정리하죠.

#저 남성분이 날 도와주신다고?
→ That man will help me? / That man is gonna help me?
#내가 성공할 수 있게 어떻게 도와줄 수 있는데?
→ How could he help me be successful?

WH는 워낙 쉬우니 이제 앞뒤 맥락을 생각하면서 다양하게 만들어보세요. 특히 상대에게 요구하는 질문을 할 때 정말 많이 사용되니 그런 상황을 상상하며 WH를 연습해보세요.

13 07

관계사 - that

WH 열차

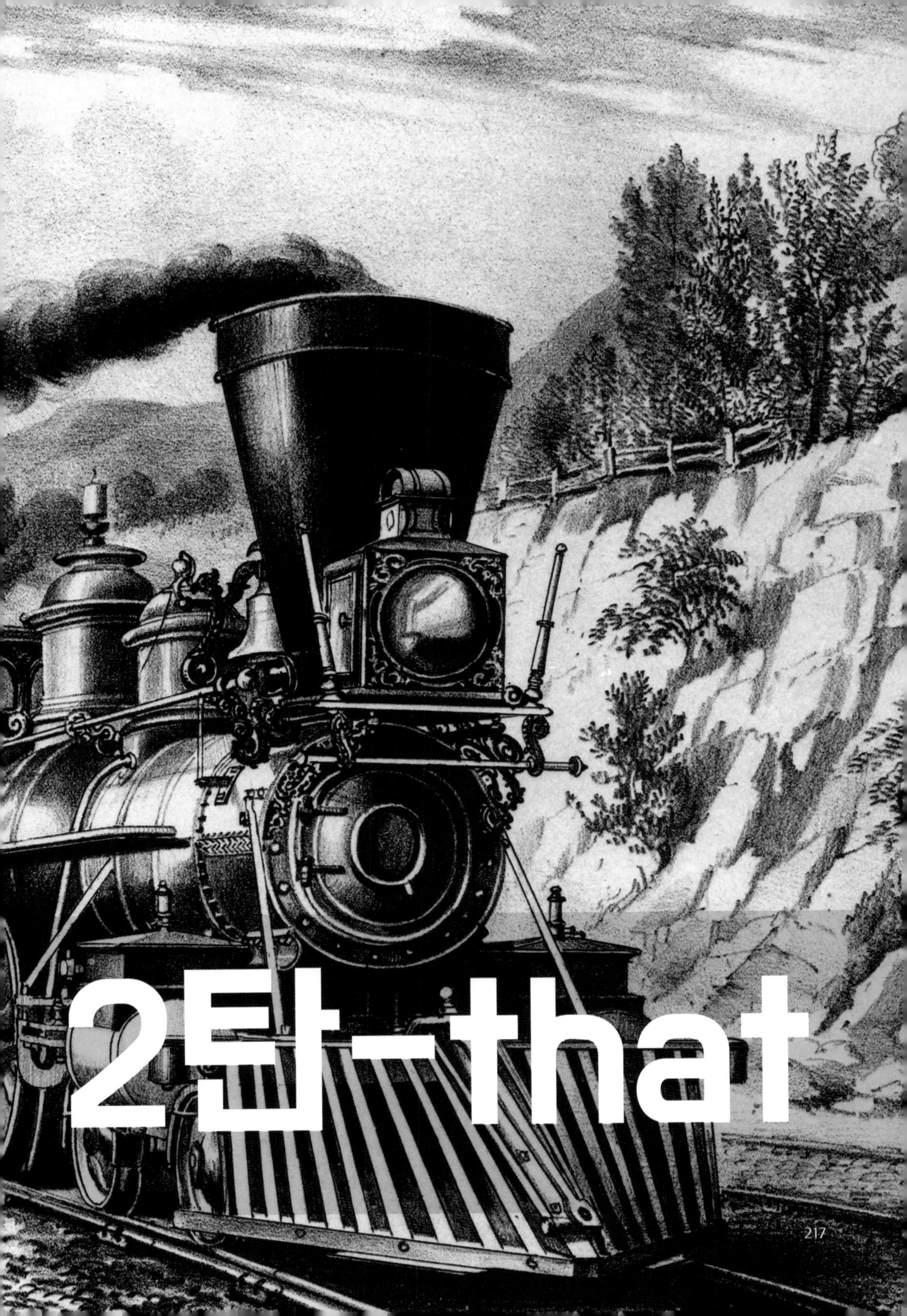

2탄 — that

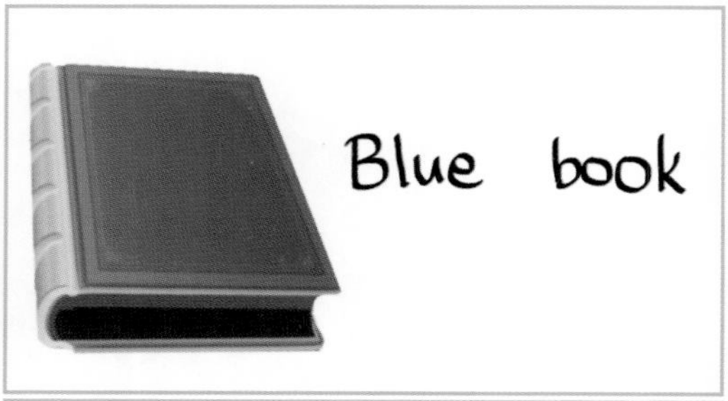

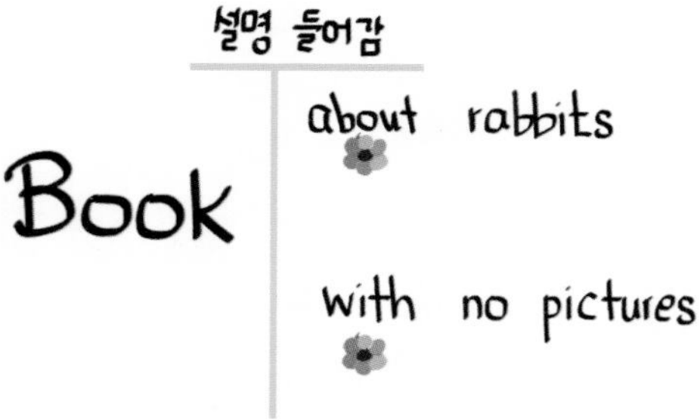

책이 앞에 있습니다. 그 책이 파란색이었다면 색도 같이 보였겠죠? 간단하게 'blue book'이라고 할 수 있습니다.

이번 책은 '인생에 관한 책'입니다. 그것을 설명한다면?
간단하게 'life book'이라고 하면 '인생에 관한 책'보다는 '인생 책'이라고 해서 평생 읽을 만한 책으로 전달될 수도 있습니다.
껌딱지를 붙이면 더 설명될 수 있겠죠?
book이 먼저 보이니 book 하고 한 번 더 들어가서 of life를 붙일 수 있겠죠.
'book of life, book about life'도 됩니다.

단순히 '파란 책, 좋은 책' 등의 설명은 간단하게 끝날 수 있지만,
'토끼에 관련된 책'이라 하면 껌딱지가 필요하기 때문에 설명이 뒤로 붙었습니다,
book about rabbits.
'그림이 없는 책'. 마찬가지로 설명이 들어가면 편하겠죠? 껌딱지 붙여서
book with no pictures / book without pictures.

그런데 이번에는 책은 책인데, "네가 저번 주에 빌려간 책"이라고 해야 합니다.

book인데, 네가 저번 주에 빌려간 것.
'빌려갔다'라고 하니 두비에서 do 쪽인 borrow도 나와야 하고, 저번 주에 한 행동이니 DID 기둥도 나와야 하죠? 그럼 설명에 기둥 문장이 다 들어가야 할 때!
기둥 문장이 다 붙어 설명할 수 있는 틀, 우리 배운 것 있죠?
바로 스텝 12[07]에서 배운 WH 열차!
book인데 book을 한 번 더 설명하는 것이니,
Book which you borrowed last week.
이렇게 간단하게 해결되죠?

WH 열차는 말하다가 부가설명을 하고 싶을 때 유용한 도구라고 배웠습니다. 굳이 새로운 문장을 만드는 대신 그대로 이어 붙일 수 있어서 열차처럼 이을 수 있다 하여 WH 열차라는 별명이 붙었죠? 이미 배운 겁니다.

"책 돌려줘, 네가 저번 주에 빌려간 책"
우리도 이렇게 말할 때 있죠? 하지만 우리가 저 말을 글로 쓴다면
"네가 저번 주에 빌려간 책 돌려줘"라고 조금 수정하겠죠. 대신 영어는 이 말을 글로 쓸 때도 '책 돌려줘, 네가 저번 주에 빌려간 책'의 순서로 쓰는 것이 이상하지 않아요. 우리말과 다릅니다.
우리말은 '돌려줘, 돌려주다' 식의 말이 맨 끝에 가야 하는 구조이지만, 영어의 틀은 맨 끝에 무슨 말이 오든지 상관없는 구조입니다.
우리말과 순서가 다르기 때문에 익숙해져야 하는 부분입니다.
기둥 구조 이미지를 그리면서 복습해보세요.

설명 들어감
Book
네가
저번 주
borrow

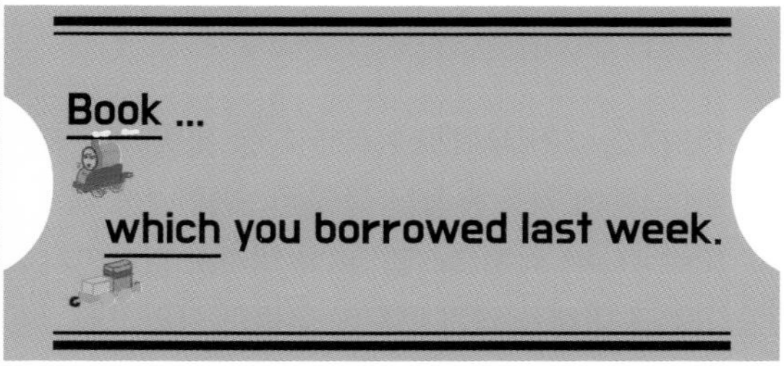
Book ...
which you borrowed last week.

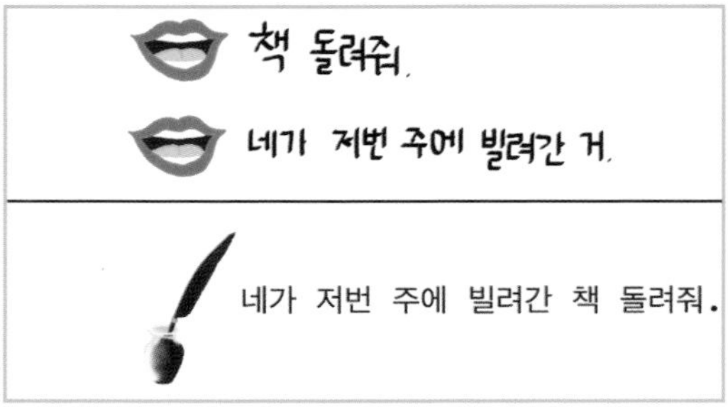
책 돌려줘.
네가 저번 주에 빌려간 거.
네가 저번 주에 빌려간 책 돌려줘.

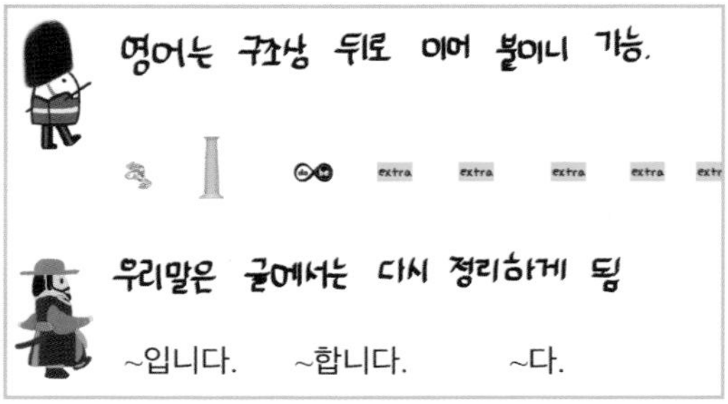
영어는 구조상 뒤로 이어 붙이니 가능.
extra
extra
extra
extra
우리말은 글에서는 다시 정리하게 됨
~입니다.
~합니다.
~다.

#네가 저번 주에 빌려간 책 돌려줘.
명령 기둥이죠? Give me back the book~
extra 하고 나머지 설명하면 되죠, which you borrowed last week.
→ Give me back the book which you borrowed last week.

껌딱지는 가벼우니까 기둥 문장을 붙일 때는 무거운 WH 열차로 가는 것뿐이죠?
자! 그런데 기둥 문장을 붙일 수 있을 만큼 무거웠던 것 또 하나 기억하시나요?
바로 THAT 딱지. (스텝 08[16]) 의미도 없으면서 기둥 문장만을 붙여주기 위해 존재했죠? t
없어도 이해가 되기 때문에 생략도 잘되었죠.

that이 그만큼 말 속에 묻히는 단어여서인지 이 WH 열차에서도 설명이 필요해서 붙을 때는 좀 더 편하게 이어주기 위해 which를 that으로 재활용해서 바꿔줄 수 있답니다. 보세요.
Give me back the book **which** you borrowed last week.
이 말에서 which를 that으로 바꿔서
Give me back the book **that** you borrowed last week.
이렇게도 할 수 있답니다.

that만 바뀌었지 전체적으로 별 차이가 없죠? which가 굳이 없어도 이해되잖아요. 그렇기 때문에 말이 더 부드럽고 자연스럽게 이어질 수 있게 that으로도 바꿔줄 수 있는 것입니다. 이렇게 바꿀 수 있는 것은 which와 who만 된답니다. 외우지 않아도 여러분이 그렇게만 사용하게 될 겁니다.

먼저 이 that은 THAT 딱지와 같은 것이 아닙니다. 직접 봐보세요.

난 믿어. 네가 할 수 있다고 = 난 네가 할 수 있다고 믿어.

→ I believe that you can do it.

이 말에서 that은 정말 아무 의미 없이 그냥 붙여주는 풀 같지만,

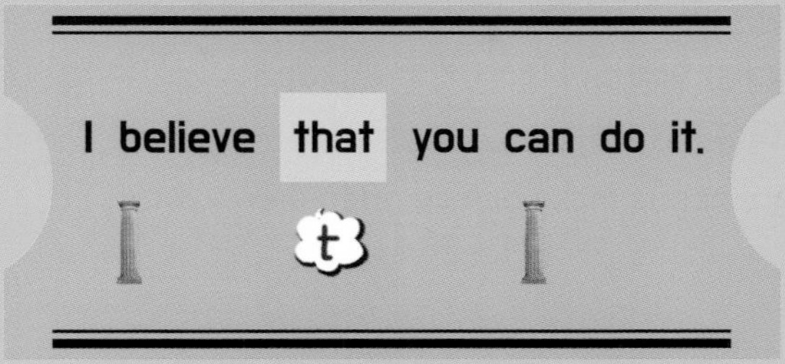

난 스토리를 믿어. 네가 말해준 거 = 난 네가 말해준 스토리를 믿어.

I believe the story that you told me.

이 말에서 that은 the story를 말하는 거잖아요. 확실히 뭔가 지칭하는 것이 있죠. 그럼 왜 헷갈리게 둘 다 똑같이 that을 쓰고 그러느냐고요. 그렇죠? 짜증 나긴 하죠?

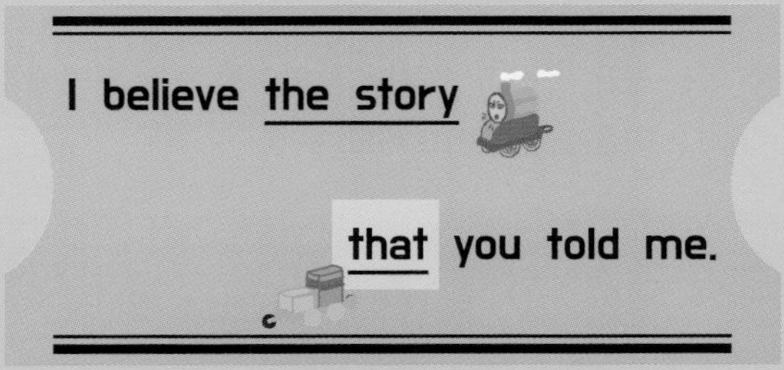

that 자체가 영어에서 많이 써도 거슬리지 않는 단어이기 때문에 재활용 한 것 같습니다. 영어는 단어를 반복하는 것을 싫어한다고 했죠? 한 단어를 반복해서 쓰는 것은 좋은 영어라고 생각하지 않는답니다. 그래서 woman, students, uncle 식으로 한 번 언급한 후 다시 같은 단어를 반복하면 바보같이 느껴져요. 그래서 대신 쓰는 것이 she, they, he 식인 겁니다.

이렇게 she, your 같은 단어들은 반복되어도 귀에 거슬리지 않는답니다. that 역시 반복되어도 상관없는 것 중 하나일 뿐입니다.

그럼 대화로 들어가서 that으로 바꾸는 것도 연습해봅시다.

상황) 일을 하는데 거래처 직원과 문제가 생겼어요.

#직원 A: 그가 나에게 이러면 안 되는데! 어떻게 해야 할지 모르겠어요!

→ He can't do this to me! I don't know what to do!

그때 B 직원이 보스에게 묻습니다.

#직원 B: 그에게 제안을 하실 거죠? (그렇죠?)

> offer [오*퍼]=제안 / make <

영어는 제안을 '만든다'고 말합니다. 없던 것을 만들어내는 것이죠. 확실히 할 것이라 생각하고 물으니 GONNA 기둥 어울리겠죠?

→ You are gonna make him an offer, aren't you?

#보스: 그래. 그가 거절 못 할 제안을 할 거야.

> refuse [*리'*퓨즈]=거절하다 <

제안인데 거절 못 할 제안을 할 거라고 처음부터 설명하고 들어간다면?

→ I'm gonna make him an offer which he can't refuse.

부드럽게 that 고리로 연결해보세요.

→ I'm gonna make him an offer that he can't refuse.

확실히 which보다 that이 들을 때 잘 묻히죠?

이 구조에 익숙해질 수 있는 좋은 방법이 있답니다. 영어를 하는 우리에게 유용한 연습 방법!
바로 단어를 모를 때입니다. 다음을 만들어보세요.

#A: 그게 뭐더라?

→ What is that thing? 말한 다음에 설명을 붙일 수 있잖아요.

#네가 저번 주에 일터에 가지고 왔던 것.

> work / bring <

→ That you brought to work last week.

→ Which you brought to work last week.

that이 확실히 귀에 덜 들어오죠.

#네가 저번 주에 가지고 왔던 것.

→ The thing that you brought last week.

뭔지 모르거나 기억이 나지 않는 단어가 나올 때 이런 식으로 설명해서 물어보는 방식, 우리에게 유용하겠죠?

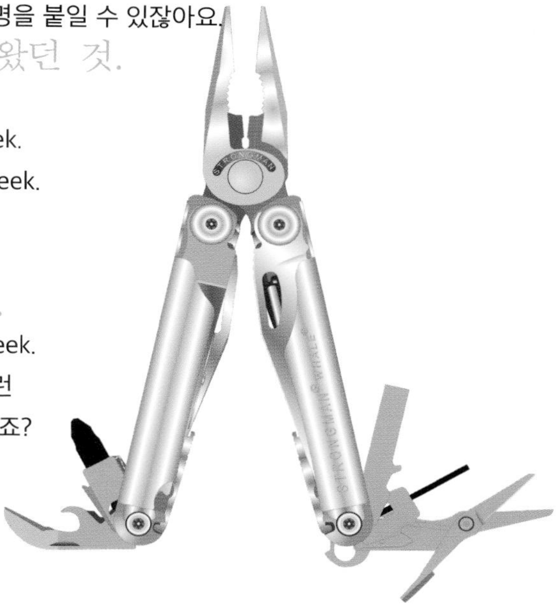

좀 더 해볼까요? 상대가 묻습니다.

#B: 뭐?

→ What?

#A: 그 쪼끄만 거 있잖아, 네가 주머니에 가지고 다니던 거.

> small / pocket / carry around <

→ That small thing which you carried around in your pocket.

that으로 말해볼까요?

→ That small thing that you carried around in your pocket.

어때요? 다른 상황으로 해볼게요.

#A: 거기가 어디더라?

→ Where is that place~

#—망치랑 그런 거 파는 데?

> hammer / sell <

→ that sells hammers and things?

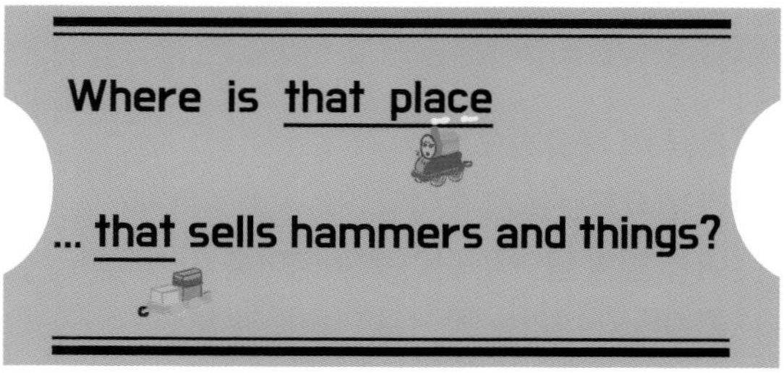
Where is that place
... that sells hammers and things?

#B: 아, 철물점 얘기하는 거야?

> hardware store [하드웨어 스토어] <

→ Oh, are you talking about a hardware store?

#A: 그래, 철물점.

→ Yes, hardware store.

#어디 있었는지 기억해?

→ Do you remember where it was?

조금 더 해볼까요?
방음 헤드폰을 찾습니다. **그런데 '방음'이란 단어가 뭔지 모른다면?** 풀어쓰면 되죠. 영어는 단어가 엄청 많아서 단어로만 영어를 마스터하려 들면 안 된다고 했죠? 단어를 몰라도 풀어써서 대화를 이끌어나가는 방식을 연습해야 해요.

#헤드폰을 찾는데요, 소리를 차단시켜주는 거요.

> sound / block <

→ I am looking for a headphone which blocks the sound.

항상 차단하는 것이니 DO 기둥으로 갔죠? 하지만 headphone은 it이니 DOES 기둥으로 바꿔줬습니다. “It blocks the sound”로 발음을 설명한 거죠? 이래서 기본 기둥이 잘되어야 엮이는 것도 잘 나오는 겁니다. 기본 기둥을 우습게 보지 마세요.

자! 이번에는 which보다 좀 더 부드럽게 that으로 바꿔서 앞에서부터 한 번에 말해볼까요?

#소리를 차단시켜주는 헤드폰을 찾는데요.

→ I am looking for a headphone that blocks the sound.

굳이 '방음 헤드폰'이라고 하지 않아도 이 정도면 상대가 알아들을 수 있겠죠?

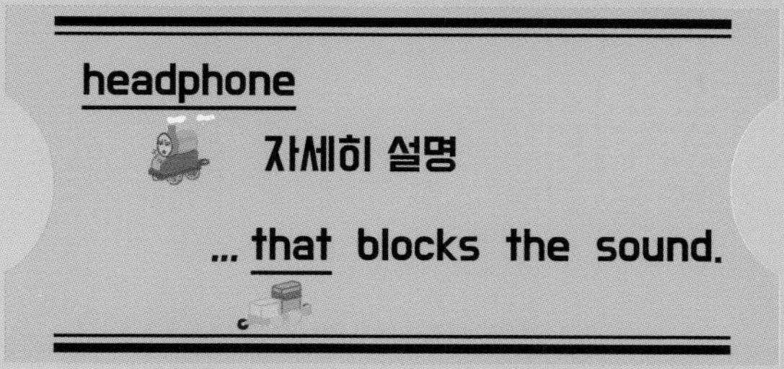

만약 '차단하다'라는 단어도 모른다면? 그러면 또 다른 단어로 풀면 되는 겁니다. cut도 되겠죠? 한 번에 못 알아들어도 당황할 필요가 없어요. 상대가 이해했다고 반응할 때까지 설명하면 되는 겁니다. 바보가 아닌 이상 다 금방 반응한답니다. 그러면 상대가 단어를 알려주는 경우가 많아요.

Are you talking about noise cancelling headphones?
noise cancelling headphones 익숙한 단어들이 있죠?
noise [노이즈]는 소음, **cancelling**은 cancel [켄슬], '취소하다'에서 온 단어.

#네! 그거 있나요?

→ Yes! Do you have them?

이런 식으로 새 단어를 알게 되는 상황이 자주 생긴답니다. 또 해보죠.

상황) 새로운 곳, 언어가 전혀 통하지 않습니다.

#한국말이나 영어를 하는 사람이 필요합니다.

→ I need someone who speaks Korean or English.

→ I need someone that speaks Korean or English.

사람일 때도 이렇게 that을 쓴답니다.
"This is someone, that is someone" 식으로 사용했죠?

그럼 이제 연습장에서 모르는 단어를 퀴즈 맞히듯 연습하며 WH 열차도 만들고 that으로도 바꿔봅시다.

#쟤(남)가 유일한 녀석이야.
only / guy

.... He is the only guy.

#쟤(남)가 이 문제를 해결할 수 있는 유일한 녀석이야.
problem / solve

He is the only guy that (who)
.... can solve this problem.

#너한테 이메일 전달해줄게.
forward [*포워드]=전달하다

.... I'll forward you the email.

#매니저한테 받은 이메일 너한테 전달해줄게.
manager / forward

I'll forward you the email
.... that (which) I got from the manager.

#난 모든 수업을 다 들을 거야.

.... I'm going to take every class.

#저 교수님이 제공하는 수업은 다 들어야지!
professor / offer=제공하다

I'm going to take every class
.... that that professor offers!

#A: (입을 열고 목젖을 가리키면서) 이게 영어로 뭐야?

.... What is this in English?

상대방이 무슨 말인지 못 알아들었어요.

#(좀 더 안쪽을 가리키면서) 이 목 안에 달려 있는 이거 뭐냐고?
throat [*쓰*롯] / hang

What is this thing that
.... hangs in your throat?

#B: That's an uvula[유*빌라].

#A: 그렇군. 내 목젖이 혀에 닿고 있어.
tongue [텅] / touch

.... Okay. My uvula is touching my tongue.

#실례합니다, 이게 가장 큰 박스인가요?
big

.... Excuse me, is this the biggest box?

#실례합니다, 이게 여기서 파는 가장 큰 박스인가요?
sell

.... Excuse me, is this the biggest box that (which) you sell?

#그녀가 당신을 좋아한다는 5가지 신호.
signs

.... 5 signs that she likes you.

#당신이 모르는 사람.
someone

.... Someone that (who) you do not know.

#당신이 모르는 사람이 당신에게 요청했습니까?
ask

.... Did someone that (who) you do not know ask you?

상황) 공항에서 직원이 물어봅니다.

#모르는 사람이 뭔가를 운반해달라고 요청했습니까?
know / carry

.... Did someone that (who) you do not know ask you to carry something for them?

상황) 게임 중입니다.

#진행자: 자기 팀에게 이것들을 묘사하세요.
describe=묘사하다

.... Describe to your team these things.

#자기 팀을 위해 이 빛나는 것들을 묘사하세요.
shine [샤인]

.... Describe for your team these things that (which) shine.

The Simpsons (1989-) [TV Series]
Created by M. Groening

사람 이름의 순서도 우리말과 영어는 차이를 보입니다.
우리는 성을 먼저 말하죠. 자신이 속해 있는 환경을 먼저 말합니다. 가족이란 결국 내가 속해 있는 환경이라 할 수 있잖아요. '조석' 하면 '조씨' 가족 안에 '석'이 있는 것이죠.
이름인 '내'가 나중에 나옵니다.

하지만 영어는 '나'를 먼저 말합니다. 영어는 요점을 먼저 말하는 경향이 있다고 했죠?
내 이름을 말할 때는 결국 내가 가장 대표적인 거잖아요. 그렇게 이름을 말한 후, Matt.
그러고 나서 자신이 속해 있는 가족의 성을 말합니다, Groening.

of 껌딱지도 그런 식이죠? 가장 먼저 보이는 것을 말하고 설명을 뒤에 합니다.
WH 열차도 말을 하다가 덧붙이는 것 말고 처음부터 설명하며 말할 경우에는 우리말과 반대로 나온답니다. 그러니 꾸준히 연습을 해야 해요. 한 번 더 만들어봅시다.

#나랑 친한 친구.

> close <

→ My close friend. 간단한 설명은 이렇게 될 수 있는데,

#프랑스에서 일하는 내 친구. 이럴 경우는?

"제 친구는 프랑스에서 일해요"라는 말은 만들기 쉬운데, 이런 문장이 아니라 '친구'만을 설명하는 거잖아요.

주체인 친구를 떠올리고, My friend~

설명하면 됩니다, who works in France.

→ My friend that works in France.

또 해보죠.

#좋은 책.

→ A good book.

책이 떠올려지죠?

#내가 산 책.

'샀다'는 말이 나와야 하니 열차로 뒤에 넣어주는 것입니다.

→ The book that I bought. The와 A의 차이는 이미 터득했죠? (스텝 01[07] / 01[08])

그럼 좀 더 응용해볼까요?

#내가 산 책이 얼마였지?

→ How much was the book that I bought?

계속 이어가보죠.

#A: 누가 친절한 사람을 안 좋아하겠어?

→ Who doesn't like kind people?

#B: 난 나 좋아하는 사람이 좋은데.

문장 먼저 쌓아볼까요?

나를 좋아하는 사람.

사람들이 보이고, people

나를 좋아해주는 겁니다. DO 기둥 문장으로 이어줘야겠죠, who like me.

#나를 좋아하는 사람. → People who like me.

지금까지 배운 것을 토대로 보세요. 여기서 who는 people을 말하는 거잖아요. 그래서 당연히 they라고 보고 DO 기둥으로 가는 겁니다. 단순히 WH가 주어로 들어갔다고 해서 DOES 기둥으로 가지 않는 거예요. 룰이 상식적으로 움직이죠? 이제 응용해보죠.

#난 나 좋아하는 사람이 좋은데.

→ I like people who like me.

→ I like people that like me.

격식적인 글에서는 사람일 때 that보다 who라고 하면 더 좋답니다.

#내가 만날 남자애.

남자애가 떠올려지죠? A boy~

나머지 설명 들어가면 돼요. 아직 안 만났고 만날 겁니다. WILL 기둥으로 가도 되고, GONNA 기둥으로 가도 되겠죠? 확실하게 만날 거면 GONNA로 해볼까요?

→ A boy who I am going to meet.

간단하죠?

#저 남자애야, 내가 만날 애가.

→ That is the guy that I am going to meet.

처음부터 생각하고 만들어볼까요?

#내가 만날 애가 저 남자애야.

→ That is the guy that I am going to meet.

그럼 퀴즈식으로 연습해볼게요.

#누구인지 알아맞혀 봐!

→ Guess who!

#이 사람은 우리가 존경하는 사람이야.

> admire [어드'마이어] <

→ This is someone who we admire.

격식 없이 말할 때는:

→ This is someone that we admire.

#이건 네가 좋아하는 거야.

→ This is something which you like.

→ This is something that you like.

#이 사람은 네가 어제 전화한 사람이야.

→ This is someone who you called yesterday.

→ This is someone that you called yesterday.

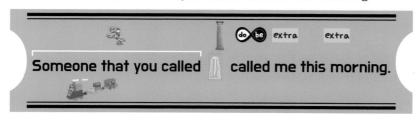

좀 더 응용해보죠.

#네가 전화한 사람이 나한테 오늘 아침 전화했어.

누가 전화했어요? '네'가 전화한 사람이죠.

Someone인데 설명 들어가야 하니, who you called.

Someone who you called~

그 사람이 뭘 했죠?

나한테 전화했죠. DID 기둥을 써서, called me.

extra 오늘 아침에, this morning.

→ Someone who you called called me this morning.

영어는 단어가 반복돼도 구조대로 가면 상관이 없다고 했죠! that으로 바꿔서 다시 말해보세요.

→ Someone that you called called me this morning.

extra extra

Someone that you called called me this morning.

당연히 카멜레온 자리에 WH 열차 연결할 수 있죠? 쉬운 껌딱지를 카멜레온에 넣어볼까요?

#교실에 있는 여자애.

→ The girl in the classroom.

#교실에 있는 여자애가 내 여자 친구야.

→ The girl in the classroom is my girlfriend.

한 번 더 비슷하게 응용해보죠.

상황) 고객, client [클라이언트]에게 전화가 왔습니다.

#네가 전화한 고객이 나한테 오늘 아침 전화했어.

누가 전화했어요? 네가 전화한 고객이죠!

The client who you called ~

~ called me this morning.

→ The client that you called called me this morning.

#내 지갑 훔친 사람이 내 카메라도 훔쳤어!

> wallet / steal [스틸] <

누가 내 카메라도 훔쳤어요? 내 지갑 훔친 사람이.

The person ~ who stole my wallet~

~ also stole my camera!

→ The person who (that) stole my wallet also stole my camera!

#그 장소 기억나,

→ Do you remember that place,

#우리가 처음 만났던 곳?

→ where we met for the first time?

→ that we first met?

#우리가 처음 만났던 곳 기억나?

→ Do you remember that place that we met for the first time?

→ Do you remember that place that we first met?

WH 열차는 참 다양하게 연습할 수 있죠? 단어를 모를 때 설명하기도 좋고, 퀴즈로 맞혀보는 것도 좋고요. 여러분도 원맨쇼를 하며 연습할 때 이렇게 퀴즈나 질문으로 만들어보세요.

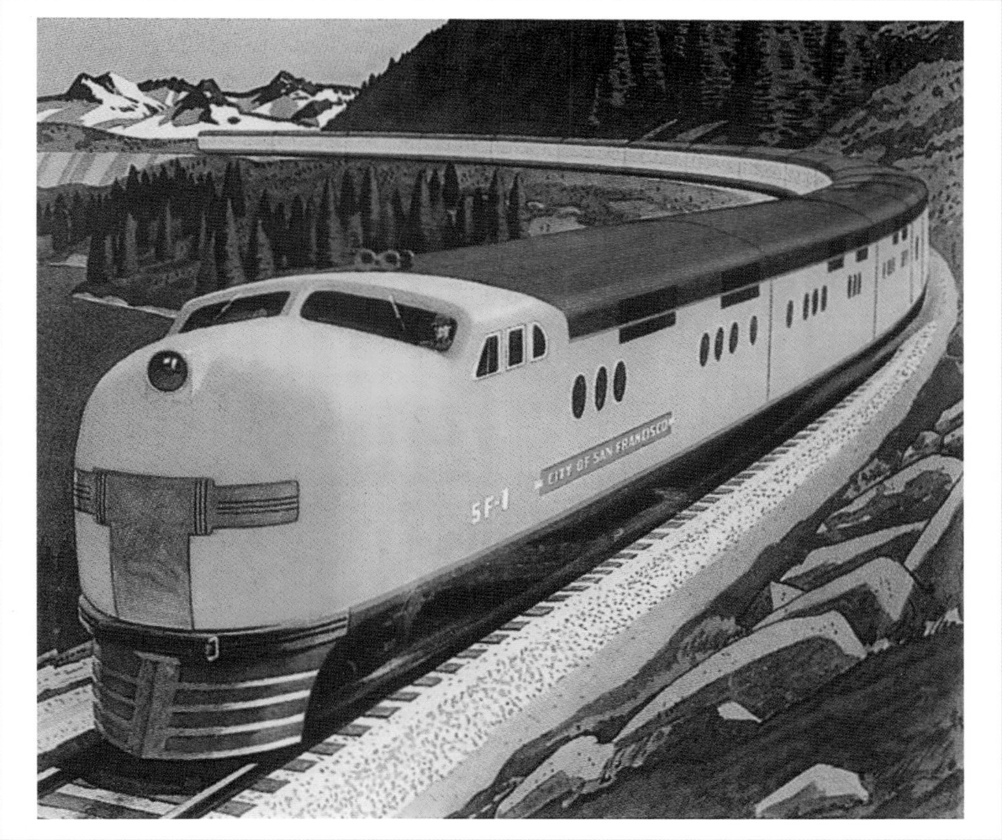

#미래를 예견하는 것들!

> future [*퓨쳐] / predict [프*레'딕트] <

→ Things that predict the future!

#미래를 예견하는 것들을 5개 대봐!

> name <

→ Name 5 things that predict the future!

이런 식으로 말이죠.

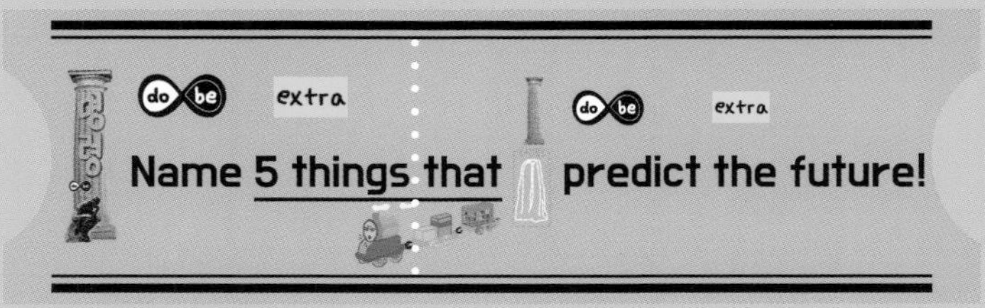

보통 WH 열차를 공부할 때는 문법적으로 접근해서 다양한 룰을 들이대는 경우가 대부분입니다. 복잡하게 보지 마시고, 지금까지 연습한 대로 단어만 바꿔서 다양하게 만들어보세요. 어렵지 않습니다. 우리에게 유용한 도구니까 친해지세요.

13-08 접속사

While

상황) 낮잠을 자고 나오자 밖에 있던 이들이 묻습니다.

#A: 그 안에 있었어? 그 방에서 뭐 하는 중이었어?

→ Were you in there? What were you doing in that room?

#우린 너 안에 있는지 몰랐었는데.

→ We didn't know (that) you were in there.

여기 THAT은 접착제죠. 의미가 있는 열차 that이 아니니 구분하세요. 계속 만들어보세요.

#왜 안 나왔어?

→ Why didn't you come out?

#B: 낮잠 자고 있었어.

> nap <

→ I was taking a nap.

#A: 자고 있었던 거야?

→ You were sleeping?

너 잠든 사이에, 우리 저녁 다 먹었는데.

자! **잠든 사이에~** 새로운 것 가르쳐드립니다. 바로 **while** [와일]

when처럼 리본이지만 when은 '그때'잖아요.
타임라인 보면 while은 한때가 아닌
'시간이 흘러간다'는 느낌이 듭니다.

리본이니 기둥 문장 그냥 붙이면 되죠.
'너 잠든 사이에', while you were sleeping~

#너 낮잠 자는 동안, 우리는 저녁 먹었다.

→ While you were taking a nap, we had dinner.

다음 문장도 만들어보세요.

#당신이 잠들어 있었어요.

→ You were sleeping.

#당신이 잠든 사이에.

→ While you were sleeping.

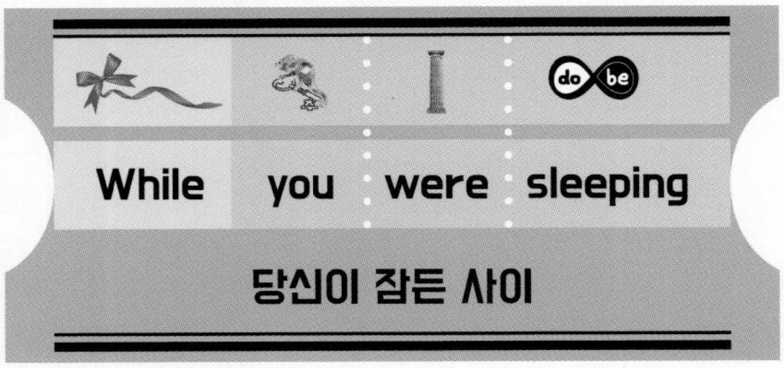

while 사용법은 간단하죠?
말할 때 타임라인 안에서 상상하며 만드세요.

#내 회사를 네가 운영해줄 수 있겠어, 내가 내 개인적인 일을 처리하는 동안?

> 운영하다=많이 쓰는 단어는 run입니다. 잘 달리게 하는 거죠. / personal things / take care <

→ Could you run my company while I take care of my personal things?

#Can I count on you?

자! **count**라는 단어. do 동사에 넣으면 '수를 세다'입니다.
Count down! 하면 10, 9, 8 7 식으로 수를 내리죠.
하지만 **count on you**는 '너 위에서 숫자를 세겠다'는 게 아니고 '너를 믿을 수 있느냐'는 질문이에요.

예를 들어 쓸모 있는 것과 없는 것을 구별한다고 합시다. 이건 버리고, 저건 넣고, 요건 버리고 하면서 남은 쓸모 있는 것들만 몇 개인지 셀 때 있죠?
그런 것처럼, count가 된다는 것은 그만큼 쓸모 있는, 의미가 있는 것을 말합니다.

"Can I count on you?"는 "널 믿을 수 있겠냐? 너는 믿을 만한 사람이냐?"라는 겁니다.

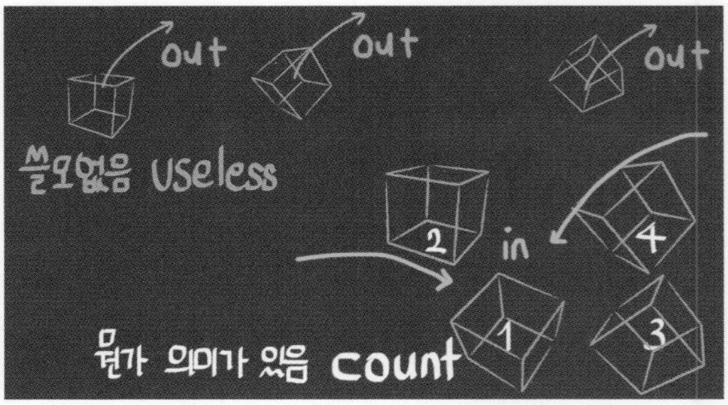

예를 하나 더 보여드리죠.

상황) 다른 사람 앞에서 재주를 뽐내주려 합니다.

#내가 뭘 할 수 있는지 보여드릴게요.

→ I will show you what I can do.

그런데 처음부터 실수가 났어요.

#잠깐! 이번 건 무시하세요!

> dismiss or forget or ignore <

→ Wait! Dismiss this one! / Forget this one! / Ignore this one!

다 말이 됩니다. 하지만 또 잘 쓰는 다른 말이 있습니다.

#This one doesn't count!

이건 카운트되지 않는다?

이번 건 쓸모 있는 것이 아니니 나를 평가하는 데 이 의미 없는 것을 넣지 말아달라는 겁니다.

상황) 친구가 일을 시작했다는데 의심이 듭니다.

#그거 다단계처럼 들리는데.

> pyramid schemes [피*라미드 스킴즈] <

scheme은 책략이에요. 복잡한 계획을 준비해서 하는 거죠.

→ That sounds like pyramid schemes.

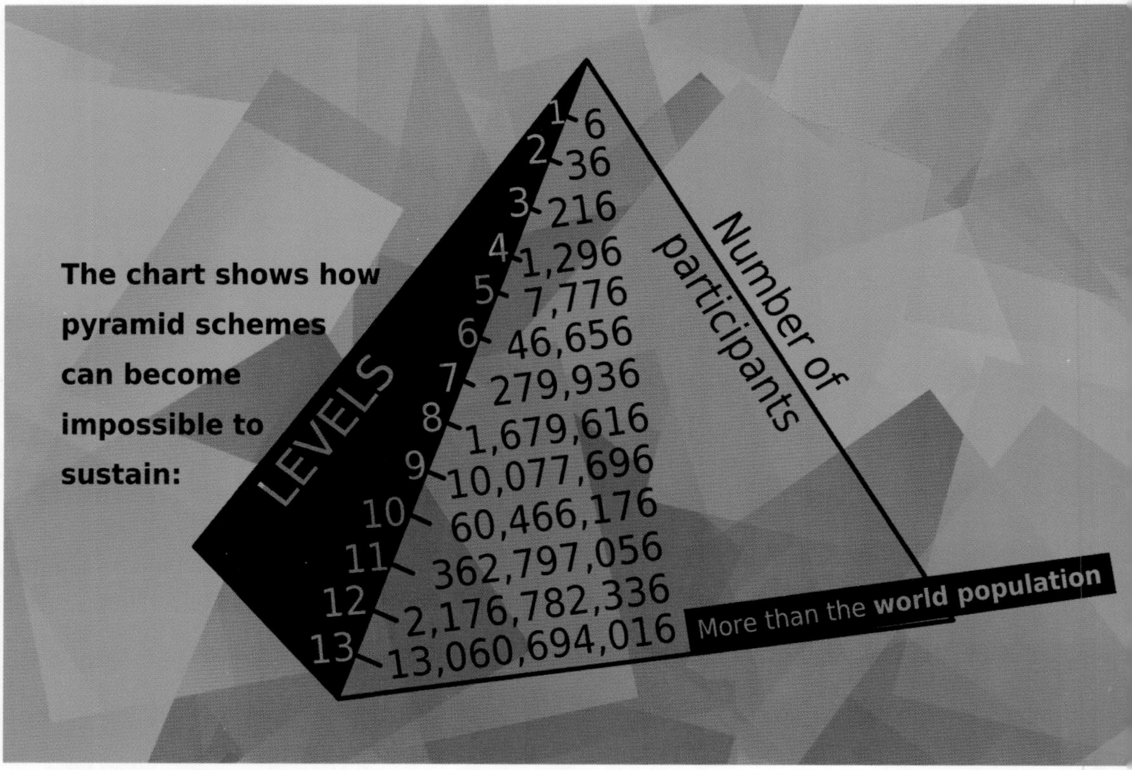

#나올 수 있을 때 나와라.

나와라. 나올 수 있을 때.

→ Get out while you can.

같은 말을 when으로도 할 수 있답니다. 이미지만 살짝 다르게 전달될 뿐이죠.

Get out when you can. 과 **Get out while you can.**

우리말이든 영어든 이 둘은 그리 큰 차이가 없습니다.

타임라인에서 when을 쓰면, 시간이 한 번씩 나는 것이지만, while을 쓰면 나올 수 있는 시간이 흘러간다는 느낌입니다. 그래서 그 시간이 끝날 수 있으니 기회를 놓치지 말라는 느낌도 들죠.

세계적인 금융·비즈니스 정보채널 미국 《CNBC 뉴스》의 헤드라인.

#Why Spotting a Pyramid Scheme Isn't So Easy

왜 / 스포팅 하는 것 / 다단계를 / 그렇게 쉽지 않은지.

자연스럽게 번역하면

'다단계를 알아채는 것이 쉽지 않은 이유'겠죠.

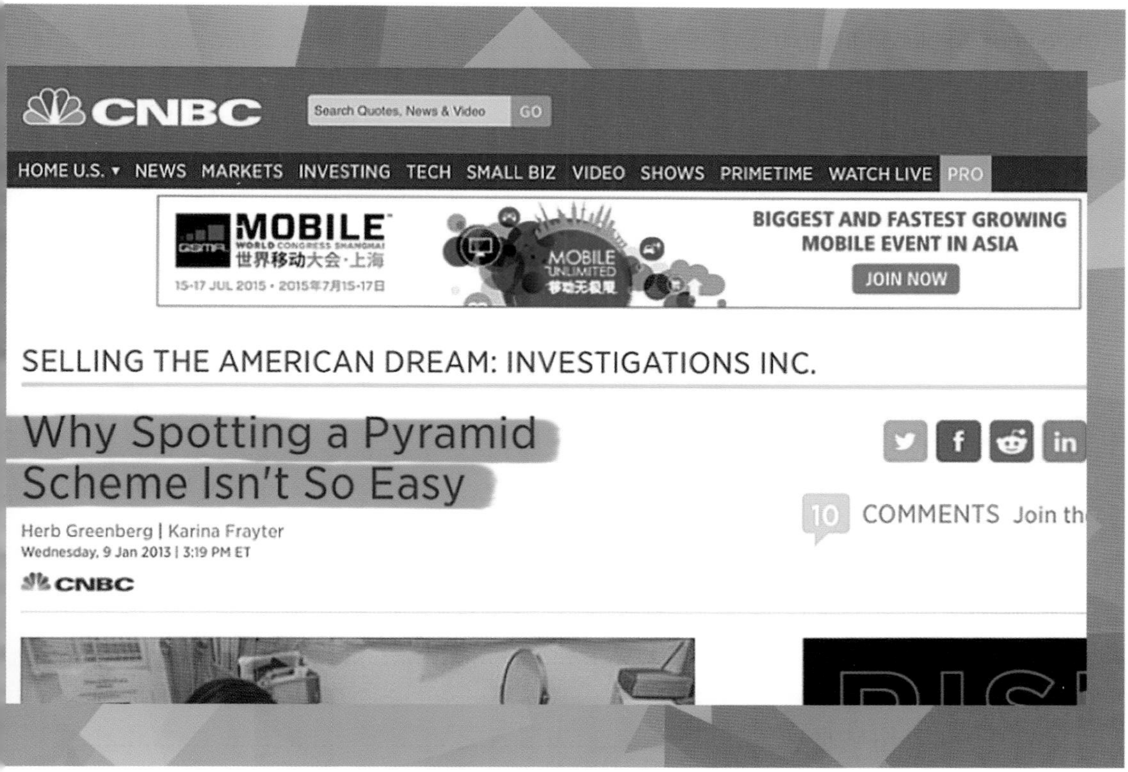

spot은 다른 차이가 없어 보이는 것들에서 그 차이를 알아채는 겁니다.

'틀린 그림 찾기 게임'을 영어로 Spot the difference라고 한답니다.

차이점이 없는 부분에서 동그랗게 점처럼 끄집어내는 거죠. (이미지: 틀린 부분 15개)

출처:

From Japan Wikipedia: ja:user:Muband

'선녀'와 가장 비슷한 단어는 fairy [*페어*리]일 것 같습니다. angel은 아기천사도 되거든요.

#선녀는 아름다운 여자, fairy 같은 겁니다.

→ Sun-Nyo is like a beautiful lady fairy.

#'나무꾼'은 영어로?

→ What is '나무꾼' in English?

나무를 자르는 사람. woodcutter랍니다.

#선녀가 목욕하는 동안, 나무꾼이 선녀의 옷을 훔쳤습니다.

> take a bath / clothes / steal <

→ While the fairy was taking a bath, the woodcutter stole her clothes.

리본인 while은 쉬우니 연습장에서 기둥을 다양하게 섞으면서 대화도 만들어보고 while을 배경으로 깔거나 엑스트라에도 넣으면서 연습해보세요.

연습

#A: 선녀가 목욕하는 동안, 나무꾼이 선녀의 옷을 훔쳤어!

.... While the fairy was taking a bath, the woodcutter stole her clothes!

#B: 나무꾼이 변태였던 거야?

pervert [퍼~*벌트]=변태

.... Was the woodcutter a pervert?

#A: (대충 맞히면) 절박했나 보지.

desperate [데스퍼*럿]=절박한

.... Maybe he was desperate.

#B: 뭐? 그럼 절박함이 변명이 될 수 있다고?

desperation / excuse [익스큐즈]=변명

.... What? So desperation can be an excuse?

#A: 아니, 난 그 말을 하는 게 아니라! 어쨌든 이건 동화라고!

say / fairy-tale=동화

No, I am not saying that!

.... Anyway, this is a fairy-tale!

#B: 한국 민화는 이상해.

Korean folk tale / strange

.... Korean folk tales are strange.

#A: 너 그리스 로마 신화와 비교해볼래? 어떤 것이 더 변태 같은지 보고 싶니?

Greek and Roman Mythology [미*쏠로지] / compare=비교하다 / perverse [퍼'*벌스]

Would you like to compare it with Greek and Roman Mythology?

.... Do you want to see which is more perverse?

#끝나지 않았어! 난 포기 안 해.

over / give up

.... It's not over! I am not giving up.

#아무것도 끝난 게 아니야, 내가 숨을 쉬는 동안은.

breathe

.... Nothing is over while I'm breathing.

#테니스 하다가 손목을 접질렀어.

tennis / wrist [*뤼스트]=손목 / sprain [스프*레인]=삐다

.... I sprained my wrist while I was playing tennis.

#우리 요리하는 동안 여기 있던 양고기 먹지 않았지? (그렇지?)

cook / lamb

You didn't eat the lamb here

.... while we were cooking, did you?

#기다리는 동안 커피 좀 마실 수 있을까요?

get

.... Could I get some coffee while I wait?

'~동안'이란 말.
during 생각나지 않았나요?
during은 껌딱지! 그래서 명사만 들어갈 수 있지만 while은 리본! 기둥 문장 전체를 묶을 수 있는 거죠. 리본은 잘 풀리듯 기둥 문장을 통째로 묶으며 앞으로 나올 수 있는 겁니다.

while 은 '시간이 흘러가는 동안'이어서 정확한 시간이 아닌 모호한 시간을 말할 때 a while 이라고 사용할 수 있습니다. 상황에 맞춰서 몇 분에서 며칠까지 될 수 있는 거죠. 다음 예문에서 구경해 보죠.

상황) 회사에서 사람을 찾습니다.
#A: 안녕하세요. Crane 씨를 찾고 있는데요. 있으신가요?
→ Hello, I am looking for Mr. Crane. Is he in?

지나가던 직원이 말합니다.
#B: 3시간 전에 나가셨어요.
DID 기둥 써서
→ He went out 3 hours ago.

He went out 3 hours ago.
3 시간

He went out a while ago.
꽤. 한동안

그러자 원래 질문을 받았던 분이 대답합니다.
#C: 꽤 전이었네요.
3시간 전 3 hours ago.
꽤 전 a while ago.
→ That was a while ago.

계속 만들어보세요.

#돌아오셨을 수도 있겠네요.

→ He could be back.

#확인해드릴게요.

→ I will check it for you.

while을 리본으로 탄탄하게 익히고 나면 명사로 재활용된 단어는 금방 감이 잡힐 겁니다. 그럼 joke 해볼까요?

상황) 나이가 많은 부부가 외출 준비 중인데, 남편이 문 앞에서 기다리다 외칩니다.

#A: Hurry up! While we are young!

서두르라고 할 때 잘 쓰는 말입니다. "이러다 늙겠어! 빨리 나와!"인 거죠. 젊었을 때 움직이자는 겁니다.

할머니가 나타나더니 말합니다.

#B: Too late!

이미 너무 늦었어! joke 하는 거죠.

#즐길 수 있을 때 즐겨!

→ Enjoy it while you can!

#젊었을 때 여행하라.

> young / travel <

→ Travel while you are young.

#밖에 뭐가 있는지 직접 눈으로 봐봐.

> own [온] eyes <

→ See what's out there with your own eyes.

자! 영국 영어는 whilst도 잘 쓰지만 둘은 완전 똑같아서 들을 때 헷갈리는 것이 없습니다. 그럼 이제 연습장에서 영화 대사를 영어로 만들어보세요! 다양한 영어를 만들 줄 알게 되신 겁니다.

상황) 영화 <슈퍼 배드>. 새 집에 온 아이들에게 훈계하는 장면입니다.

#A: Okay. Okay. 뻔히 보이듯이 우린 규칙을 좀 세울 필요가 있겠어.

Hint: 뻔히 보이듯이~ obviously도 되는데, clearly도 기억나나요?

rules / set

Okay, okay. Clearly,
we need to set some rules.

#규칙 1번. 너희는 아무것도 건드리지 않는다.

touch

Rule number one.
You will not touch anything.

#B: 아하(aha)! 바닥은요?

floor

Aha! What about the floor?

#A: 그래, 바닥은 만져도 돼.

Yes, you may touch the floor.

#B: 공기는요?

air

What about the air?

#A: 그래, 공기도 만져도 돼! 좋아. 규칙 2번. 너희는 내가 일하는 동안은 날 귀찮게 하지 않는다.

work / bother

Yes, you may touch the air!
Okay. Rule number two. You will not
bother me while I'm working.

#규칙 3번. 너희는 울고, 징징거리고, 웃고, 킥킥거리고, 재채기하고, 토하고, 방귀를 뀌지 않는다!

cry / whine [와인]=징징거리다 / laugh / giggle [기글]=킥킥거리다 /
sneeze [스니~즈]=재채기하다 / barf [발*프]=토하다 / fart [*팔트]

Rule number three. You will not cry, or whine, or laugh, or giggle, or sneeze or barf or fart!

#그러니 아무 짜증 나게 하는 소리 없기! 알았지?

annoy=짜증나게 하다 / sound

So no annoying sounds. All right?

#B: (얼굴로 소리를 내면서 묻습니다.) 이건 짜증 나는 걸로 성립되나요?

Hint: 성립되다, count로 써보죠. 카운트되다. 배웠죠?

count

Does this count as annoying?

#A: 아주!

Very!

13 09

전치사

BETWEEN

껌딱지들 엄청 많이 배웠네요! 스스로 박수!

이번에 배울 것은 이미 많이들 잘 알지만 헷갈려 하는 경우가 있어요. 왜 그런지 봐보죠.
다음을 영어로 만들어보세요.

#너와 나.

→ You and me.

너와 나 사이.

소개합니다. 껌딱지 **between** [비트윈~].

→ Between you and me.

/among

뭔가의 '사이'를 말할 때는 between이라는 껌딱지를 사용합니다.

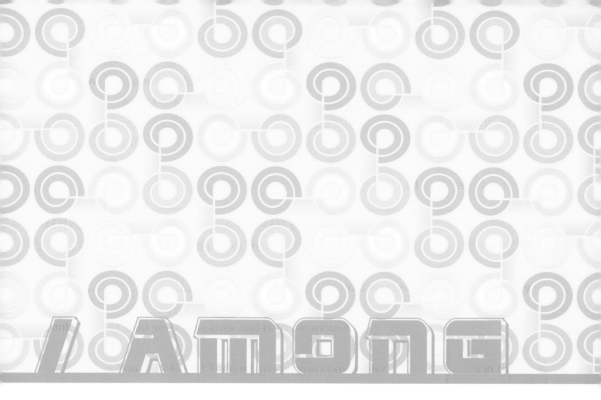

원래 tween은 숫자 2에서 온 단어로 쌍둥이 twin이 있죠?

#너와 나 사이에 아이가 있어.

→ There is a baby between you and me.

#누구의 애야?

→ Whose baby is it?

쉽죠? 한 단계 더 올라가볼까요?

상황) 팬들이 잔뜩 모였습니다. 그 사이에 있어요.

팬들 사이에.

이럴 때는 between이라고 하지 않고 **among** [어몽] 껌딱지를 씁니다.

→ Among fans.

사람들이 많아서 단체로 있으니 수를 세기가 힘들죠? 이럴 때 among을 쓰는 겁니다.

많은 분이 between은 꼭 2개 사이를 말할 때만 사용된다고 생각하고 그 이상은 다 among이라고 보는데요. 시중에 있는 영어책들에서도 그렇게 설명되는 경우가 상당히 많고, 어원으로 봐도 그렇게 보입니다. 하지만 꼭 그렇진 않습니다.

Oxford 사전에서 예문 하나 번역해볼까요?

#It also reveals the relationship between exploration, science and technology.

무슨 기둥이죠? 또한 [리빌] 한다. s 붙은 것 보이죠? DO 기둥인데 DOES로 바뀐 것뿐이에요.

단어 모르면 계속 읽죠. **the relationship**, 관계, 어디 사이? ex 어쩌고와 과학 그리고 테크놀로지 사이! 뒤에 이렇게 3개가 붙었는데 between 붙여주죠?

먼저 뜻부터 알아봅시다. **reveal**은 '드러내다, 보이지 않던 것을 드러내 보이다'입니다.

과학과 기술 사이인데 하나 더, exploration. 어디서 본 단어죠?

Explore! 탐험해!

[션] 붙여 명사로 '탐험, 탐사, 탐구'가 된답니다.

탐구와 과학과 기술 사이. 내용은 뭔가가 이들 사이의 관계를 드러낸다고 하죠?

between exploration, science and technology.

3개 사이. 3개가 나열되니까 스텝 01[04]에서 배운 것처럼 맨 마지막에 and를 붙여줍니다.

왜 between인데 3개가 나올까요?

between은 2개 사이가 아니라, 정확하게 구별되는 것들 사이에 있는 것을 말합니다.

예로 잘 제공되는 문장 하나 드리니 이미지 그리면서 읽어보세요!

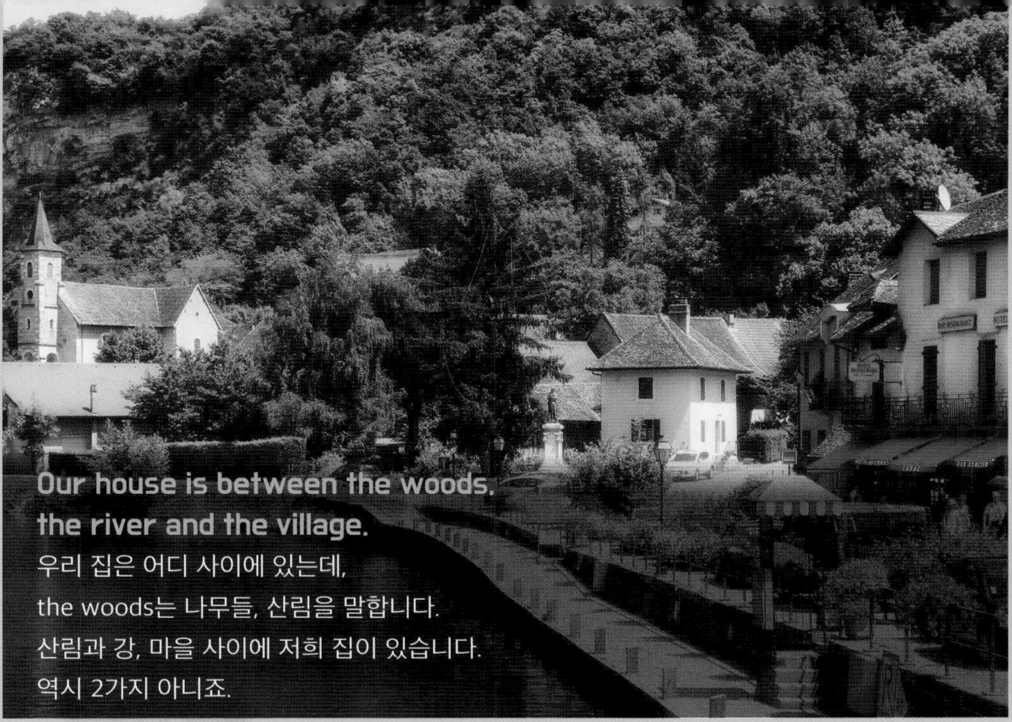

Our house is between the woods,
the river and the village.
우리 집은 어디 사이에 있는데,
the woods는 나무들, 산림을 말합니다.
산림과 강, 마을 사이에 저희 집이 있습니다.
역시 2가지 아니죠.

영어를 보면 숫자를 좋아하는 것이 보인다고 했죠?
사람 한 명: a person
사람들: 떼거지로 묶여 있어 한 명 한 명 보이지 않는 것. people
이렇게 영어는 분류해서 단어까지 따로 붙였잖아요.
원래 이것도 수로 더 따지고 들자면 persons와 a people이 있었지만 지금은 폐어 수준이니 넘겨 버리죠.

옛날에는 2개면 딱 구별이 된다고 생각했나 봅니다. 흑백, 천국과 지옥, 남과 여. 정말로 딱 2개만 있으면 자동으로 구별은 되죠. 이런 식으로 정확히 그 사이가 구별될 때 between을 쓰는 겁니다. 반대로 뭉쳐 있어서 수로 구분이 안 되는 것은 among. 그래서 3개로 뭉쳐 있어도 나뉘어만 있으면 구별은 쉽게 되겠죠.

이것만 알면 별것 없어요. 그래서 어떤 것은 양쪽 다 될 때가 많아요. 상대에게 무슨 이미지를 떠오르게 하느냐에 따라 껌딱지가 달라지는 것뿐입니다.

between과 among은 이미지를 그리면서 연습하는 것이 제일 좋은 방법입니다. 무조건 하나의 룰이 있는 것이 아니에요.
둘 다 될 수 있습니다.

#내 남자 친구랑 나는 나무 사이를 걸었어.

My boyfriend and I walked between the trees. 이렇게 말하면 나무 사이를 걷는데 양쪽에 나무가 있고 그 사이를 걸었다는 이미지가 전달됩니다.

My boyfriend and I walked among the trees. 숲이 우거진 나무 사이를 걷는 이미지가 전달되는 거죠. 결국 선택은 여러분의 몫입니다. 또 보세요.

상황) 남자 5명을 두고 1명을 고르랍니다.

#저 남자애들 사이에서 나보고 고르라 하면 안 되지!

> boys / choose / make <

5명이 있지만 정확히 따로따로 있죠? Between those boys!

→ You can't make me choose between those boys!

#난 쟤네 다 좋아해! 전부 데리고 있으면 안 될까?

→ I like them all! Can't I keep them all?

그럼 바로 연습장 들어가죠!

#A: 우리 청색과 흰색이 있으니 골라! 뭐 해? 이 둘 사이에서 골라!

choose

We have blue and white, so choose!
What are you doing?
Choose between these two!

#B: 왼쪽에 있는 것으로 할래요!

left

I will choose the left one!

#회원들 간에 많은 이견이 있었습니다.

Hint: THERE 기둥으로 만들어보세요.

members / disagreement [디써'그*리~먼트]=이견

There was lots of disagreement among the members.

#넌 이제 친구들 사이에 있으니 자유롭게 말해도 돼.

friends / free / speak

You're among friends now, so you can speak freely.

#스위스, 네덜란드, 덴마크는 세계에서 가장 행복한 국가들 중 하나지.

Switzerland / the Netherlands / Denmark / country

Switzerland, the Netherlands, and Denmark are among the happiest countries in the world.

#탐정: 살인자가 우리 중에 있습니다.

murderer [머더*러]

The murderer is among us.

상황) 서로 눈이 맞았다고 생각했었는데 아니었나 봅니다.

#너희 둘 사이에 불꽃이 좀 있었다고 생각했었는데.

Tip: 서로 눈이 맞았을 때, "불꽃이 있다"고도 잘 말합니다.

think / spark=불꽃

I thought (that) there were some sparks between you two.

#재(남)랑 나랑 차이점이 뭐야?

difference

What's the difference between me and him?

#우리 사이에는 갈등이 많아요.

Tip: THERE 기둥으로 만들어보세요.

tension [텐션]=갈등

There's a lot of tension between us.

#내 이 사이에 낀 거 있어?

teeth

Is there anything between my teeth?

#보통 제가 11시랑 1시 사이에 바쁩니다.

busy

I'm usually busy between eleven and one.

독일도 1949년부터 1990년까진
동독과 서독으로 갈라져 있었죠?

#동독은? → East Germany

#서독은? → West Germany

뒤에 eastern, western처럼 [언]이 붙는 것은 한 지역 안에서 동쪽 편에 위치했다, 서쪽 편에 위치했다고 말하는 겁니다.

동양과 대비한 서양을 말할 때도
'Western [웨스턴]'이라고 한답니다.

그래서 #서양 문화가 영어로?

Western culture [컬쳐]

껌딱지가 쉬우니 어려운 문장을 만들어봅시다.

우리나라도 분단국가죠.

#그 코멘트는 내정간섭의 형태가 되겠네요. (WOULD 느낌으로)

> comment / foreign [*포*린] interference [인터*피*런스]=내정간섭 / form=형태 <

→ That comment would be a form of foreign interference.

#이것은 북과 남 사이의 일입니다.

→ This is between North and South.

우리 '노 코멘트'라는 말 쓰죠? 실제 영어에서도 씁니다. No comment.
인터넷 기사에 달리는 '댓글'을 comment라고 합니다. 뭔가에 대해 말을 남기는 것이죠.

그럼 마지막 문장 접해보죠.

#이거 비밀이야, 알았지?

> secret [씨크*릿] <

→ This is secret, okay?

#우리 넷이서만 알고 있는 거다.

간단하게 영어로

→ This is just between us four. / That is just between the four of us.

between과 among 느낌 감 잡히죠?
그럼 주위를 관찰하면서 다양하게 만들어보세요.

13 10

부정문 / 과거

NOT / 과거

1 2 3

기둥들은 영어에서 가장 기본적인 것들입니다.
영어의 모든 문장이 기둥으로 만들어져 있기 때문에 정말 많이 사용하게 될 수밖에 없죠.

WOULD 기둥으로 만든 I would를 묶으면 뭐였죠? I'd.
NOT까지 넣어서 묶으면 I'd not으로 가든지 I wouldn't로 가면 되죠.
묶고 푸는 것은 발음의 편리함을 위한 것인데 양쪽을 다 묶어버리면 오히려 발음이 불편해져서 한 쪽만 줄인다고 했습니다.
룰이 아닌 편리함을 위해 만들어진 것이라고 보는 순간 간편해지는 겁니다.

그럼 WOULD 기둥과 모양이 아주 비슷한 COULD 기둥!
이래서 COULD 기둥은 묶지 못합니다. 안 그러면 둘 다 I'd로 끝나니 구별이 안 되겠죠.
대신 COULD 기둥이 NOT과 합쳐지면 그것은 묶을 수 있습니다.
Couldn't [쿠든트]

자, CAN 기둥의 가능성을 낮추고 싶으면 COULD 기둥을 사용하면 되고 마찬가지로 과거에서만 할 수 있었던 것들을 말할 때는 지금 못 하기 때문에 CAN 기둥보다는 약한 COULD를 재활용하는 거라고 했죠?

보통 COULD 기둥을 CAN의 과거로 사용하는 것에만 더 익숙해져 있기 때문에 일부러 COULD의 과거 사용은 초반에만 잠깐 소개한 후 지금까지 안 나오게 나눴답니다.
과거로 만드는 것은 정말 쉽거든요. 여러분은 이미 COULD 기둥의 어려운 부분은 다 하신 겁니다.
그러니 이번 스텝에서는 NOT을 넣어 연습해보죠.

#나 아까 숨을 쉴 수가 없었어.

지금 못 하는 것은 "I cannot!"이지만 아까면

→ I could not breathe before.

#왜 숨을 쉴 수가 없었지?

→ Why could I not breathe?

다음 말은 좀 더 긴데 만들어보세요.

#네가 아까 전화기에 뭐라고 말했는데, 제대로 들을 수가 없었어. 뭐라고 한 거야?

> properly [프*러펄리] <

아까 네가 뭐라고 말했음 — 내가 들을 수가 없었음 — 뭐라고 한 거임? 이게 포인트죠?

→ You said something on the phone before, but I couldn't hear you properly. What did you say?

영어로 말할 때는 완벽히 머릿속에 만들어질 때까지 조용히 있지 말고, 문장을 읽은 후 말의 요점이 이해되기 시작하면 1초 안에 소리내기 시작하면서 기둥 구조대로 단어를 넣으면 됩니다.

#A: 난 어렸을 때 공포 영화 못 봤어.

> horror movies <

→ When I was young, I couldn't watch horror movies.

#B: 너 지금도 못 보잖아!

→ You still can't watch them!!

#A: 볼 수 있거든!

→ Yes, I can!

가이드를 봤을 때 낯설어 보이면 어떤 스텝들은 소화 안 된 상태에서 속도만 올리는 것일 수 있어요. 스텝을 어느 정도 탄탄히 하지 않으면 레벨이 올라갈수록 더 흔들릴 수 있으니 대충 하지 말고 편하게 감이 잡히는 것을 확인하면서 스텝을 밟아야 합니다.

그럼 연습장에서 탄탄하게 익히세요!

#내가 그에게 약속을 했는데, 지킬 수가 없었어.
promise / keep

.... I promised him, but I couldn't keep it.

#그는 너무 화가 나서 내 얼굴도 못 쳐다봤어.
angry / face / look

He was so angry that he
.... couldn't even look at my face.

#우리 이 고양이 키워도 돼? 쟤 얼굴 좀 봐! 저 얼굴을 그냥 무시할 수가 없었어.
kitty / keep / face / ignore [이그'노어]

Can we keep this kitty? Look at its face!
.... I just couldn't ignore that face.

#시험 중에 그냥 집중을 할 수가 없었어요.
exam / concentrate

I just couldn't concentrate
.... during the exam.

#시험을 채점하는 중에 그냥 집중을 할 수가 없었어요.
mark

I just couldn't concentrate while
.... I was marking the exam.

#어두워서 아무것도 못 찾았어.
dark / find

It was dark so I couldn't find anything. /
.... I couldn't see anything because it was too dark.

#한동안 어떤 사진도 다운 못 받았었는데, 지금은 가능해.
a while / picture / download / possible

I couldn't download any pictures
.... for a while, but now it's possible. / but now I can.

#그땐 내가 임신했다는 걸 몰랐지.
pregnant

I didn’t know (that) I was pregnant then.

#늦어서 미안. 주차할 공간을 못 찾았어.
late / sorry / park / space=공간 / find

I’m sorry (that) I’m late.
I couldn’t find a space to park.

#A: 왜 꿈에서 움직일 수가 없었지? 그게 악몽이었나?
dream=꿈 / move / nightmare [나잇메어]=악몽

Why couldn’t I move in my dream?
Was that a nightmare?

#B: 가위 눌린 것처럼 들리는데.
가위에 눌리다=sleep paralysis [파'*랄리씨스]
paralysis는 ‘마비’

That sounds
like a sleep paralysis.

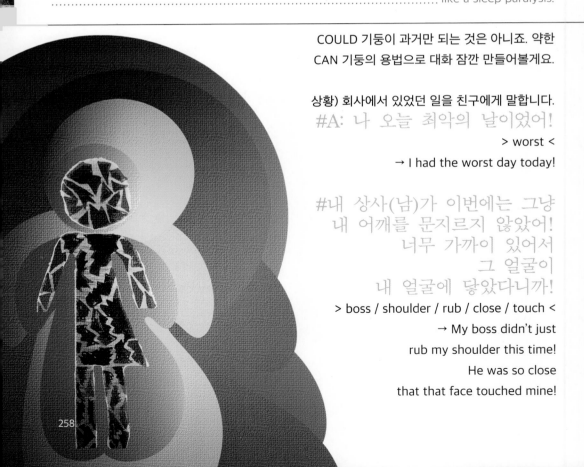

COULD 기둥이 과거만 되는 것은 아니죠. 약한 CAN 기둥의 용법으로 대화 잠깐 만들어볼게요.

상황) 회사에서 있었던 일을 친구에게 말합니다.

#A: 나 오늘 최악의 날이었어!
> worst <
→ I had the worst day today!

#내 상사(남)가 이번에는 그냥 내 어깨를 문지르지 않았어! 너무 가까이 있어서 그 얼굴이 내 얼굴에 닿았다니까!
> boss / shoulder / rub / close / touch <
→ My boss didn’t just
rub my shoulder this time!
He was so close
that that face touched mine!

#그 사람 숨결을 실제 내 볼에서 느낄 수 있었다고!

> breath [브*레*스] / cheek / feel <

→ I actually could feel his breaths on my cheek!

#완전 소름 끼쳤어! 이거 성희롱 아니야?

> creepy [크리피]=섬뜩한 / sexual harassment [섹슈얼 허'*라스먼트]=성희롱 <

→ It was so creepy! Isn't this a sexual harassment?

#고소해버릴 거야, 성희롱으로!

> sue [쑤]=고소하다 <

extra 껌딱지 필요해요. 이 행동을 하는 이유,

for sexual harassment!

→ I will sue him for sexual harassment!

듣던 친구가 말합니다.

#B: 아마 그걸로는 고소 못 할 거야.

아마 못 할 것인데 확신 낮춰서 COULD 기둥으로 말할 수 있다고 했죠?

→ You probably couldn't sue him for that.

#비디오에 찍어놓지 그래?

> video / capture [캡쳐] ㅡ 스크린 캡쳐라고 하죠? 기록하도록 찍어두는 겁니다. <

→ Why don't you capture it on the video?

지금까지 배운 COULD의 기본 스텝들 복습하면서 NOT을 넣어 다양하게 만들고 자연스럽게 나오도록 연습해보세요.

13^{11} 관계사

WH 열차가 마지막 Planet이라고 했죠? 복습 스텝입니다!
스텝 13^{07}에서 했는데 벌써 하느냐고요?
먼저 WH 열차에서 여러분이 알아야 할 것은 다 나왔습니다. 더 탄탄해질 수 있게 연습도 계속할 겁니다.
그럼 이렇게 다시 빨리 나오는 이유가 뭐냐고요?

WH 열차를 학교에서 문법시험으로 보기 위해
복잡하게 설명하는 것이 있어서요.
학교 시험을 안 볼 분들은 복잡하면 신경 쓰지
말고 페이지 266쪽으로 넘어가도 됩니다.
그럼 짚어보죠.

WH 열차 3탄

말 | 글

자, 언어란 것은 말이 먼저일까요? 글이 먼저일까요?
말이 먼저겠죠?
그래서 이 코스는 글로 쓰인 것을 해석하며 배우는 영어가 아닌 어떤 느낌으로 언제 저 말을 쓰나 설명하며 말을 중심으로 영어를 배우고 있습니다.
WH 열차 역시 그렇게 배웠죠?

WH 열차는 이미 말한 것에 대해 설명하려 할 때 기둥 문장으로 설명해야 하는 경우 뒤에 붙여 설명하는 것이었습니다. 간단했죠.
그런데 말할 때가 아닌 글로만 보면 어떤 WH 열차는 콤마가 붙어 있고 어떤 것은 안 붙어 있어요.
똑같은 말인데
글에서는 왜 서로 다르게 표기되어 있을까요?
의외로 간단하답니다.
우리는 '콤마'를 숨 쉬는 것으로 바라봤죠?
그럼 아무 때나 숨을 쉴 때 다 콤마를 찍을까요?
그건 말이 안 되잖아요.
언어의 흐름이 끊기는 템포에서 숨 쉴 때를 말하는 거죠. 그 흐름을 좀 더 구조적으로 바라볼게요.
다음 문장을 소리 내서 말해보세요.

"오늘 반찬은 김치, 콩나물, 호박무침이에요."
콤마마다 한 템포씩 쉰다는 느낌이 드나요? 영어에서도 이런 느낌으로 사용하는 것이라고 했습니다. 그런데 말하는 사람이
"오늘 반찬~" 하더니 기억하려 잠시 템포를 멈추고 흐름을 끊습니다. 그러더니 나머지를 말해요. 그러면 '오늘 반찬'과 '은' 사이에 콤마를 찍을 건가요? 아니죠.

콤마는 그런 겁니다. 틀 사이에서 흐름이 살짝 달라질 때 찍는 것으로 굳이 배우지 않아도 알 수 있습니다. 영어로 comma, 우리말로 쉼표죠.
그럼 다 좋다 이겁니다. 그런데 누가 이 콤마를 글 읽을 때 신경이나 쓰나요? 그럼 이번엔 영어를 볼까요?

We will introduce our new programme which will help with your English.
We will introduce our new programme, which will help with your English.
아래 문장은 which 앞에 콤마가 있죠?

영어를 읽을 때 속으로 읽는 경우가 대다수이지만 저 두 문장을 소리 내서 읽어보세요! 그럼 두 말의 말투가 서로 달라져야 한다는 것 느껴지나요? 똑같은 말투가 아닙니다. 그 말투까지 생각하면서 읽어내야 하는 것이죠. 왜냐고요? 그 말투에서 다른 메시지가 전달되기 때문입니다. 볼까요?

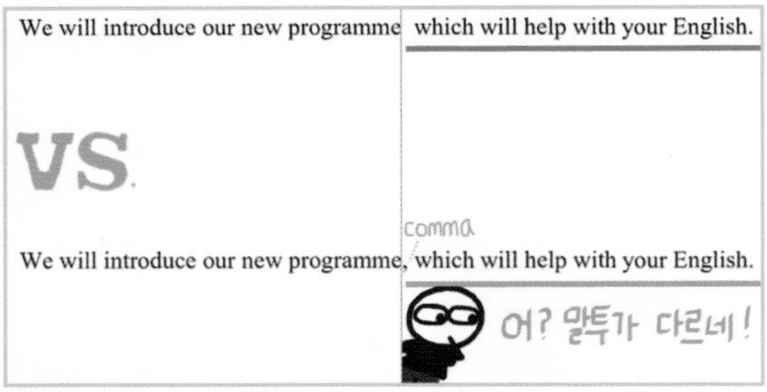

학교에 모인 분들에게 다짜고짜
"저희의 새 프로그램을 소개해드리겠습니다"라고 말하기 시작하면, "뭔 프로그램?"이라고 할 수 있겠죠? 그래서 설명이 필요합니다.

여러분의 영어를 도와드릴 저희의 새 프로그램을 소개해드리겠습니다.
흐름 끊김 없이 말을 쭉 하게 되죠? 이것이 콤마 없이 말하는 것입니다. 그 느낌대로 읽어보세요.
We will introduce our new programme which will help with your English.

콤마 없이 WH 열차를 붙였다는 것은 그 정보가 필요했다는 겁니다. 그러니 말의 흐름이 끊기지 않고 말투도 바뀌지 않는 것이죠.

그럼 콤마가 찍혀 있을 때는?
이미 학교에 모인 분들과 영어 관련 프로그램에 대해 말하고 있는 중에 말을 다시 꺼낼 때 사용합니다.

We will introduce our new programme, which will help with your English.
저희의 새 프로그램을 소개해드리겠습니다, 하고 콤마 찍었죠. 다시 말해 앞에 한 말에 굳이 설명을 더할 필요성은 없었지만 그냥 추가적으로 덧붙이는 것입니다.
그것은 여러분의 영어를 도와드릴 것입니다.
이 두 문장을 하나의 말로 연결하면,
저희의 새 프로그램을 소개해드릴 건데, 그것은 여러분의 영어를 도와드릴 것입니다.
소개해드릴 건데, 하고 잠깐 흐름 멈추고 다시 말하게 되죠.

그 느낌이니 그대로 영어로 읽어보세요.
We will introduce our new programme, which will help with your English.

추가적으로 말을 덧붙인 것이니 그다음 말을 할 때 잠깐 쉬면서 말투가 바뀌거나 톤이 바뀌면서 읽게 되는 것이죠. 그래서 그곳에는 콤마가 찍혀 있게 되는 겁니다.
내가 말할 때는 그 톤이 알아서 생기니 상관없지만 다른 사람이 이미 한 말을 글로만 읽어야 할 때는 이 콤마의 느낌을 알고 읽어야 그 느낌을 제대로 살릴 수 있겠죠?
그럼 소리 내서 읽어볼까요?

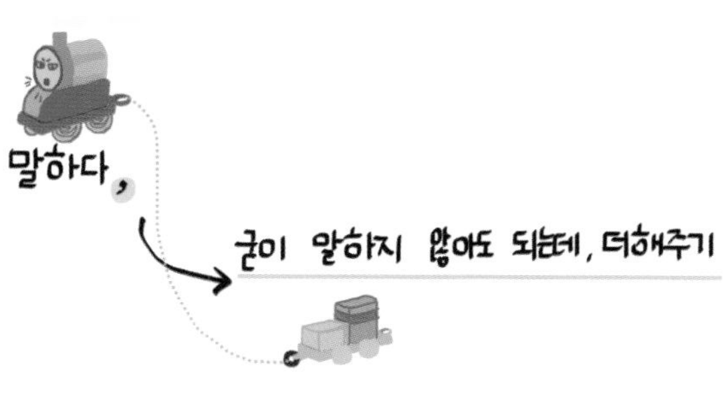

자, 뜬금없이 이런 문장을 봤다고 합시다.

The students who passed the test had a party.

학생들인데, 콤마 없이 곧바로 WH 열차로 연결되죠?

"시험 통과한 학생들은 파티를 했다."

자, 콤마가 없이 설명이 들어갔다는 것은 처음부터 저렇게 말할 필요가 있었던 겁니다.
다시 말해 눈앞에 테스트를 통과 못 한 학생들도 있었으니 설명을 해줄 필요가 있었던 거죠.
하지만 다음 말을 봅시다.

The students, who passed the test, had a party.

학생들, 하더니 콤마를 찍었어요. 그럼 여러분도 숨을 한 번 쉬세요. 굳이 할 필요 없는 말을 하는 겁니다. 시험 통과 했잖아요. 파티를 했답니다.
'시험에 통과했다'는 말은 자랑처럼 하나 덧붙인 거죠.

영어의 구조상 뒤에 이어 붙이는 게 가능하기 때문에 이렇게 'by the way~' 느낌으로 빠져서 다른 말을 덧붙일 수 있는 것이죠. 그런데 여러분은 전의 WH 열차 스텝들에서 연습할 때 이 둘의 차이를 인지하면서 만들었나요? 아니었죠? 바로 그겁니다!
내가 직접 영어로 말할 때는 못 느낀답니다. 그러니 말에 먼저 익숙해져야 이런 것들이 다 수월해지겠죠?

그런데 오디오도 없고, 영상도 없이 단순히 글로만 영어를 배울 때는 저 2개의 똑같은 문장을 적어놓은 후 콤마 하나로 비교하려 하니 많은 설명이 필요했을 겁니다. 지금 시대에는 불필요합니다.

영어로 말하면서 한 번도 WH 열차가 두 분류로 나뉜다는 것을 인지하거나 헷갈렸던 적이 없었거든요. 자연스레 말하면서 금방 익히게 되어 있습니다.
그러니 여러분은 그런 문법을 고민하지 말고, 설명이 필요한 것을 적을 때는 콤마 없이 적고, 굳이 하지 않아도 될 말이지만 추가적으로 하고 싶어서 더하는 말 앞에는 콤마를 찍으면 됩니다.
그리고 자신이 그 말을 할 때 말투에 익숙해지세요. 글을 볼 때도 그 느낌대로 읽으면 되는 겁니다. 그럼 낯설지 않게 글로만 하나 더 해보고 말로 다시 가볼까요?

Ms. Brown has two friends who are English teachers.
브라운 씨에게는 영어 선생님이신 친구가 두 분 계세요.
콤마가 없을 때는 설명이 처음부터 필요해서 없었던 거예요, 알았죠?
콤마 있는 것을 보았다면?

Ms. Brown has two friends, who are English teachers.
브라운 씨에게는 친구가 두 분이 있으신데, 그분들은 영어 선생님이세요.
우리말이니 다양한 변형이 생길 수 있겠죠. 여러분이 편한 대로 번역하면 되는 겁니다.

대신 콤마를 찍고 덧붙여 말한 WH 열차는 그만큼 흐름의 끊김이 있으니 스텝 13[07]에서 배운 대로 that으로 바꿔주지는 않습니다. that은 그만큼 소리를 묻으면서 넘기는 것인데, 한 번 호흡하고 덧붙이는 시작을 그렇게 묻어버리면 말의 흐름이 끊기니 안 하는 거죠. 상식적이죠?
그럼 이제 콤마는 그만 접고 that을 더 나가보죠.

많은 친구 중 **시드니에 사는 친구.**
이렇게 처음부터 생각해서 한 번에 설명을 하며 들어가는 것은 that으로 바꿀 수 있었죠?
그래서 우리는 that으로 바꾸는 것을 스텝 13[07]에서 배웠습니다. 그럼 말로 만들어보세요.

#시드니에 사는 친구.
→ A friend that lives in Sydney.

또 하나 만들어보세요.
#내가 사랑하는 친구.
→ A friend that I love.

자! 퀴즈!
위의 두 문장에서 연결고리인 that이 생략될 수 있는 문장은 어떤 것일까요?
제가 설명 안 드렸습니다. 알아맞혀 보세요.
여러분은 지금까지 영어가 어떤 구조로 만들어져 있고, 무엇이 중요하며, 영어는 큰 틀 안에서 상식적으로 움직이는 룰이 대부분이라는 것을 알고 있습니다.

그러니 이 질문의 답을 스스로 알아맞힐 수 있을 것입니다. 연결고리인 that이 생략될 수 있는 문장을 고르고 왜 그런지 그 이유를 누군가 눈앞에 있다고 상상하며 설명해보고 답을 비교해보세요.

시드니에 사는 친구
→ A friend that lives in Sydney.

내가 사랑하는 친구.
→ A friend that I love.

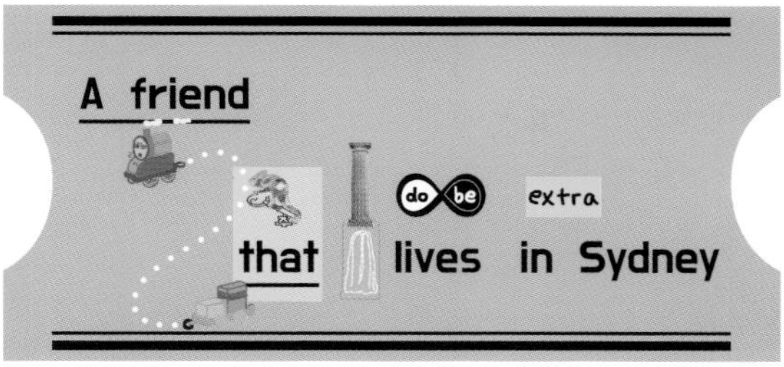

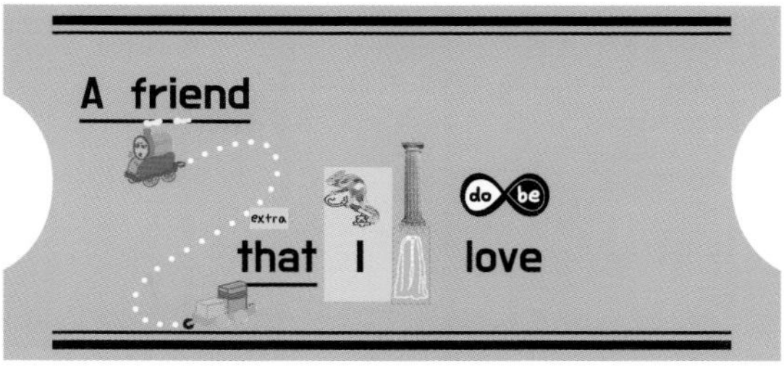

A friend that lives in Sydney.

that 생략은 이 첫 번째 문장에서는 될 수가 없습니다. 왜?

어떻게 아느냐? that을 빼면 남는 것은 'lives in Sydney' 기둥 문장이 깨졌잖아요.

that을 빼니 연결고리에서 카멜레온이 없어지죠. 기둥 구조 무너지는 소리 들립니까? 기둥은 명령 기둥이 아닌 이상 카멜레온 없으면 무너지죠?

여기 that은 friend가 연결되어서 who/that으로 바꾼 겁니다. 앞에 한 말을 더 연장하는 것으로, that lives in Sydney 할 때 여기 that이 a friend를 대신하는 것이죠. 기둥 문장에 필요한 카멜레온.

하지만 두 번째

A friend that I love.

여기선 연결고리 that을 빼도 I love가 남죠? 'I ( ) love' DO 기둥이잖아요?

기둥 구조에 중요한 카멜레온과 기둥, 두비가 다 있으니 엑스트라는 사라져도 구조가 무너지지 않을 수 있는 거죠.

그래서 첫 번째에서는 that을 생략 못 하지만 두 번째 that은 생략할 수 있답니다. 생략하고 만들어 볼까요?

A friend I love.

그럼 좀 더 긴 문장에 적용해보죠.

#시드니에 사는 친구에게 편지를 받았어요.

> letter / get <

→ I got a letter from a friend that lives in Sydney.

#내가 사랑하는 친구에게 편지를 받았어요.

→ I got a letter from a friend that I love.

#내가 사랑하는 친구에게 편지를 받았어요.

→ I got a letter from a friend ( ) I love.

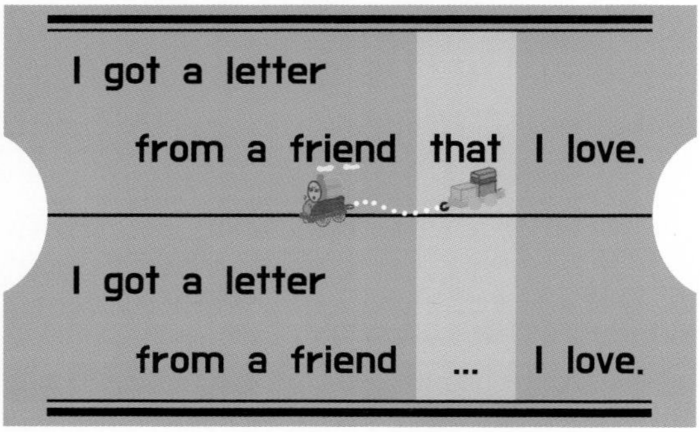

이것을 문법적으로 설명하면
"주어는 생략이 불가능하지만 목적어일 경우는 생략이 가능하다"는 것이죠.
결국 단어가 기둥 앞에 있었느냐, 엑스트라 자리에 있었느냐의 차이일 뿐입니다.

그런데 말이라는 것은 이해했다고 끝나는 것이 아니라 직접 말로 빨리 만들 줄 알아야 제대로 알고 있는 것이죠? 그러니 생략하는 것들 위주로도 연습을 해봅시다.

하다 보면 매우 쉽답니다.
그럼 WH 열차에서 that으로 바꿔준 후 that까지 생략하는 식으로 3개씩 아래와 같이 만들어보죠.

#내가 사랑하는 친구.

→ A friend who I love.

→ A friend that I love.

→ A friend I love.

#웃고 있는 강아지.

→ A dog which is laughing.

→ A dog that is laughing.

→ 아하! 함정이었습니다!

that 숨긴 분들! 조심하세요! 여기서는 that을 숨길 수 없죠? 안 그러면 뒤의 기둥 문장에서 카멜레온이 사라지잖아요.
영어는 카멜레온이 중요합니다!

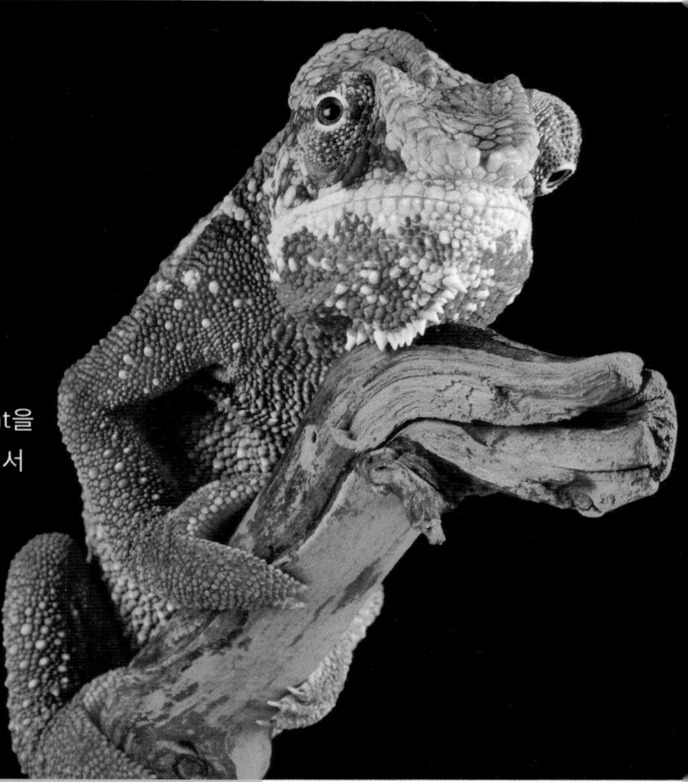

계속해보죠.

#내가 가장 처음 체크한 곳.

→ The place where I checked first.

→ The place that I checked first.

→ The place I checked first.

이렇게도 말할 수 있겠죠?

→ The first place I checked!

#네가 나한테 데이트하자고 한 날.

> ask out on a date <

→ The day when you asked me out on a date.

→ The day that you asked me out on a date.

→ The day you asked me out on a date.

이제 문장으로도 쌓아볼까요?

#최고!

→ The best!

#네가 할 수 있을 최선!

→ The best which you can!

그런데 the best처럼 이렇게 the first, all 등 정확하게 무엇인지 알 때는 which보다 that을 더 많이 쓴답니다. which는 뭔가 zoom in 하는 것인데(스텝 09[14]) best나 first는 이미 옵션이 좁혀졌으니 that으로 약하게 해주는 것 같아요.

The best that you can.

The best (that) you can.

#네가 할 수 있는 최선을 다해.

→ Do the best that you can!

→ Do the best (that) you can!

#넌 네가 할 수 있는 최선을 다했어.

→ You did the best you could.

과거여서 약해졌으니 COULD 기둥으로 해준 겁니다.

#네가 원하는 어떤 것이든!

anything도 마찬가지로 옵션이 좁혀지는 것으로 봐서 that을 더 많이 써준답니다. 다시 만들어보세요.

→ Anything which you want!

→ Anything that you want!

→ Anything you want!

#네가 원하는 어떤 것이든 가질 수 있어!

→ You can have anything you want!

#네가 원하는 무엇이든 될 수 있어!

→ You can be anything you want!

우리말로는 '어떤 것이든, 무엇이든'이지만 영어는 그냥 do에서 be로만 바뀌었습니다.

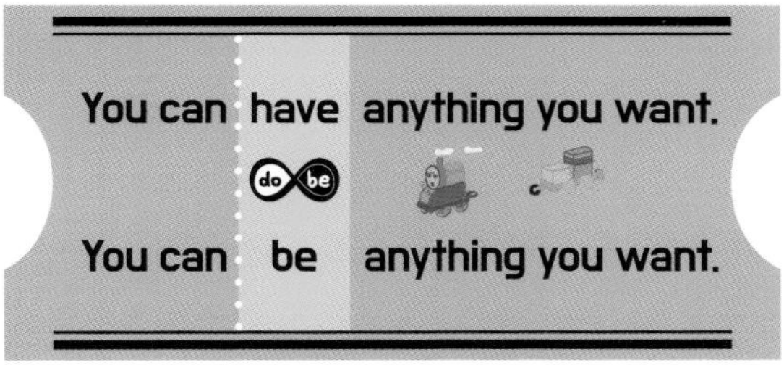

#네가 감당 못 하는 것들.

> handle <

→ Things which you can't handle.

→ Things that you can't handle.

→ Things you can't handle.

#인생은 네가 감당할 수 없는 것은 주지 않는다고?

→ Life doesn't give you things you can't handle?

합친 후 숨기는 것 어렵지 않죠?

그럼 여기서 나온 예문들로 단어만 쉽게 바꿔가면서 탄탄해질 수 있게 반복해보세요!

312

전치사 / 부사

beyond

영어로 만들어보세요.

: 야구 경기에 있었는데 홈런볼이 내 쪽으로 날아왔잖아!

aseball game / home run ball / fly <

→ I was at a baseball game, and this home run ball flew towards me.

: 잡았어?

tch <

→ Did you catch it?

: 아니, 손이 닿지가 않았어.

ach=어딘가의 반경 안에 닿다, 도달하다 <

→ I couldn't reach it.

히 "I couldn't touch it" 해도 메시지 전달되죠? 대신 reach라고 하면 다가가려고 했는데 안
미지가 전달되겠죠. 다른 말로도 해볼까요?

손 닿는 곳 너머였어.

~'였다.

, 그 이상을 말할 때 사용하는 껌딱지 쉬운 것
쳐드리죠. 다른 껌딱지보다 활용을 적게 하
하게 보세요. 바로 **beyond** [비'욘드].
was beyond my reach.
는 곳은 적지만 그래도 껌딱지는 활용하기
니까 다 알아두는 것이 좋습니다.

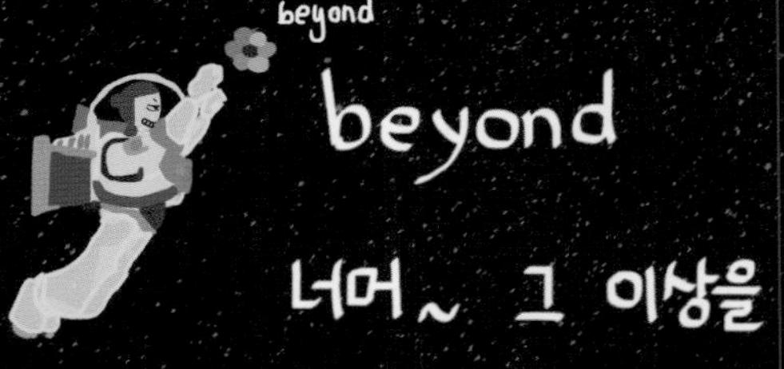

상황) 가게를 맡기고 돌아왔더니 가게가 난장판이에요.

#A: 여기에 무슨 일이 있었던 거예요?!

→ What happened here?!

#B: 실망시켜드려 죄송합니다.

> disappoint [디싸'포인트] <

'실망시키다'는 do 동사니까 그냥 못 붙고 TO 다리 연결해서, to disappoint you.

→ I am sorry to disappoint you.

상황이 제 통제력 밖이었어요.

뭐가 통제력 밖이에요? 상황이 → The situation [씨츄'에이션]

두비에서 be인데, 지금 말고 전이었던 거죠, ~ was.

내 통제력 밖. out으로 하면 밖으로 나간 거예요. Out of my control. control을 나에게 준 것인데도 뺏긴 겁니다. 내 통제 밖으로 나가버린 거죠. my control에서 out!

→ The situation was out of my control.

하지만 가게에서 control은 나한테 있었잖아요. 나에게 조정할 수 있는 권한이 있긴 했는데, 내가 감당 못 하는 것으로 넘어간 거죠. 내가 갈 수 없는 곳까지 가다. 그런 메시지로 더 잘 어울리는 껌딱지가 바로 beyond my control.

→ The situation was beyond my control. 내 컨트롤 이상으로 가버린 겁니다.

이렇게 많은 껌딱지의 사용법을 제대로 다 기억할 수 있을까 고민하지 마세요. 영어를 한다고 해서 처음부터 모든 것을 다 알고 시작하는 것이 아닙니다. 누누이 강조하지만 외국어는 그렇게 되지 않아요. 내가 말할 때는 내 어휘 안에서 게임을 해야 하는 겁니다. 외국어는 메시지를 전달했다면 미션 성공입니다.

유명한 애니메이션 〈Toy Story〉에 나오는 말,

To infinity and beyond!

Toy Story (1995) [movie]
Directed by J. Lasseter

우주전사 버즈가 날아갈 때 저런 말을 합니다.
To infinity and beyond.
앞에 to는 껌딱지 to 맞습니다.
infinity [티]로 끝나죠.
영어에서 **전기**: electricity, **유명인사**: celebrity 등 [티]로 끝나는 단어들은 명사가 많답니다.

infinity 무한성. 무한대. 끝이 없음.
우리 두비링은 수학에서 '무한대'라고 부르는데 영어로는 **infinity ring**이랍니다. 그래서 그 뜻과 어울리게 결혼반지도 있답니다. 무한하게, 끝이 없게 같이 인연을 맺자 해서 결혼반지로 잘 어울리는 거죠.

그럼 우주전사와 함께 이미지로 그려볼까요?
날아가면서, **To infinity.**
방향을 잡았는데, 무한함으로 가고 있는 거죠.
우주가 무한하다고 하잖아요. 여기까지는 쉽죠?

and beyond!
이미 무한대까지 갔는데, 그것을 넘어서 그다음까지 가겠다는 겁니다.
보이나요?

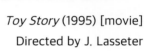

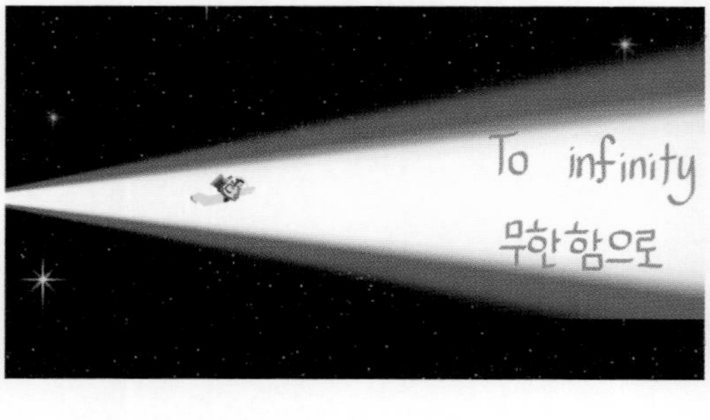

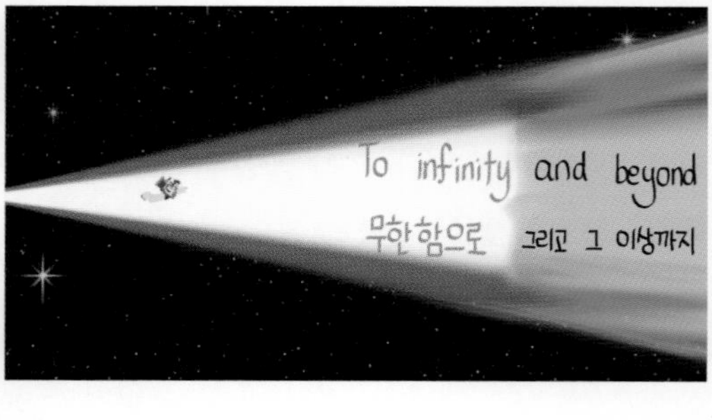

공식적인 우리말 번역은, **"무한한 공간 저 너머로~"**라고 했더군요.

다음 문장 보세요.

#This is beyond belief!

믿다 = **believe**의 명사, **belief** = 믿음.
beyond면 내가 믿는 것의 양을 넘어선 것, 다시 말해서 믿을 수 없다는 겁니다.
"I cannot believe it!"보다 훨씬 더 센 말이에요.

차이 보여드리죠.
"I cannot repair it"은 그냥 "수리 못 해요"지만
"This is beyond repair"는 수리할 수 있는 차원을 넘은 겁니다.
차이 보이죠?
beyond는 그만큼 그 이상을 가는 거예요.

우리말에도 뭔가 받아들일 수 없는 일에
"말도 안 돼! 거짓말! 진짜야?" 등 다양한 말로 감정을 표현하죠? 좀 더 격식적인 상황에서는
"정말요? 믿기지가 않네요. 세상에!"라고 다르게 말하잖아요.
이렇게 영어는 "I can't believe it! It's unbelievable!" 등이 있고, 또 "It's beyond belief!"가 있는 거죠.

이번에는 “That is beyond me”라는 한 문장이 어떻게 다르게 번역되는지를 비교해볼 겁니다. 먼저 다음 문장을 만들어 보세요.

#왜 그냥 보고만 있어? 가서 도와줘!

→ Why are you just watching? Go and help!

#That is beyond me.

이미지로 생각해야 번역이 나오겠죠. 안 그러면 “저것은 제 너머입니다” 식이 되잖아요.
저건 제가 어떻게 할 수 있는 일이 아니라는 겁니다.

#왜 재(남)는 저 애(여)랑 인생을 낭비하고 있는 거야?

> waste <

더 나은 사람과 좋게 살 수 있는데, 왜 재랑 있느냐고 물을 때 영어에서 잘 쓰는 말입니다.

→ Why is he wasting his life with her?

#That is beyond me!

“저건 내 머리로 이해가 안 돼! 이해 안 가!”라는 뜻입니다.

둘 다 똑같은 “That is beyond me”인데
하나는 “제가 할 수 있는 부분이 아니에요”이고
하나는 “전 이해 가 안 가요”, 상황에 따라 전혀 다르게 번역되죠.

영어를 영어로만 이해한다면 같은 느낌의 메시지이기 때문에 같은 것을 썼구나, 보였을 겁니다. 두 상황에서 beyond 하나로 간단하게 메시지 전달이 되니까 사용한 거죠.
영어를 하는 사람들은 모두 기억해서 사용하는 것이 아니라, 1개나 2개의 공통점을 봤기 때문에 그것을 다양한 곳에 응용할 뿐입니다. ‘그때그때 달라요’가 아니에요. 어느 누구라도 배우기만 하면 할 수 있습니다.

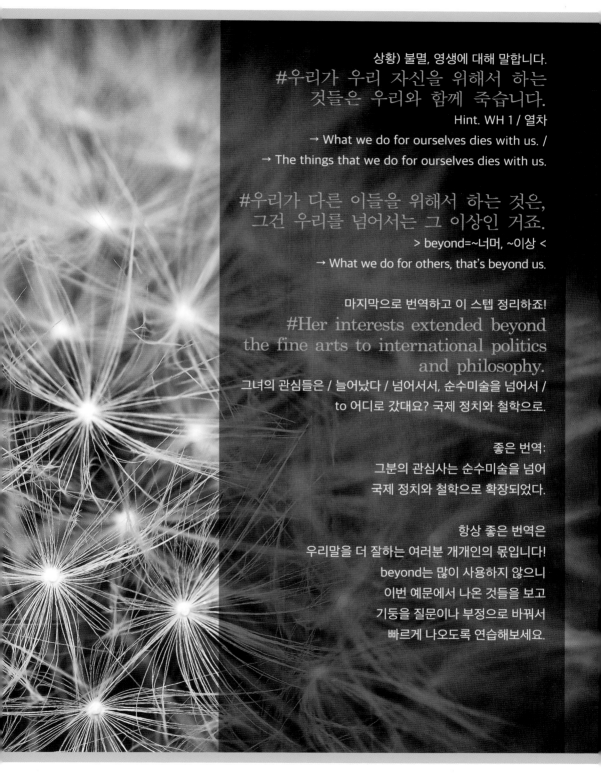

상황) 불멸, 영생에 대해 말합니다.

#우리가 우리 자신을 위해서 하는
것들은 우리와 함께 죽습니다.

Hint. WH 1 / 열차

→ What we do for ourselves dies with us. /

→ The things that we do for ourselves dies with us.

#우리가 다른 이들을 위해서 하는 것은,
그건 우리를 넘어서는 그 이상인 거죠.

> beyond=~너머, ~이상 <

→ What we do for others, that's beyond us.

마지막으로 번역하고 이 스텝 정리하죠!

#Her interests extended beyond
the fine arts to international politics
and philosophy.

그녀의 관심들은 / 늘어났다 / 넘어서서, 순수미술을 넘어서 /
to 어디로 갔대요? 국제 정치와 철학으로.

좋은 번역:

그분의 관심사는 순수미술을 넘어
국제 정치와 철학으로 확장되었다.

항상 좋은 번역은
우리말을 더 잘하는 여러분 개개인의 몫입니다!
beyond는 많이 사용하지 않으니
이번 예문에서 나온 것들을 보고
기둥을 질문이나 부정으로 바꿔서
빠르게 나오도록 연습해보세요.

13 숙어 EVEN IF

생각을 다 한 후에 말하지 말고, 포인트 잡히면 말하면서 생각하기!
만들어보세요!

#A: 난 저 여자 이름 몰라.

→ I don't know that woman's name.

한번 말하고 나면 다시 빨리 말을 이어봐야죠?

#B: 너 저 여자애 사랑하지?

→ You love her, don't you?

#A: 무슨 소리 하는 거야?

→ What are you talking about?

#난 저 여자 이름도 몰라.

I don't~ 알지도 못하는 거죠, even know.
일부러 '저 여자'라고 말하고 싶으면 her 쓰지 않고 that woman's name.
우리 even 배웠습니다. 완전 생소하다면 스텝 07[27]에 가서 복습하고 오세요.

"I don't know"에서 "I don't even know"라고 하면 알지도 못하는 겁니다.
even은 스포트라이트와 같아요, know 앞에 붙이면서,
"알지도 못해"가 되는 거죠.

자! 이제 통째로 기억하면 쉬운 표현 하나 들어갑니다. 간단하게 even과 if 둘이 만나서 만들어지는 표현. 

상황) 내 나이 35세. 아직은 자유로운 젊은 청년! 그런데 갑자기 열 살짜리 애가 나타나 나에게 "아빠"라고 합니다.

반응 1:

#네가 내 아들이라면, 네 엄마가 누구니?

→ If you were my son, who is your mother?

If you were my son은 '네가 내 아들이 아니지만, 그렇다고 한다면' 식이 되는 거죠.

If you were a bird, '네가 새라면'처럼 말이죠.

반응 2:

쇼크로 정신줄 놓은 나의 다른 반응.

만약 네가 내 아들이라고 해도.

이렇게 말을 시작하면 '네 엄마가 누구냐?' 식의 질문이 아닌, 반전되는 말이 나올 것 같죠? 예를 들어,

네가 내 아들이라고 해도 난 관심 없어.

혹은

그렇다고 해도 내가 알게 뭐야?

식으로 예상치 않은 말이 나오게 되는 거죠.

이런 말은 그냥 if가 아닌, **even if** 로 붙여줍니다.

I don't **even know.** "알지도 못해"처럼

even if: 그렇다고 해도~ 식이 되는 거죠.

우리말에도 '도'가 보이죠?

even이 그런 느낌을 더해주는 거예요.

#네가 내 아들이라고 해도.

→ Even if you were my son.

#쟤가 만약 내 아들이라고 하더라도, 난 아빠가 될 준비가 안 됐어.

실제 '그렇다고 해도~'로 바뀌죠. 더 이상 were가 아니라 실제(현실)로 가는 겁니다.

→ **Even if he is my son,** I am not ready to be a father.

IF는 리본이니 풀어서 순서를 바꿀 수 있어요.

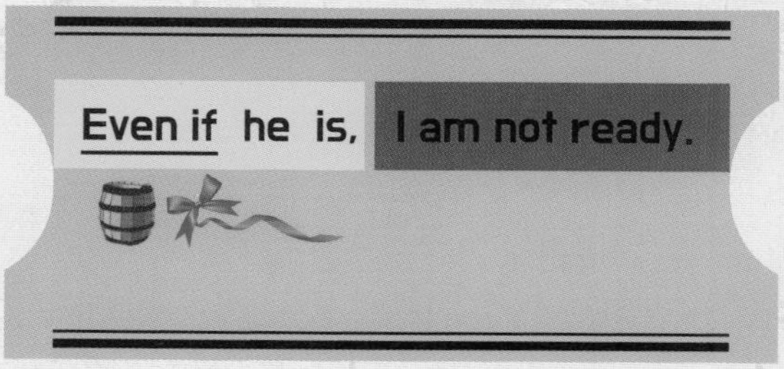
Even if he is, I am not ready.

even if도 결국 if에 스포트라이트를 비춘 것이니 따라서 갑니다.

→ I am not ready to be a father **even if he is my son.**

뒤로 붙을 때는 콤마 없죠. 이유는 원래 다 기둥 뒤에 붙여진 엑스트라들인데 배경 깔아 주듯 앞으로 나와서 그런 거라고 했죠? 룰로 외울 필요가 없는 겁니다.

even if 어렵지 않죠? 그냥 다른 감정이 섞여 들어간 것뿐이에요. 이제 그 느낌을 기억하며 더 만들어보죠.

#A: 걱정 마. 네가 직업을 잃어도, 금방 다른 제안을 받게 될 거야.

> job / lose / offer <

→ Don't worry. Even if you lose the job, you will get another offer very soon.

#B: 만약 안 받으면? (그럼 뭔데, 어쩔 건데?)

What if 스텝 13[04]에서 배웠죠?

→ What if I don't?

#A: 만약 안 받게 되더라도, 넌 방법을 찾아낼 거야.

> way / find <

→ Even if you don't, you will find a way.

영어는 하나로 참 재활용 많이 하죠? 처음에 쉽다고 대충 하면 나중에 이것들끼리 섞여 나올 때 정신 못 차린다고 누누이 말했습니다.
이 기둥에서 이렇게 작은 것의 재활용을 연습하는 것은 그만큼 스텝을 많이 온 겁니다. 그럼 더 꼬아볼까요? 메시지 전달에 집중하세요!

#혹 내 옛 애인이 기다린다고 해도, 그게 정말 내가 원하는 건지 확신이 없어.

> ex / wait / want / sure <

And even if my ex DID wait,

I am not sure~ 그게 정말 내가 원하는 건지 아닌지, if that's what I really want.

→ And even if my ex DID wait, I am not sure if that's what I really want.

If that is what I want. 혹시 헷갈렸나요? 항상 헷갈리면 스스로 분해해봐야 합니다. 만들어보세요.

#이게 네가 원하는 거야?

→ Is this what you want?

#만약 이게 네가 원하는 거면.

→ If this is what you want.

똑같은 구조죠? 의외로 분해하면 간단하답니다.

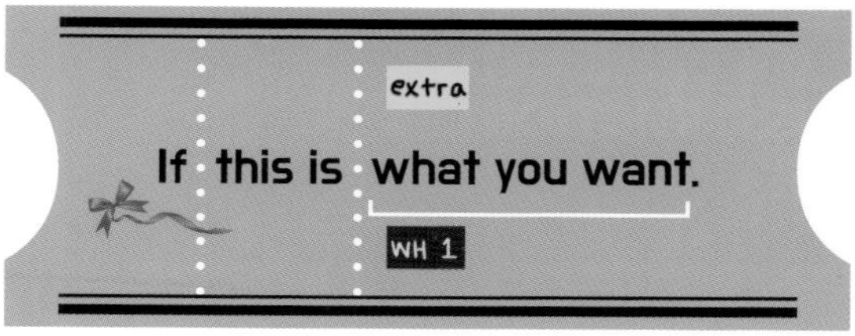

#저들이 말하는 것이 사실입니까?

> true <

→ Is what they say true?

#만약 저들이 말하는 것이 사실이더라도, 그건 시간이 걸릴 겁니다.

→ Even if what they say is true, that will take time.

이미 IF 리본 스텝을 밟았기 때문에 낯설진 않으실 겁니다.

#이거 내가 할게.

→ I will do this.

#I will do it even if it kills me.

할 거야 / 그것이 날 죽이더라도

죽더라도 해내겠다는 겁니다.

#무조건 해낼 거야. 죽더라도 해낼 거야.

→ I will do it even if it kills me.

그럼 웃긴 것 하나 번역하고, 연습장에서 쉬운 것들로 익숙해지죠.

#You couldn't handle me even if I came with instructions.

> handle=감당하다 / instructions [인스트*럭션즈]=설명서 <

넌 날 감당하지 못할 거다 / even if 내가 왔어도 / 설명서와 같이 왔어도

'그만큼 난 복잡하기 때문에 넌 감당 못 할 거다. 넌 너무 단순하니 설명서를 줘도 날 감당 못 할 거다' 뜻입니다. 날 상대할 레벨이 안 된다는 거죠.

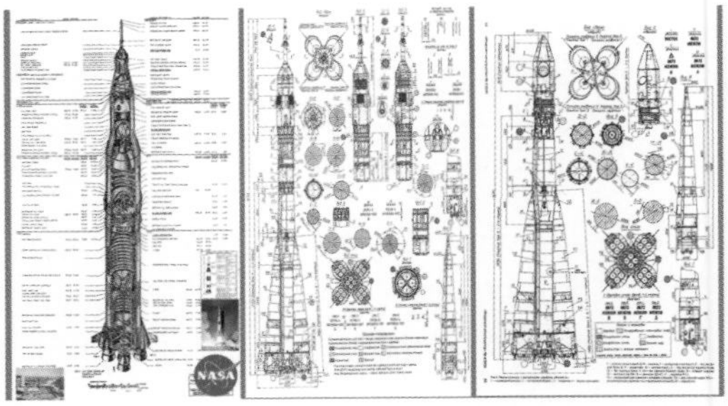

#넌 내가 설명서랑 같이 와도 날 감당 못 할 거야.

→ Even if I came with instructions, you couldn't handle me.

#넌 내가 설명서랑 같이 와도 날 감당 못 해.

→ Even if I came with instructions, you can't handle me.

COULD와 CAN 기둥 보이죠? 그럼 연습장으로 가보죠.

연습

#우리가 그걸 멈추게 (시도)하려고 해도, 일은 일어나게 될 거야.

stop / try / happen

.... Even if we try to stop that, it is gonna happen.

#난 뒤에 남겠어, 그게 날 죽인다고 해도.

behind / stay / kill

.... I will stay behind, even if it kills me.

#내가 너 시험 보는 걸 도와줄 수 있다고 해도, 인정이 (count) 안 될 거야.

Hint: help me sing / test / take / count

Even if I could help you take

.... the test, it wouldn't count.

#나한테 돈을 빌리고 싶다고? 난 그런 종류의 현금은 없지.

borrow / cash

You want to borrow money from me?

.... I don't have that kind of cash on me.

#그런데, 있다고 해도 너한텐 안 주겠지.

give

.... But, even if I did, I wouldn't give it to you.

#A: 우리가 맞는다고 해도, 증거가 필요해.

right / evidence [에*비던스]=증거

.... Even if we are right, we need evidence.

#B: 그래, 네가 맞아. 그리고 증명할 수 있다고 해도, 우리가 뭘 할 수 있겠어?

right / prove=증명하다

Yes, you are right. And even if

.... we can prove it, what could we do?

#지원에 감사드립니다, 그게 진심에서 온 것이 아니었어도요. (be 쪽으로)

Hint: sincere, '진실된, 진심 어린'이란 뜻, insincere는 반대말.

support / insincere [인씬'씨어]

Thank you for your support,

.... even if it was insincere.

#나한테 그런 식으로 그만 말해라! 나 널 위해서 일하지 않거든!

speak / work

Stop speaking to me like that!

.... I don't work for you!

#그리고 만약 일한다고 하더라도, 누구도 나한테 그렇게 말 안 해!

talk

And even if I did, nobody

.... talks to me like that!

세상이 내일 끝난다고 하더라도.
나는 오늘 한 그루의 사과나무를 심겠다.

실제 이 말은 2개의 버전이 돌아다닙니다.
그리고 그 둘의 메시지가 다르죠. 그럼 우리는 영어로 비교하면서 양쪽을 다 볼게요.

영어 버전입니다.

#Even if I knew the world would end tomorrow, I would still plant my apple tree.

세상이 내일 끝나는 것을 안다고 해도 난 여전히 내 사과나무를 심을 거다.
가상으로 말하기 때문에 knew와 약한 would 기둥을 써서 말해줬죠?

한국말로 항상 잘 쓰이는 번역은
"내일 지구가 멸망하더라도 나는 한 그루의 사과나무를 심겠다"입니다.
지구와 멸망이란 단어는 신경 쓰지 말고 보세요.
my apple tree와 한 그루의 사과나무.

마르틴 루터가 한 말이라며 돌에 독일어로 새겨져 있는 글을 보면 영어 버전처럼 mein Apfelbäumchen이라고 되어 있습니다.
mein이 영어로 my입니다.

원본은 my apple tree인데 우리 번역본은 그냥 an apple tree라고 했죠. 그런데 이제 여러분은 an apple tree와 my apple tree에 확실한 차이가 있다는 것을 알죠?

한 그루의 사과나무면 그냥 an apple tree죠. 그냥 아무 사과나무를 사서 심는 것이 an apple tree여서 이렇게 말하면 지구를 위해 나무를 심는 것 같은 느낌이 전달될 수 있습니다. 세상의 종말이 온다 해도, 나무를 심으며 혹시 모를 희망을 꿈꾸는 얘기가 되죠.

하지만 영어 버전처럼 굳이 분류해서 my apple tree라고 할 때는 뭔가 자신의 뜻과 신념이 담긴 것입니다. 내 것. 내 사과나무! 확실히 다른 느낌입니다.
이건 '나만의 꿈'이라는 메시지가 더 강해요. 세상에 대한 희망이 아닌 내가 성취하려는 뭔가와 그에 대한 나의 의지력이 전달되는 거죠.

우리말로도 보세요.
내일 세상이 끝나더라도 난 한 그루의 사과나무를 심겠다.
내일 세상이 끝나더라도 난 나의 사과나무를 심겠다.
다르죠?

왜 굳이 my apple tree라고 썼을까요?
마르틴 루터가 살던 시대의 종교는 워낙 강력한 권력을 누렸기 때문에 결국 타락하면서 부패했다고 합니다. 일반인에게 돈을 내면 모든 죄를 용서해주며 천당에 갈 수 있게 완전한 면책을 보장한다고 장사까지 했으니까요. 천당 가는 티켓으로 장사를 할 정도로 부패된 종교에 대항한 신부가 바로 마르틴 루터입니다.

그 시대의 종교는 지금으로 보면 독재 정부처럼 엄청난 권력이 있었기에 문제를 제기하며 반발한 마르틴 루터를 파면해버렸고 결국 그는 위장신분으로 숨어 지내게 됩니다.

성서는 당시 고급 언어라 여겨지던 라틴어로 쓰여 있었기 때문에 일반인들은 읽지 못했습니다.
마르틴 루터는 성서를 누구나 쉽게 읽을 수 있도록 그 지역 사람들이 쓰던 독일어로 번역하는 일을 시작합니다. 무지한 이들이 이용당하는 것을 언어로 멈추려던 거죠.
세종대왕의 한글 창제 이유와 비슷하죠? 그렇게 새로운 개혁을 시도합니다.

어마어마한 권력을 피해 위장신분으로 지내면서도 신념에 따라 더 많은 사람을 위해 읽기 쉬운 언어로 번역을 하는 상황. 그에게 '나의 사과나무'라는 것은 그의 신념, 그의 의지 아니었을까요?

그런데 왜 하필 사과나무일까요?
성경책에 따르면 결국 '인류사'가 시작된 것도 에덴동산에 있는 사과나무의 사과를 먹어서잖아요.
인류 시작의 상징 중 하나가 사과나무인 거죠. 우리 민족의 시작을 알리는 상징은 마늘과 쑥인 것처럼요.

그래서 Martin Luther를 The reformer라고 한답니다.
form은 형식, 형태.
former는 형태를 만든 사람.
reformer는 형태를 다시 만든 사람.
다시 형태를 만들어낸 거죠. 우리말로 '개혁가'.
여기서는 '종교 개혁가'.

권력이 많이 주어지면 언젠가 부패되는 것은
인류사 어디에서든 쉽게 볼 수 있습니다.
미국의 존경받는 대통령 Abraham Lincoln
(링컨)이 한 말을 볼까요?

#Nearly all men can stand adversity, but if you want to test a man's character, give him power.

Nearly all men can stand adversity.

거의 모든 남자가 설 수 있다. [아드벌시티]를. 이 단어 알아야겠죠? '역경'이에요. 역경에 '설 수 있다'는 것은 넘어지지 않고 맞설 수 있다는 겁니다.

but if you want to test a man's character, give him power.

하지만 당신이 테스트하고 싶다면 / 남자의 성격을, 그에게 권력을 주어라.
이미지 전달되었나요? 다시 좀 더 괜찮은 번역으로 해볼까요?

man은 원래 인간이라고 했죠?

거의 모든 사람이 역경에 맞설 수 있지만, 한 사람의 인격을 확인하고 싶다면 그에게 권력을 주어라.

그때 부패가 되는지 안 되는지에 따라 그 사람의 진실과 그릇이 보이는 거겠죠.

누군가 갑자기 권력을 손에 쥐고 나서 사람들을 함부로 대하기 시작하거나 독단적으로 굴 때 영어로 잘하는 표현이 있습니다.

#파워가 곧바로 네 머리로 가버렸다!

→ The power went straight to your head!

파워가 갑자기 머리로 가버려서 거기에 취해 정신 못 차리며 바보 같은 짓을 한다는 겁니다.
권력을 감당 못 한다고 말하는 거죠.
반대로 어려운 일이 생기거나 문제가 생겨서 상대가 패닉하고 정신을 못 차릴 때 하는 말.

#Keep a cool head!

Cool 한 머리를 놓치지 말라는 겁니다. 뜨거운 열정은 가슴에! 정신은 차려야 하니 머리는 cool 하게~

영어는 우리말과 다른 재미를 주죠? 그럼 even if를 생각하면서 생각지도 못한 상황이나 예문들을 만들어서 문장을 연습해보세요!

13-14 관계사

WH 열차 4탄입니다! 이번 기둥에서 벌써 여러 번째 하고 있죠? WH가 들어간 만큼 연습할 것이 많잖아요. 그래서 연습하는 겁니다. 짧으니 바로 들어가보죠.

상황) 친구한테 말합니다.

#네 동생 새 여자 친구 생겼더라,

→ Your brother got a new girlfriend,

#(연결고리) 정말 예쁘게 생긴 애던데.

→ who is really pretty.

#어제 걔네들 만났었어.

→ I met them yesterday.

그런데 친구가 별로 관심 없어합니다.

자! 계속 만들어보세요.

#여기 재미있는 반전이 있어,

> twist <

→ Here is a twist,

#네가 안 좋아할 수도 있는 반전인데.

말을 덧붙이는 거죠. '반전'이란 단어 필요 없이 영어는 연결고리 WH 열차로 가면 반전됩니다.

→ which you might not like.

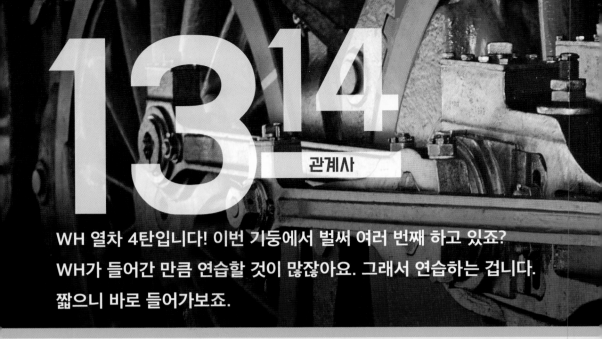

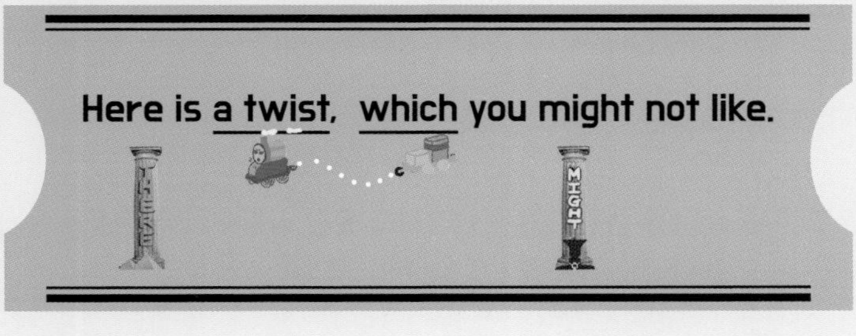

Here is a twist, which you might not like.
MIGHT

WH 열차 4탄 Whose + Whom

#너 이 여자애 알아.

→ You know this girl.

#이 여자애 언니가 네 옛날 애인이다!

→ Her sister is your ex!

친구가 대충 듣다가 다시 쳐다보네요.
정리해줄까요?

네 동생이 여자애랑 사귀는데, 그 여자애의 언니가 네 옛날 애인인 거지!

Your brother is going out with a girl~
그런데 이번에는 연결고리가 여자애가 아니라 그 여자애의 언니를 말해야 하잖아요. 이것도 열차로 달 수 있답니다. 어떻게 연결고리로 달까요?

'누구?'일 때는 'who'였지만
'누구 언니?' 할 때는 뭐였죠?
'whose sister?'였죠. (스텝 12[13])
이것을 연결고리로 가면 되는 겁니다, whose sister is your ex.

→ Your brother is going out with a girl whose sister is your ex!

Who	is this?
Whose [즈]	↓ 나머지는 그대로

자! 이 말을 거꾸로 다시 번역한다면,

네 동생이 네 옛날 애인 여동생과 사귀더라!

이렇게 하겠죠? 그런데 이 말은

→ Your brother is going out with your ex's sister.

이렇게도 가능하잖아요. 열차는 이것과 다르게 그만큼 말을 하고 덧붙인다는 느낌이 더 드는 거죠. 그러니 여러분도 거꾸로 가는 번역이나 문법에 신경 쓰지 마세요.
그럼 한 번 더 말하고 바로 연습장에서 whose를 연습해볼까요?
"Your brother is going out with a girl **whose sister** is your ex!"

Your brother is going out with a girl
whose sister is your ex!

상황) 항상 가던 커피숍을 안 가서 그 이유를 묻자,

#거기서 어느 포크송 가수를 고용했는데, 그 가수 목소리가 끔찍해.

folk singer / hire=고용하다 / horrendous [허*렌더스]=참혹한

They hired this folk singer, whose voice is horrendous.

#쟨 당신 아들이야, 쟤 꿈이 자라서 당신처럼 되는 거야!

son / dream / grow up

He is your son, whose dream is to grow up and be like you!

#Monica 씨 기억하지, 이분 차가 오늘 오후에 고장 났잖아?

break down

Do you remember Monica, whose car broke down this afternoon?

#Holy는 아주 멋진 여자죠, 아빠는 백만장자이시고, 그게 제가 그녀를 사랑하는 이유는 아니고요.

Hint: WH 1, 제가 왜 그녀를 사랑하느냐고요?

wonderful / millionaire

Holy is a wonderful woman, whose father is a millionaire, which is NOT why I love her.

#너 남자치고는 약해 보이는데.

Hint: You look pretty for a man.

weak

You look weak for a man.

#너 자기 사업이 호황하고 있는 남자치곤 우울해 보이는데.

business=사업 / boom=호황을 맞다 / down=우울한

You look down for a man whose business is booming.

#누가 자기 인생이 엉망인 결혼중매인을 원하겠어?!
Hint: My life is a mess. = 내 인생이 엉망이다.
mess / matchmaker

Who would want a matchmaker whose life is a mess?!

#그 판사가 이 사건을 맡을 수도 있어요. 그분 아들이 제 좋은 친구죠. 그게 우리에겐 좋은 소식이고요.
judge / case / take / son / news

That judge could take this case, whose son is a good friend of mine, which is a good news for us. / That judge, whose son is a good friend of mine, could take this case, which is a good news for us.

영어라는 언어는 틀에 따라 바뀌는 것이 재미있죠? 레고처럼 같은 방식으로 다양하게 쌓잖아요.
기본은 카멜레온, 기둥, 두비가 있고 다음에 엑스트라가 있습니다. 맞죠?
그런데 '명사'의 경우는 카멜레온과 엑스트라 자리에만 들어갈 수 있습니다.
예를 들어 woman은 기둥이나 두비 자리에는 못 들어가는 단어입니다. 동의하죠?

woman을 she로 바꾸면, 카멜레온 자리에서는 she로 가고 엑스트라 자리에서는 her로 들어가게 됩니다. 지금 보니 쉽죠?

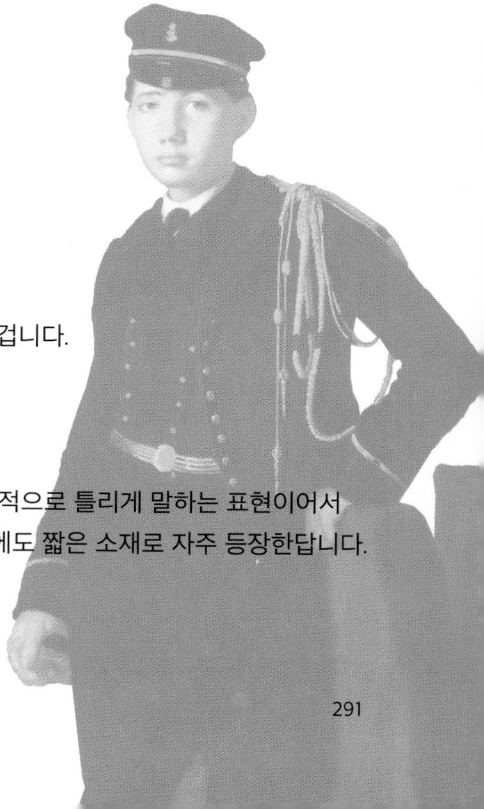

그럼! 다음을 보세요.
#이것은 그녀를 위한 거야.
→ This is for her.

#누구를 위한 거라고?
→ For who?

자! 이럴 때 주위에 grammar police가 있으면 이렇게 고쳐줄 겁니다.
For whom?

Whom?! 왜일까요?
이 단어는 실제 폐어가 되어가는 녀석입니다. 원어민들도 문법적으로 틀리게 말하는 표현이어서 일부러 grammar police가 지적하는 장면들이 드라마나 영화에도 짧은 소재로 자주 등장한답니다.
하지만 접할 수 있기 때문에 헷갈리지 않도록 소개합니다.

편하게 보세요.
he가 기둥 뒤로 갈 때는 him이 되었죠? they는 them이 되었고요.
그런 식으로 카멜레온이 아닌, 엑스트라에 있는 목적어가 누구냐고 물을 때는 who가 아닌 whom으로 가는 것이 문법적으로는 옳답니다.

그래서
#A: 내 남자 친구는 날 위해서 매일 전화로 노래 불러줘.
→ My boyfriend sings for me over the phone every day.
#B: 누구를 위해 부른다고?
→ He sings for who?
대부분이 이렇게 말하지만 '문법적'으로는
"He sings for whom?"이 맞는다는 것이죠.
그런데 실제 whom으로 말하면 너무 격식적인 느낌이 들어 어색한 경우도 생긴답니다.

의외로 단순한 룰이니 편하게 만들어보세요.

#내가 결혼할 여자.

→ The woman who I will marry.

원래 "I will marry her"니까 기둥 뒤로 갔잖아요. 그래서 격식적으로 한다면

"The woman whom I will marry"가 맞는 거죠.

곧바로 적용해보세요.

#내가 결혼할 여자는 유머감각이 있을 겁니다.

> sense of humour [휴머] <

→ The woman whom I will marry will have a sense of humour.

진짜 별것 아니죠?

who랑 whom은 이렇게 기술적으로 다를 뿐 뜻에 큰 차이가 없으니 고민 안 하셔도 됩니다. whom에 대한 것은 원하면 직접 문장을 만들어서 연습하면 되지만 지금은 WH 열차 기본에 먼저 익숙해지세요.

그럼 WH 열차 느낌을 하나 더 해보고 정리합니다.

#저 여자애가 내 목숨을 구한 애야.

That is the girl~ 하고 듣는 상대가 girl이 누구인지 모를 때, "She saved my life!"라고 말해도 되지만, 간단하게 열차 연결고리를 사용해서!

→ That is the girl who saved my life.

첫 스텝 12[07]에서 접했을 때보다 좀 더 빨리 나오나요? 그런데 아내가 시큰둥한 반응을 보입니다. 연결해서 말을 덧붙여보죠.

#내 목숨 중요한 거잖아!!!

방금 내가 말을 my life로 끝냈잖아요. 그래서 곧바로 또 연결고리를 달 수 있답니다.

→ , which is important!!!

실제로 영어는 이렇게 뒤로 계속 연결해서 말을 만들 수 있기 때문에 상대가 예상 못 한 말들을 붙이면서 많은 유머를 만든답니다.

그럼 두 문장을 엮는 연습을 더 다양하게 해보세요. 쉬운 기둥 문장과 쉬운 단어로 연결해야 구조에 익숙해집니다!

13 15

의문사 / 부가의문문

WH 주어 / Tag Q

이번 기둥은 어렵지 않은 기둥이었기 때문에 영어의 세세한 부분들도 진행했습니다.
이제 마지막 스텝! 기둥 스텝 2개를 섞어서 해봅니다.

COULD 기둥은 WOULD 기둥처럼 약한 타임라인을 과거와 현재, 양쪽으로 커버하기 때문에 시간을 표현하는 단어가 없이 문장만 있을 경우 어느 쪽을 말하고 있는지 모르는 것이 당연합니다.
I could do it. 할 수 있을 거야.
I could do it before. 시간을 말하고 나면 같은 COULD 문장이 곧바로 과거로 가게 되죠?

한 문장씩 번역 연습을 제공하는 영어 사이트 가운데 사람이 아닌 기계가 마침표를 기준으로 문장을 잘라서 제공할 때는 가끔 앞뒤 맥락 없이 나오는 경우가 있습니다. 그러니 여러분도 그런 문장을 접할 땐 그런 경우가 있다는 것을 알고 접하면 헷갈리지 않을 겁니다.

COULD 기둥을 CAN 기둥과 비교했을 때 우리말로는 별 차이가 없을 수 있지만 영어는 그 느낌을 더 약하게 말하는 거죠. 볼까요?

LOVE YOU...

#이 일은 내일 일어날 수 있어!

→ This can happen tomorrow.

#이 일이 내일 일어날 수도 있어.

→ This could happen tomorrow.

가상으로 상상해서 말하는 것이니 약하게 한 것뿐입니다.

#무엇이 인류를 파괴할 수 있을까?

> humanity [휴'마니티]=human은 인간, 꼬리에 [티]를 붙여 명사로 만들어 '인류'라는 단어가 나온 거죠. / destroy [디스'트*로이] < 모를 일이니 CAN보다는 COULD 느낌이 어울리겠죠.

→ What could destroy humanity?

extra

What could destroy humanity?

어렵지 않죠? 계속 만들어보세요.

#이 게임은 너무 어렵다.

→ This game is too hard.

#아무도 이길 수가 없겠네!

→ Nobody could win!

#누가 이걸 이길 수 있겠어?

→ Who could win this?

#계속 어지럽게 느껴져요. 뭐가 어지럼증을 불러일으킬 수 있죠?

> dizzy [디*지]=어지러운 / feel / dizziness / cause [코즈] <

→ I keep feeling dizzy. What could cause dizziness?

"What can cause dizziness?"라고 하면 확실하게 어지럼증을 일으킬 수 있는 것만 물어보는 겁니다.

질병은 정확한 원인을 모르는 경우가 참 많죠? 그래서 질병의 가능성을 물을 땐 COULD가 잘 쓰일 수밖에 없습니다. 어휘력도 늘릴 겸 일반적으로 잘 말하는 질병의 명칭을 접하면서 만들어볼까요? COULD 느낌 기억하면서 만드세요.

#편도 부었을 때 뭐가 좋나요? 인후염에 무엇이 도움을 줄 수 있을까요?

> 목이 따끔거리거나 편도가 부었다고 할 때 영어는 일반적으로 sore throat [쏘 *쓰*롯트]라고 합니다. sore는 따가운, 쓰라린 / throat는 목구멍 — 영한사전에 sore throat는 '인후염'으로 나오니 인후염으로 말해보죠. <

→ What is good for a sore throat? What could help it?

#넌 목이 정말 쓰라려서 말할 수도 없었지, 그렇지?

'너무 예뻐서 눈이 아프다'의 구조죠? (스텝 12[17])

→ Your throat was so sore that you couldn't even speak, could you?

#(뭔가 기억나서 스스로 정정) 맞다! 마시지도 못했었다, 그렇지?

→ Actually, you couldn't even drink, could you?

Tag Question 질문 자체를 만드는 것은 이제 낯설지 않죠? 뒤집기만 하면 되는 겁니다.
WH 주어와 Tag Q는 어렵지 않으니 이제 연습장에서 만들어보세요.

#무엇이 불임을 일으킬 수 있을까요?

infertility [인*퍼틸리티]=불임 / cause [코즈]

.... What could cause infertility?

#저희는 임신을 할 수가 없었어요. 제 남편의 정자가 낮은 운동성을 가지고 있었거든요.

pregnant [프*레그넌트] / sperm [스펌]=정자 / low / motility [모'틸리티]

We couldn't get pregnant.

.... My husband's sperm had low motility.

#하지만 지금은 애들이 셋이에요.

kids

.... But now we have 3 kids.

#입양을 했거든요. 이제는 우리가 저 애들 없이는 살 수가 없어요.

adopt [어'돕트]

We adopted. Now we

.... cannot live without them.

#무엇이 갑상선 문제를 일으킬 수 있는 걸까?

thyroid [*싸이*로이드]=갑상선

What could cause

.... thyroid problems?

#A: 뭐가 지구를 파괴할 수 있을까?

Earth / destroy=파괴하다

.... What could destroy the Earth?

#B: Stephen Hawking[스티븐 호킹]은 인공지능, 인간 공격성 혹은 외계 생물이 인류를 파괴할 수도 있다고 생각하더라고.

A.I. / Human aggression [어그'*레션] / Alien [에일리언] life

Stephen Hawking thinks

that A.I., Human aggression, or

.... Alien life could destroy humanity.

상황) 코치가 선수 선발 과정에서 주장한테 물어봅니다.
#코치: 누가 더 잘할 수 있을까?

.... Who could do better?

#주장: 재(남)가 할 수도 있겠죠. 크고, 빠르고, 유연하기도 해요.
flexible [*플렉씨블]=유연한

.... He could. He is big, fast, and flexible.

상황) 과학자한테 묻습니다.
#뭐가 100,000볼트를 만들 수 있을까요?
volt

.... What could make a 100,000 volts?

#A: 내게 돈 좀 빌려줄 수는 없겠지? (그렇지?)
lend [렌드]

.... You couldn't lend me some money, could you?

#B: 얼마나 필요할 것 같은데?

.... How much would you need?

상황) 이사를 한답니다.
#A: 네 친구들이 우리 좀 도와줄 수 있겠네, 그렇지?
Hint: 일손이 되어주는 거죠? give a hand로 만들어보세요.

.... Your friends could give us a hand, couldn't they?

#B: 아마도(그럴 확률 높음)! 내가 물어볼게.

.... Probably! I will ask.

#내 기말과제 하는 것 좀 도와줄 수 없을까? (그럴 수 있을까?)
final project=기말과제

.... You couldn't help me with my final project, could you?

#A: 너희 회사 사람들 이번에 봉급인상 받을 수 없었지, 그렇지?
company / raise

.... People in your company couldn't get a raise this time, could they?

#B: 어, 다들 그것 때문에 불만이야.

불만=기분 안 좋다=not happy

No, everyone is not happy because of that.

#(나도 들은 건데) 노조는 내일 회의한대. (100%)

union [유니언] / meeting

Apparently, the union is having a meeting tomorrow.

누군가 정말 짜증 나게 굴 때,
"너 왜 이렇게 짜증 나게 굴어?!" 하기도 하죠. 진짜 질문하는 게 아니라 짜증 난다고 강조하기 위해 이렇게 질문식으로 말하기도 합니다. 이런 질문을 국어 문법 용어로 뭐라고 하죠?
수사 의문문. 일상대화에서는 잘 쓰지 않는 단어지만 영어에서는 rhetorical [*리토*리칼] question이라고 해서 쉽게 접할 수 있답니다.
다양한 rhetorical question 중
"너 왜 이렇게 짜증 나냐?!"는 말을 영어는 다르게도 표현하는데요. 바로 '너 이것보다 더 짜증 날 수 있겠냐? (지금 최악인데) 이것보다 더 나빠질 수 있겠냐?'라고 묻는답니다. 보세요.
Could you be any more annoying?
우리말에는 이런 식의 질문이 없어요. 그럼 영어로 만들면서 구경해보죠.

Rhetorical
누가 답변 달래?
question

#나조차도 저 남자는 미식축구에서 못 이기지~!

> American football / beat <

→ Even I couldn't beat that man in American football!

#사이즈 좀 봐, 저 애!

→ Look at the size of him!

#저 사내는 공도 먹을 수 있을 거야, 그렇지?

→ That guy could eat a football, couldn't he?

#왜 저렇게 커?

(너무 커서 더 커질 수나 있겠냐?)

→ Could he get any bigger?

재미있죠?
이런 것은 영화나 드라마를 보면서 접하면 금방 익숙해질 겁니다. 그럼 마무리하죠.

Wright brothers.

누군지 아세요? 라이트 형제입니다.
세계 최초로 비행에 성공한 미국의 형제죠.

Wright 형제는 둘 다 평생 총각으로 남았다고 합니다. 이유를 들어볼까요?

#I could not support a wife and a flying machine, could I?

난 할 수 없겠죠 / 지원을 / 와이프랑 나는 기계에, 그렇지 않겠나요? 좀 더 좋은 번역은?
와이프에다 나는 기계까지 생계를 지원할 수는 없지 않겠습니까?

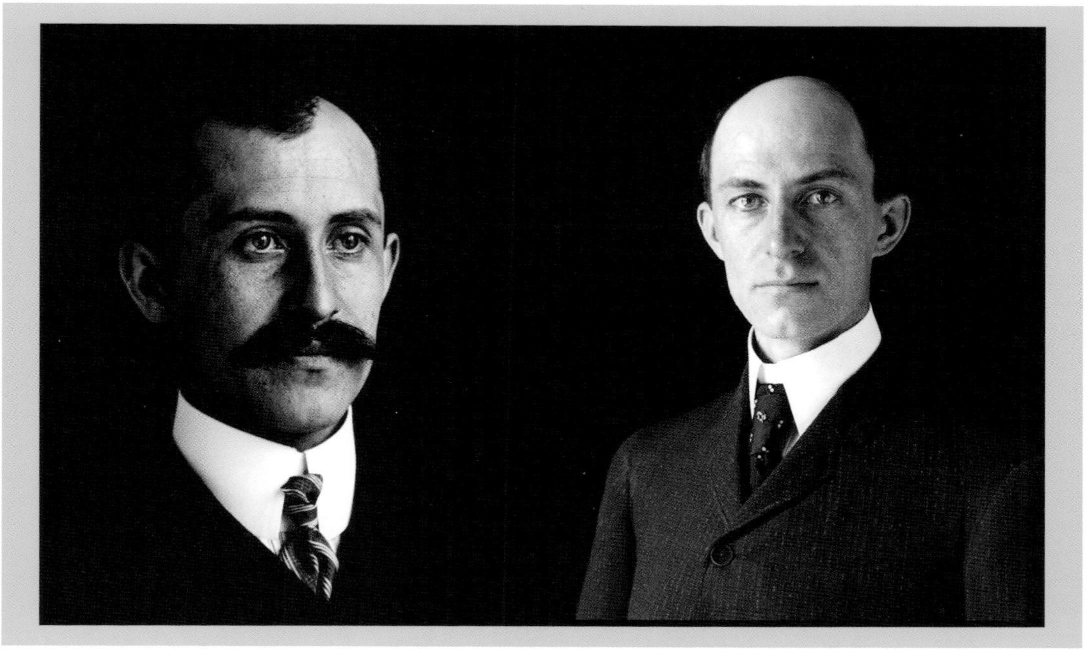

13번 기둥이 끝났습니다! 수고하셨습니다!

참 많은 스텝을 밟으셨습니다. 10번 기둥부터는 기둥 구조가 쉬웠죠?

쉬운 만큼 작은 스텝들은 쉽지 않은 것들로 소개해드렸습니다.

한 트랙에서 스텝의 수가 적은 것은 그만큼 기둥 자체의 구조는 어렵지 않기 때문입니다.

근래에 배운 기둥들도 초반 기둥처럼 스텝이 더 진행될수록 반복하면서 탄탄해질 겁니다. 명령 기둥에서 두비가 헷갈려 고민하던 것 기억하죠? 그런데 지금은 덜 하죠?

이제 14번 기둥으로!
14번 기둥은 폼 나고
수준 있는 기둥으로
머리도 써야 할 겁니다!
재미있습니다! 그럼 다음
트랙에서 뵙죠!

지름길을 선택한 이들을 위한 아이콘 요약서

- 문법 용어를 아는 것은 중요치 않습니다. 하지만 문법의 기능을 아는 것은 중요합니다. 이것은 외국어를 20개 하는 이들이 다들 추천하는 방식입니다. 문법을 이렇게 기능적인 도구로 바라보는 순간 영어는 다른 차원으로 쉬워지고 자신의 말을 만드는 것은 퀴즈처럼 재미있어집니다.

- 아래의 아이콘들은 영어의 모든 문법 기능들을 형상화한 것들로 여러분이 영어를 배우는 데 있어서 엄청나게 쉬워질 것입니다.

영어의 모든 문법 기능을 형상화한 아이콘

우리말은 주어가 카멜레온처럼 잘 숨지만 영어는 주어가 있어야 하는 구조. 항상 찾아내야 하는 카멜레온.

스텝에서 부정문, 질문 등 다양한 구조를 접하게 되는 기둥.

문장에 필요한 '동사'. 영어는 동사가 두-비. 2개로 정확히 나뉘므로 직접 골라낼 줄 알아야 함.

중요한 것은 기둥. 그 외에는 다 엑스트라여서 뒤에 붙이기만 하면 된다는 것을 상기시켜주는 아이콘.

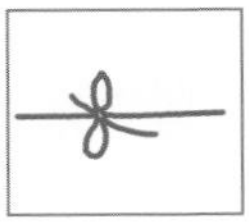

단어든 문장이든 연결해줄 때 사용하는 연결끈.

여기저기 껌딱지처럼 붙으며 뜻을 분명히 하는 기능. 힘이 세지는 않아 기둥 문장에는 못 붙음.

위치가 정해져 있지 않고 여기저기 움직이며 말을 꾸며주는 날치 아이콘.

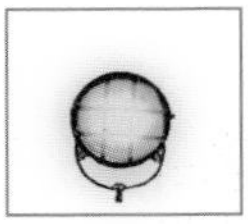

날치 중 어떤 부분을 강조하고자 할 때 보이는 스포트라이트.

Map에 추가로 표기된 아이콘의 의미

영어를 하려면
가장 기본으로 알아야 하는 스텝.

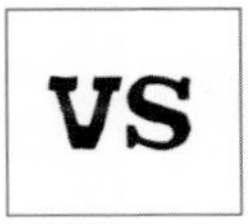

주요 단어들인데
학생들이 헷갈려 하는 것들.

알면 더 도움이 되는 것.

반복이 필요한 훈련 스텝.

- 문법이란 문장을 만들기 위해 올바른 위치에 단어들을 배열하는 방법으로 영어는 그 방법이 심플하고 엘레강트합니다. 각각의 문법 기능을 가장 쉽게 설명하는 것이 다음 아이콘들입니다. 문법에는 끝이 없다고 생각했겠지만 기둥 이외에 문법은 총 10개밖에 없으며 이것으로 어렵고 복잡한 영어까지 다 할 수 있습니다.

- 복잡하고 끝없던 문법 용어들은 이제 다 버리세요. 여러분이 원하는 것은 영어를 하는 것이지 복잡한 한국어 문법 용법들을 알려는 것이 아니니까요.

연결끈같이 보이지만, 쉽게 매듭이 풀려 기둥 앞에 배경처럼 갈 수 있는 리본.

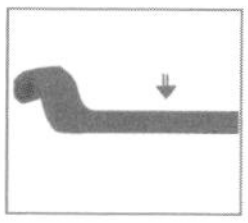
리본이 풀려 기둥 문장 앞에 깔리며 배경 같은 역할을 할 때 보이는 카펫.

어려운 문법처럼 보이지만, 기둥 구조를 익히고 나면 굉장히 간단해지는 기능.

껌딱지같이 간단하게 붙이기만 하면 되지만 껌딱지와 달리 무거운 기둥 문장을 붙일 수 있는 THAT.

두비에 붙어 두비의 기능을 바꿔주는 [잉].

타임라인에서 한 발자국 더 앞으로 가는 TO 다리.

열차마다 연결고리가 있고 고리끼리 서로 연결되면서 전체적으로 긴 열차가 됨을 나타내는 아이콘.

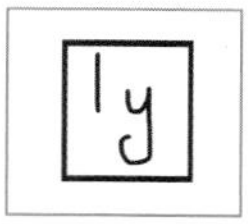

단어 뒤에 붙어 전달되는 의미를 변화시키는 ly.

기둥끼리 엮일 때 보여주는 아이콘.

구조를 분석하는 것보다
그냥 통째로 연습하는 것이 더 간단한 스텝.

전에 배운 Planet 스텝을 이후에 배운 새로운 기둥 등에 적용시켜 Planet을 크게 복습하는 스텝.

실제 영어 대화에서 많이 쓰이지만 국내에서 잘 안 접했던 말.

기둥 이외의 큰 문법 구조.
집중해야 함.

영어공부를 재발명하는 최파비아 기둥영어 (전9권)

쉽다! 단순하다! 효과는 놀랍다!
기둥 구조로 영어를 바라보는 순간
영어가 상상 이상으로 쉬워진다.
아무리 복잡한 영어라도 19개의 기둥으로 배우면
영어를 완전정복할 수 있다.
하루에 한 스텝씩!

1권 1번 명령기둥 · 2번 CAN 기둥 · 3번 WILL 기둥
2권 4번 DO/BE 기둥 · 5번 DOES 기둥/BE 기둥
3권 6번 BE+잉 기둥 · 7번 WAS 기둥
4권 8번 DID 기둥 · 9번 THERE 기둥
5권 10번 MIGHT 기둥 · 11번 WOULD 기둥
6권 12번 GONNA 기둥 · 13번 COULD 기둥
7권 14번 BE+pp 기둥 · 15번 SHOULD 기둥
8권 16번 HAVE TO 기둥 · 17번 MUST 기둥
9권 18번 HAVE+pp 기둥 · HAD+pp 기둥

영어의 전 과정을 커버하는
《최파비아의 기둥영어》 전9권

+ 영어학습을 도와주는 맵과 가리개

+ paviaenglish.com - 무료 리스닝 파일과 섀도잉 연습